Florian Hoopmann

Verwaltung zu Markt getragen

Florian Hoopmann

Verwaltung zu Markt getragen

Das Neue Steuerungsmodell und seine Umsetzung in den Kommunen

Tectum Verlag

Florian Hoopmann

Verwaltung zu Markt getragen.
Das Neue Steuerungsmodell und seine Umsetzung in den Kommunen

ISBN: 978-3-8288-2830-8

Druck und Bindung: Schaltungsdienst Lange, Berlin
Printed in Germany

Besuchen Sie uns im Internet
www.tectum-verlag.de

Bibliografische Informationen der Deutschen Nationalbibliothek
Die Deutsche Nationalbibliothek verzeichnet diese Publikation in der Deutschen Nationalbibliografie; detaillierte bibliografische Angaben sind im Internet über http://dnb.ddb.de abrufbar.

Dieses Buch

ist

meinem Vater

gewidmet

Danksagung

An dieser Stelle gebührt Dank all jenen Menschen, die durch zahlreiche Anregungen und Kritik zur Entstehung dieses Manuskriptes beigetragen haben.

Insbesondere möchte ich mich bei Frau Professorin Johanna Bödege-Wolf bedanken. Ihrer außergewöhnlich guten Betreuung ist es zu verdanken, dass Sie dieses Werk in Händen halten.

Ebenfalls nicht unerwähnt soll Herr Professor Hermann von Laer bleiben, dessen Unterstützung ich mir stets sicher sein konnte, und das nicht nur im Erstellungszeitraum des Manuskripts.

Gleichsam möchte ich meinem Bruder Thorsten Hoopmann danken, der mir nicht nur stets ein Vorbild ist, sondern auf dessen mehrfache kritische Durchsicht des Manuskripts immer Verlass war.

Nicht vergessen werden dürfen Daniel Rieger und Emanuel Beckmann-Smith, die durch zahllose Gespräche zur Verbesserung des vorliegenden Werkes beitrugen.

Ganz besonderer Dank gebührt Svenja Müller, die sich in unendlicher Geduld und Rücksichtnahme übte.

Inhalt

Danksagung ... VII

Abbildungsverzeichnis ... XIII

1 Einleitung ... 1

2 Vorgehensweise ... 5

3 Die Verortung der Kommune innerhalb der Bundesrepublik Deutschland ... 11

3.1 Die horizontale Staatsstruktur ... 11

3.2 Die vertikale Staatsstruktur ... 11

4 Die Notwendigkeit von Verwaltungsreformen unter Einbezug der Systemtheorie nach Niklas Luhmann ... 19

4.1 Systemtheorie nach Luhmann ... 19

4.1.1 Soziale Systeme ... 20

4.1.2 System/Umwelt-Differenz ... 21

4.2 Gründe für günstiges Reformklima und daraus abgeleitete Defizite der Verwaltungspraxis ... 25

4.2.1 Gründe für ein günstiges Reformklima ... 27

4.2.2 Defizite der bisherigen Verwaltungspraxis ... 34

5 New Public Management als Antwort auf Reformdiskussionen ... 43

5.1 Das Neue Steuerungsmodell: Die deutsche Ausprägung des New Public Managements ... 48

6 Instrumente des Neuen Steuerungsmodells 51

6.1 Verantwortungsabgrenzung zwischen Politik und Verwaltung 51

6.2 Dezentrale Fach- und Ressourcenverantwortung 54

6.3 Kontraktmanagement und Produkte 60

6.4 Budgetierung 67

6.5 Betriebliches Rechnungswesen 70

6.6 Controlling 79

6.7 Personalwesen 82

6.8 Kundenorientierung 86

6.8.1 Kundenpartizipation 87

6.8.2 Nutzung neuer Technologien 91

6.9 Qualitätsmanagement 94

7 Reformaktivierende Elemente 101

7.1 Realer Wettbewerb 102

7.2 Simulierter Wettbewerb 104

8 Implementation des Neuen Steuerungsmodells in die Verwaltungspraxis 107

8.1 Verhältnis von Verwaltung und Politik 112

8.1.1 Performanzwirkungen 115

8.2 Strukturinstrumente 117

8.2.1 Performanzwirkungen 127

8.3 Prozessinstrumente 130

8.3.1 Performanzwirkungen 141

8.4 Personalmanagement 143

8.4.1 Performanzwirkungen 149

8.5 Außenwirkungen 151

8.5.1 Performanzwirkungen 154

8.6 Wettbewerbsinstrumente 156

8.6.1 Performanzwirkungen 161

9 Fazit 165

10 Literaturverzeichnis 173

Abbildungsverzeichnis

Abbildung 1: Modernisierungs- und Leistungslücke 33

Abbildung 2: Dimensionen des Neuen Steuerungsmodells 49

Abbildung 3: Produkt als Zentrum outputorientierter Steuerung 63

Abbildung 4: Prozentuale Umsetzung der Organisationsstruktur nach Größenklassen....... 119

Abbildung 5: Wirkungen des Umbaus der Organisationsstruktur... 128

Abbildung 6: Umsetzung der Bausteine des Personalmanagements... 146

Abbildung 7: Auslagerungsvarianten in Städten mit über 50.000 Einwohnern... 158

1 Einleitung

Seit mehr als 10 Jahren greift in den öffentlichen Verwaltungen in der Bundesrepublik Deutschland (BRD) ein Reformprozess, der unter dem Namen Neues Steuerungsmodell (NSM) firmiert und bis heute anhält. Die Motivation für diese Arbeit liegt in dem Interesse an dieser Reform, genauer gesagt, auf deren bis heute erzieltem Wirkungsgrad. Deshalb ist das Thema dieser Arbeit die Darstellung und Implementation des Neuen Steuerungsmodells auf kommunaler Ebene.

Ziel ist es herauszufinden, inwieweit das theoretische Modell des Neuen Steuerungsmodells in die Verwaltungspraxis Einzug gehalten hat. Unter dem Dach des Neuen Steuerungsmodells befindet sich eine Vielzahl von Instrumenten, die einzeln wie auch zusammen wirken und so eine Reaktion der öffentlichen Verwaltung auf die ihr zugeschriebenen Defizite sind. Dabei ist die Reform keineswegs nur ein Phänomen, das sich auf die kommunale Ebene beschränkt. Der Reformprozess greift ebenso in Landes- und Bundesverwaltungen. Die kommunale Ebene ist für eine Analyse des Implementationsstandes jedoch besonders geeignet und deshalb auch als Untersuchungsgegenstand ausgewählt, da dort die Reformbewegungen am stärksten sind. Im Kontext des oben angegebenen Zieles sind zwei Fragen, die im Verlauf dieser Arbeit beantwortet werden, besonders interessant:

- Wie sehen die einzelnen Instrumente des Reformmodells konkret aus?

Da das Neue Steuerungsmodell sowohl die Aufbauorganisation als auch die Ablauforganisation umfasst, ergibt sich daraus die zweite Frage:

- Wie groß ist der Implementationsgrad der jeweiligen Reforminstrumente und welchen Einfluss haben sie auf das Verwaltungshandeln?

Neben den institutionellen Veränderungen ist demnach gleichsam interessant, welche Performanzveränderungen verursacht werden. Letztlich wird durch die Beantwortung dieser Fragen auch aufgezeigt, ob die Defizite, die der Verwaltung aus Gründen, die im Zuge dieser Arbeit herauszuarbeiten sind, zugeschrieben werden, behoben sind und die öffentliche Verwaltung so in der Lage ist, auf die veränderten Anforderungen, die letztlich reformauslösend sind, zu reagieren.

Zu den Anforderungen gehört unter anderem, das stetig zunehmende Aufgabenvolumen bei stagnierender Finanzmittelkapazität und gleichzeitigem gesellschaftlichen Wertewandel, der die differenzierten Ansprüche der Gesellschaft und der gesellschaftlichen Teilbereiche gegenüber der öffentlichen Verwaltung anwachsen lässt, zu erledigen.[1] Dem Problem mit additiven Ressourcen und somit mit erhöhter Verschuldung entgegenzutreten, ist langfristig kaum möglich. Die verkürzte Darstellung der Gegebenheiten, denen sich die Verwaltung ausgesetzt sieht, macht vor dem Hintergrund der Einigkeit darüber, dass die Verwaltung in ihrer jetzigen bürokratisch organisierten Form nicht in der Lage ist, den Anforderungen zu entsprechen, die politikwissenschaftliche Relevanz deutlich.

Die Politikwissenschaft befasst sich mitunter damit, wie und in welcher Form das Zusammenleben der Menschen gesichert werden kann und wie es so gestaltet werden kann, dass nachfolgende Generationen nicht geschädigt werden. Letzteres ist seit den 1990er Jahren im Zentrum politikwissenschaftlicher Fragestellungen und demnach ein recht junger Fokus.[2]

Aus politikwissenschaftlichem Verständnis heraus ist die öffentliche Verwaltung Teil der Exekutive und somit Teil des Staates, da sie der politischen Steuerung unterliegt und für die Durchsetzung politischer Zielvorgaben verantwortlich ist. Sie und insbesondere die Kommunalverwaltung, wie die weiteren Ausführungen zeigen werden, hat demnach erheblichen Einfluss auf das geordnete Zusammenleben der Bürgerinnen und Bürger, da durch sie die Herstellung sowie Aufrechterhaltung der Sozialordnung vollzogen wird.[3] Wenn nun die öffentliche Verwaltung nicht in der Lage ist, den im weitesten Sinne gesellschaftlichen Anforderungen gerecht zu werden, kann es passieren, dass langfristig die politischen Ziele in ihr gerecht werdender Form nicht mehr durchgesetzt werden können, was sich letztlich auch auf die Sozialordnung auswirken kann. Wie stark sich dieser Faktor auf die Sozialordnung auswirkt, kann gegenwärtig nicht abschließend geklärt werden, schon allein deshalb nicht, weil nicht der Erfolg oder Misserfolg der Reform allein ausschlaggebend für eine Veränderung

1 Vgl. Dammann, Klaus (Hg.) (1994): Die Verwaltung des politischen Systems. Neuere systemtheoretische Zugriffe auf ein altes Thema. S. 192.

2 Vgl. Nassmacher, Hiltrud (2002): Politikwissenschaft. S. 5.

3 Vgl. Wimmer, Norbert (2004): Dynamische Verwaltungslehre. Ein Handbuch der Verwaltungsreform. S. 26.

der Sozialordnung verantwortlich ist. Zukünftige Gegebenheiten sind immer Produkt diverser Faktoren, deren Einfluss erst im Nachhinein endgültig zu klären ist. Es ist auch gar nicht Ziel dieser Arbeit, einen solchen Zusammenhang aufzuzeigen, doch wird mit der scharfen und vielleicht auch zugespitzten Formulierung die Wichtigkeit der Verwaltung für den Staat deutlich und damit auch die Relevanz der Reform aus politikwissenschaftlicher Sicht. Die Beantwortung der oben aufgeworfenen Fragen kann dazu dienen, weiteres Forschungsinteresse am Zusammenhang zwischen sozialer Ordnung und gelungenem Reformmodell zu wecken, was durchaus als Anstoß für weitere Arbeiten auf diesem Gebiet verstanden werden kann.

2 Vorgehensweise

Um die eingangs gestellten Fragen zu beantworten, wird zunächst die Entwicklung, die letztlich zur Reform geführt hat, nachgezeichnet, damit die Absicht, die hinter der Reform steckt, besser nachvollziehbar ist.

Den Anfang macht die Einordnung der Kommune in die Staatsstruktur der Bundesrepublik Deutschland, um den institutionellen Rahmen klar zu kennzeichnen. Als Kommune werden Landkreise, kreisfreie Städte, kreisangehörige Gemeinden und Gemeindeverbände bezeichnet.[4] Es wird aufgezeigt, wo die Kommune in der horizontalen und vertikalen Architektur des Staates eingebettet ist, um so das Institutionengefüge, in dem sich die Reform vollzieht, klar von anderen Einrichtungen abzugrenzen.

Daran anknüpfend wird untersucht, warum eine Verwaltungsreform in solch tiefgreifendem Maße notwendig ist. Dabei gilt es, zweierlei zu unterscheiden. Auf der einen Seite werden Gründe für ein günstiges Reformklima benannt und auf der anderen Seite lässt sich aus diesen Gründen auf die Defizite der Kommunalverwaltung schließen. Die ein günstiges Reformklima herbeischaffenden Gründe sind gesellschaftlich motiviert und wirken demnach von außen auf die Verwaltung,[5] wobei die Defizite in der kommunalen Verwaltung selbst liegen. Damit die veränderten Rahmenbedingungen, denen sich die Verwaltung gegenübersieht, klar herausgearbeitet werden können, geschieht dies unter Zuhilfenahme der Systemtheorie nach Niklas Luhmann. Es wird sich dabei jedoch auf die Teilbereiche der Theorie beschränkt, die zur Herausarbeitung der veränderten Rahmenbedingungen notwendig sind. Die relevanten Teilbereiche sind einerseits die sozialen Systeme, da die Verwaltung als solches im Rahmen der Theorie definiert wird, und andererseits die System/Umwelt-Differenz. Diese zeigt letztlich das Zustandekommen von veränderten Rahmenbedingungen für einzelne Systeme auf. Die Systemtheorie hilft aber nicht nur dabei, die neu definierten Anforderungen an Verwaltung herauszustellen, sondern lässt gleichzeitig erkennen, dass sich die Veränderungen bereits

4 Vgl. Wagener, Frido (1981): Äußerer Aufbau von Staat und Verwaltung. In: König, Klaus; Oertzen, Hans Joachim von; Wagener, Frido (Hg.): Öffentliche Verwaltung in der Bundesrepublik Deutschland. S. 79.

5 Im Folgenden bezeichnet der Begriff „Verwaltung" die Kommunalverwaltung. Die Begriffe sind also synonym zu verstehen.

vor ihrem Aktuellwerden prognostizieren lassen. Ob diese Prognose zutreffend ist, wird mittels der Reformdiskussionen der 1980er und 1990er Jahre überprüft, indem die Schnittmenge von theoretisch prognostizierten Veränderungen mit den Argumenten der Reformdiskussion gebildet wird. Damit wird erkennbar, dass die Veränderungen, die letztlich zur Reform führen, gar nicht überraschend sind, sondern Phänomene des Wandels bezeichnen, denen jedes soziale System unterliegt. Entscheidend ist, sich diesem Wandel anzupassen.

Eben diese Anpassungsfähigkeit wird der öffentlichen Verwaltung oft abgesprochen. Die starke Hierarchisierung gilt als Hauptkritikpunkt, doch werden die Instrumente der Verwaltung insgesamt als zu starr bezeichnet, um den neu definierten Anforderungen gerecht zu werden. Der Anspruch der Gesellschaft auf bürgerorientierte Leistung setzt ein hohes Maß an Flexibilität voraus, wenn ihm entsprochen werden soll. Der geforderten Flexibilität stehen jedoch Hierarchisierung und Dienstwegprinzip gegenüber. Die Suche nach einem Ausweg aus dieser Situation lässt den Blick über die Staatsgrenzen hinaus schweifen.

In Kapitel 5 wird demzufolge zunächst klargestellt, dass nicht nur deutsche Verwaltungen mit solchen Veränderungen konfrontiert sind, sondern dass dies ein Phänomen ist, welches global greift. International firmieren die jeweiligen nationalen Reformprozesse unter dem Mantel des New Public Managements (NPM). Dabei handelt es sich um ein Modell, welches primär wirtschaftlich geprägt ist und auf Effizienz- und Effektivitätssteigerungen abzielt, um so der Verwaltung zu neuen Handlungs- und Leistungspotentialen zu verhelfen. Auch die deutsche Variante, das bereits vielfach erwähnte Neue Steuerungsmodell, ist stark ökonomisch geprägt. Dabei belässt es das Modell nicht bei kleinteiligen Modifikationen im Verwaltungsablauf, sondern verfolgt eine komplette Umstrukturierung, sowohl den Aufbau einer Verwaltung als auch deren Ablauf betreffend. Um erwähnte Steigerungen realisieren zu können, wird sich von der Inputsteuerung gelöst und der Outputsteuerung zugewandt. Das heißt, das Verwaltungshandeln orientiert sich an der zu erbringenden Leistung. Es stellt sich nicht länger die Frage, welche Maßnahmen im Rahmen des Etats zu bewältigen sind, sondern, welchen Etat dem einzelnen Fachbereich zur Bewältigung zuvor definierter Maßnahmen zugestanden werden muss. Wer sich da an die ökonomischen Prinzipien erinnert fühlt, liegt durchaus richtig. Die Abkehr vom Maximalprinzip und die Hinwendung zum

Minimalprinzip macht die Kehrtwende deutlich, die mit dem Reformmodell erreicht werden soll, und zeigt gleichsam die Notwendigkeit der tiefgreifenden Veränderungen bei dieser Zielerreichung auf. Welche Veränderungen sich im Detail ergeben, wird klar, wenn die einzelnen Instrumente des Neuen Steuerungsmodells erläutert werden.

Im anschließenden Kapitel und gleichzeitig letzten Teil der Arbeit wird die praktische Verwertbarkeit des Theoriemodells in den Blick genommen. Die einzelnen Instrumente des Neuen Steuerungsmodells werden auf ihren Implementationsgrad hin untersucht, um damit festzustellen, ob die Instrumente des Reformmodells auch in der Praxis umgesetzt werden und welche Widrigkeiten damit zusammenhängen. In diesem Kontext wird ebenfalls erfasst, ob die in der Theorie beabsichtigten Ziele des NSM auch in der praktischen Umsetzung erreicht werden. Dazu wird die Veränderung des Verwaltungshandelns resultierend aus der Implementation der Instrumente dokumentiert. Die Forschungslandschaft hält - die Implementation betreffend - nur wenig Datenmaterial bereit. Oft werden nur wenige beziehungsweise nur einzelne Kommunen oder nur einzelne Reforminstrumente betrachtet, sodass ein ganzheitliches Bild über den Implementationsstand schwer zu ermitteln ist.

Das ist beispielsweise bei der Studie „Deutsche Städte auf dem Weg zum modernen Dienstleister" von PricewaterhouseCoopers der Fall. Sie beschränkt sich auf ein Sample von rund 197 Kommunen. Der Rücklauf liegt bei 97 antwortenden Kommunen.[6] Flächendeckend geltende Aussagen lassen sich demnach nur vermuten, sodass diese Studie zwar zur Kenntnis genommen, jedoch nicht verwertet wird. Parallel dazu existiert die 2004 vom Deutschen Städtetag (DST) und dem Deutschen Institut für Urbanistik (Difu) durchgeführte Befragung von 243 Kommunen. Neben dem Finanzmanagement sind ebenfalls die Organisationsentwicklung (strategische Steuerung, Qualitätsmanagement, Bürgerorientierung, Verhältnis von Politik und Verwaltung) und das Personalmanagement Gegenstand dieser Befragung. Zwar gibt die Difu-Studie Aufschluss über den Umsetzungsstand vielerlei Reforminstrumente, doch liegt die Rücklaufquote bei 69%, sodass von 158 Kommunen Daten erhoben werden konnten.[7] Flächendeckend ist

6 Vgl. PricewaterhouseCoopers (2002): Deutsche Städte auf dem Weg zum modernen Dienstleister. S. 5.

7 Vgl. Knipp, Rüdiger (2005): Verwaltungsmodernisierung in deutschen Kommunalverwaltungen. Eine Bestandsaufnahme; Ergebnisse einer Um-

auch das nicht. Abhilfe schafft diesbezüglich die Studie „Zehn Jahre Neues Steuerungsmodell - Evaluation kommunaler Verwaltungsmodernisierung". Die von der Kommunalen Gemeinschaftsstelle für Verwaltungsvereinfachung (KGSt) unterstützte und von der Hans Böckler Stiftung geförderte Studie ist bis dato die einzige, die bundesweit flächendeckende Daten erhoben hat. Deshalb wird auf diese bereits wissenschaftlich abgesicherten Daten primär Bezug genommen. In diese Studie sind jedoch auch Ergebnisse der Difu-Studie eingeflossen, sodass sie trotz der im Vergleich geringen Teilnehmerzahlen Berücksichtigung findet. Der Begründungsrahmen wird unter Punkt 8 eingehender erläutert.

Da die einzelnen Instrumente eng miteinander verknüpft sind und sich teils bedingen und teils gemeinsame Wirkungseffekte erzielen, die im Detail nicht einem Instrument in voller Stärke zuzurechnen sind, werden Maßnahmen zusammenfassend betrachtet.

Das veränderte Verhältnis von Politik und Verwaltung wird separat betrachtet, da die weiteren Maßnahmen des Neuen Steuerungsmodells auf die Trennung von Verantwortungsbereichen fußen. Als Strukturinstrumente zusammengefasst, werden die dezentrale Ressourcenverantwortung, die Fachbereiche und die ihnen inhärente Teamstruktur sowie der Abbau von Hierarchieebenen und der Umbau von Querschnittsämtern zu Service-Stellen auf Implementationsstand und Wirkungsgrad hin betrachtet. Eine gesamtheitliche Betrachtung dieser Instrumente empfiehlt sich, da sie, wie der Name vermuten lässt, maßgeblich die Struktur der Kommunalverwaltung verändern. Die Produkte, das betriebliche Rechnungswesen, die Budgetierung und das Berichtswesen zielen darauf ab, den Verwaltungsablauf zu verändern. Deshalb werden auch sie zusammenhängend, als Prozessinstrumente, betrachtet. Natürlich haben die Strukturinstrumente jedoch auch Auswirkungen auf die Prozessinstrumente, sodass die hier anmutende strikte Trennung nicht konsequent durchgehalten werden kann und soll, sodass auch zwischen den beiden Gruppen Rückbezüge stattfinden.

Das Personal wird ebenfalls gesondert behandelt, da es sich keiner der bisherigen Gruppen zurechnen lassen kann. Das Personalmanagement vollzieht sich innerhalb neu geschaffener Strukturen und durch das

frage des Deutschen Städtetages und des Deutschen Instituts für Urbanistik. S. 8f.

Personal werden die Prozessinstrumente betrieben, sodass durch die separate Behandlung des Personals die Wirkungszusammenhänge zu Struktur- und Prozessinstrumenten besser verdeutlicht werden können. Anschließend werden die Kundenorientierung und das Qualitätsmanagement in den Blick genommen, da sie das Außenverhältnis des Reformprozesses beschreiben - ist doch die bessere Anbindung der Verwaltung an den Bürger eines der Hauptanliegen des Reformprozesses. Letztlich darf der Wettbewerb als reformaktivierende Maßnahme nicht vergessen werden. Da er Marktbedingungen herstellt oder zumindest simuliert, ist er laut theoretischem Konstrukt die Motivationsgrundlage und gleichzeitig auch Voraussetzung für wirtschaftliches Handeln.

Das Fazit führt abschließend die gewonnenen Erkenntnisse dieser Arbeit zusammen und beantwortet auf deren Grundlage die in der Einleitung aufgeworfenen Forschungsfragen.

3 Die Verortung der Kommune innerhalb der Bundesrepublik Deutschland

Die Kommune ist als Teil des Staatsapparates eng verstrickt mit anderen staatlichen Institutionen und ihre wechselseitigen Beziehungen zueinander machen es notwendig, im Zuge einer genauen Verortung der Kommune innerhalb der Staatsstruktur das Gesamtgefüge zu skizzieren. Deshalb wird folglich ein Einblick in die horizontale und vertikale Staatsarchitektur gegeben und das Institutionengefüge entsprechend dieser Einteilung eingeordnet.

3.1 Die horizontale Staatsstruktur

Um die Kommune in das Geflecht der Bundesrepublik Deutschland einzuweben, gilt es, die Herrschaftsstrukturen genauer zu beleuchten. Mitunter motiviert durch die Diktatur im Dritten Reich soll das bestehende System Diktaturen jeglicher Form verhindern, was voraussetzt, dass die Machtkonzentration an einzelnen Stellen möglichst gering ist. Diesen Voraussetzungen wird mit dem Prinzip der Gewaltenteilung Rechnung getragen.[8]

Die Einteilung in Exekutive, Legislative und Judikative als horizontale Gewaltenteilung darf jedoch nicht falsch verstanden werden als eigens für die Anforderungen in der BRD geschaffenes beziehungsweise erdachtes Konstrukt. Zwar ist die deutsche Ausprägung von Gewaltenteilung im Grundgesetz manifestiert,[9] doch reicht deren Ursprung zurück bis ins 17. Jahrhundert auf John Locke, der die Begriffe der Exekutive und Legislative[10] prägt und Charles de Montesquieu, welcher den Locke'schen Ansatz um die Judikative erweitert hat.[11]

3.2 Die vertikale Staatsstruktur

Eine bloße Trennung der Staatsmacht in die drei angesprochenen Gewalten ist jedoch keine Garantie für eine wirkliche Aufsplittung der Gewalten, sondern bis hierher rein formeller Natur. Konzentriert sich

8 Vgl. Bogumil, Jörg; Jann, Werner (2005): Verwaltung und Verwaltungswissenschaft in Deutschland. S. 56.

9 Vgl. Art. 20, Abs. 2 GG.

10 Vgl. Locke, John (1967): Zwei Abhandlungen über die Regierung. S. 298f.

11 Vgl. Stubbe-da Luz, Helmut (1998): Montesquieu. S. 9f.

die horizontal gespaltene Macht beispielsweise nur auf ein Staatsorgan, so kommt es erneut zur Bündelung von Gewalt an einer oder wenigen Stellen. Um dem vorzubeugen, sind verschiedene Organe für judikative, exekutive und legislative Belange zuständig. Die Intentionen gehen also über eine Trennung der Gewalten hinaus. Vielmehr wird versucht, die Staatskräfte durch deren Verteilung auf verschiedene und sich gegenseitig kontrollierende Organe in Balance zu halten, um der angesprochenen Möglichkeit der Machtkonzentration entgegenzuwirken. Wobei angemerkt werden muss, dass sich die Streuung der Staatsmacht nicht nur auf Organe in horizontaler Richtung niederschlägt, sondern ebenfalls vertikal verteilt ist.[12]

Der Staatsaufbau in vertikaler Richtung ist in seiner ursprünglichen Form, ebenso wie der horizontale, dreigliedrig. Doch wird der Einfluss der Europäischen Union (EU) auf die Nationalstaaten und deren Ebenen mit fortschreitender Integrationsleistung größer, sodass die vertikale Dreigliedrigkeit heute durchaus durch eine vierte, übergeordnete, europäische Ebene ergänzt werden muss.

Im Kontext der Verortung von Kommunen innerhalb einer Staatsarchitektur ist weniger die immanente Systembetrachtung der EU von Interesse als vermehrt die Extensive. Es soll also nicht die Konzeption der Europäischen Union und das Ineinandergreifen der auf dieser Ebene angesiedelten Organe betrachtet werden. Der Fokus liegt auf der sich durch die EU vollziehenden Veränderungen, die Verwaltungsorganisation kommunaler Ebene betreffend.[13] Das auf supranationaler Ebene verabschiedete Gemeinschaftsrecht, welches im *acquis communautaire* fixiert ist, ist für die Mitgliedsländer verbindlich und gegenüber nationalem Recht vorrangig zu behandeln.[14] Für die Umsetzung des europäischen Rechtsgefüges auf nationaler Ebene sind die dem jeweiligen Nationalstaat inhärenten Verwaltungsstrukturen verantwortlich. Dass die Kommunen deshalb in zunehmendem Maße damit beschäftigt sind, europäische Verordnungen umzusetzen, wird durch nachfolgende Erläuterungen deutlich.

12 Vgl. Arndt, Klaus Friedrich; Heyde, Wolfgang; Ziller, Gebhard (1993): Bund, Länder, Kommunen. Aufgaben, Organisation, Arbeitsweise. S. 3.

13 Vgl. Münch, Claudia (2006): Emanzipation der lokalen Ebene? Kommunen auf dem Weg nach Europa. S. 31f.

14 Vgl. Siedentopf, Heinrich; Speer, Benedikt (2002): Der Europäische Verwaltungsraum. In: König, Klaus (Hg.): Deutsche Verwaltung an der Wende zum 21. Jahrhundert. S. 314.

Verantwortlich für die Gestalt der vertikalen Struktur der BRD ist maßgeblich das aus dem Grundgesetz abgeleitete Bundesstaatsprinzip.[15] Die Länder der Bundesrepublik Deutschland als nicht souveräne Gliedstaaten haben sich zu einem Bund zusammengeschlossen. Der neu entstandene Zentralstaat ist allein Träger der völkerrechtlichen Souveränität und besitzt ebenso wie die Gliedstaaten Staatscharakter.[16] Dies führt zur Aufteilung staatlicher Aufgaben zwischen Bund und Ländern. Auf die Ausdifferenzierung dieser Aufgaben in Verbindung mit den entsprechenden Gesetzeszuständigkeiten der verschiedenen Ebenen wird weiter unten noch genauer Bezug genommen. Grob vereinfacht sei jedoch gesagt, dass alles das, was im allgemeinen Interesse aller Gliedstaaten einheitlich geregelt werden muss, in die Zuständigkeit des Bundes fällt. Alle übrigen Angelegenheiten obliegen dem Gestaltungsrahmen der Länder.[17] Aus der Verbundstruktur von Gliedstaaten zu einem Souverän lassen sich die ersten beiden Ebenen der vertikalen Gewaltenteilung ableiten, eben der Bund als oberste Ebene, gefolgt von den Ländern.

Da jede dieser Ebenen im Rahmen ihres Kompetenzbereichs eigene Organe innerhalb der Judikative, Exekutive wie auch Legislative aufweist, wird dem Föderalismus ein hohes Maß an Machtdekonzentration attestiert.[18] Das wird insbesondere deutlich, wenn den Ebenen verschiedene Organe innerhalb der Säulen zugeteilt werden.

Legislative Kompetenzen haben, demnach sind zur Gesetzgebung berechtigt, der Bund[19] und die Länder[20]. Genauer sind hier auf Bundesebene als Organe der Bundestag und der Bundesrat, auf Landesebene die entsprechenden Parlamente zu nennen. Fällt die Gesetzgebung in die Zuständigkeit des Bundes, so gilt es zwischen ausschließlicher, konkurrierender und Rahmengesetzgebung zu differenzieren.[21] Gene-

15 Vgl. Art. 20, Abs. 1 GG.

16 Vgl. Wagener, Frido (1981): Äußerer Aufbau von Staat und Verwaltung. In: König, Klaus; Oertzen, Hans Joachim von; Wagener, Frido (Hg.): Öffentliche Verwaltung in der Bundesrepublik Deutschland. S. 74.

17 Vgl. Art. 30, 70 GG.

18 Vgl. Arndt, Klaus Friedrich; Heyde, Wolfgang; Ziller, Gebhard (1993): Bund, Länder, Kommunen. Aufgaben, Organisation, Arbeitsweise. S. 8.

19 Vgl. Art. 71-75 GG.

20 Vgl. Art. 72, 74, 74a GG.

21 **Ausschließliche Gesetzgebung**: Allein der Bund hat Gesetzgebungsbefugnis, damit die Einheitlichkeit im Bundesstaat gewahrt bleibt (Art. 73, 105 Abs. 1 GG). Beispiele dafür sind auswärtige Angelegenheiten oder der Ver-

rell jedoch sind - wie bereits erwähnt - die Bundesländer mit der Gesetzgebung beauftragt.[22]

Im Bereich der Judikative obliegt die Rechtsprechung den Gerichten des Bundes (Bundesverfassungsgericht, Bundesgerichtshof u. a.) beziehungsweise der Länder (Landgericht, Amtsgericht, Verwaltungsgericht). Es zeigt sich demnach auch innerhalb der Judikative das gleiche Bild wie bei der Legislative: Die Staatsmacht ist auf zwei Ebenen und unterschiedliche Organe verteilt.[23] Sind nun die beiden ersten Ebenen und deren Verankerungen innerhalb der Judikative und Legislative relativ grob beschrieben worden, lohnt es sich, einen genaueren Blick auf die Exekutive zu legen, da innerhalb dieser die dritte Ebene angesiedelt ist und sich diese Arbeit mit der Implementation einer Reform auf dieser Ebene bewegt. Eine trennscharfe Skizzierung dieser Ebene ist demnach Voraussetzung, um später ein Reformmodell sauber verankern zu können.

Dem Föderalismusprinzip folgend ist auch die vollziehende Gewalt nach den Ebenen des Bundes und der Länder aufgeteilt.[24] Die kommunale (Selbst-)Verwaltung ist diesen als weitere Stufe nachgeordnet. Die

teidigungsfall. Es besteht zwar die Möglichkeit, dass der Bund diese Kompetenzen auf die einzelnen Länder überträgt, jedoch findet das in der Realität kaum Anwendung.
Konkurrierende Gesetzgebung: Auch hier liegt die Gesetzgebungskompetenz generell beim Bund. Falls dieser von seinem Kompetenzrecht keinen Gebrauch macht, obliegt es den Ländern, entsprechende Gesetze zu erlassen (Art. 72 GG). Der Anteil der Länder an der Gesetzgebung ist jedoch um eine Vielzahl kleiner als der des Bundes, da dieser in erheblichem Maße von der konkurrierenden Gesetzgebung Gebrauch macht. Darunter fallen beispielsweise das Ausländerrecht und das Strafrecht sowie der Strafvollzug.
Rahmengesetzgebung: Der Ruf nach bundeseinheitlicher Regelung schreibt dem Bund die Gesetzgebungsbefugnis zu. Allerdings muss er innerhalb der gemachten Vorschriften Raum lassen für eine individuelle Ausprägung der Gesetze durch die jeweiligen Bundesländer. (Art. 75 GG) Darunter fallen unter anderem Gegenstände des Jagdwesens und allgemeine Grundsätze des Hochschulwesens.
Im Detail: Isensee, Josef; Kirchhof, Paul (Hg.) (2008): Handbuch des Staatsrechts der Bundesrepublik Deutschland. Band 6. Bundesstaat. S. 570ff.

22 Vgl. Art. 70 GG.

23 Vgl. Arndt, Klaus Friedrich; Heyde, Wolfgang; Ziller, Gebhard (1993): Bund, Länder, Kommunen. Aufgaben, Organisation, Arbeitsweise. S. 62f.

24 Vgl. Gabriel, Oscar W.; Holtmann, Everhard (Hg.) (1997): Handbuch politisches System der Bundesrepublik Deutschland. S. 304.

Gewichtung dieser Ebene ist der von Bund und Ländern jedoch nicht identisch. Die Kommune bildet zwar die unterste Ebene innerhalb des vertikalen Staatsaufbaus, besitzt aber keinen eigenen Staatscharakter. Staatsrechtlich sind die Kommunen den Ländern zuzuordnen.[25] Aus verfassungsrechtlicher Perspektive kann demnach nicht von einer dritten Ebene gesprochen werden, da die Kommunen keine eigene Verfassungsebene darstellen, sondern Gebietskörperschaften sind, die den Ländern unterzuordnen sind.[26]

Trotz dieser nachgeordneten Rolle ist die administrative Leistung der Kommune im Vergleich zu Bund und Ländern recht hoch. Der Bund beziehungsweise die Bundesministerien verfügen über keinen eigenständigen Verwaltungsunterbau. Zwar ist die Bundesverwaltung in Form von u. a. Konsulaten, Kreiswehrersatzämtern und Zollämtern auf lokaler Ebene vertreten, doch ist der Bund ansonsten vom Gesetzesvollzug befreit, sodass er sich auf „Politikformulierung" konzentrieren kann.[27]

Viel stärker in den Gesetzesvollzug eingebunden sind die entsprechenden Landesverwaltungen. Sie sind nicht nur damit beauftragt, die eigenen Landesgesetze[28] auszuführen sondern zudem ebenso mit dem Vollzug der Bundesgesetze beauftragt. Dies geschieht entweder im Bundesauftrag[29] - das heißt, der Bund beauftragt die Länder mit dem Vollzug der auf Bundesebene beschlossenen Gesetze innerhalb ihrer Territorialgrenzen - oder in Form von landeseigener Verwaltung.[30] Der Bund kann zwar die Ausführung der Gesetze beaufsichtigen, auf die administrative Abwicklung kann er - anders als bei Verwaltungen im Bundesauftrag - nicht einwirken. Das Ausführen entsprechender Gesetze bleibt demnach „eigene Angelegenheit" der Länder.

---

25 Vgl. Gerlach, Irene (1999): Bundesrepublik Deutschland. Entwicklung, Strukturen und Akteure eines politischen Systems. S. 140.

26 Vgl. Münch, Claudia (2006): Emanzipation der lokalen Ebene? Kommunen auf dem Weg nach Europa. S. 82.

27 Vgl. Gabriel, Oscar W.; Holtmann, Everhard (Hg.) (1997): Handbuch politisches System der Bundesrepublik Deutschland. S. 305.

28 Vgl. Art. 30 GG.

29 Vgl. Art. 85 GG.

30 Vgl. Art. 83 GG.

Dem Subsidiaritätsprinzip[31] Rechnung tragend, welches besagt, dass öffentliche Aufgaben von der kleinstmöglichen Einheit und somit möglichst bürgernah erledigt werden sollen, lässt sich behaupten, dass die Kommunen die Hauptlast des Gesetzesvollzuges tragen.[32] So dienen die Gemeinden, Landkreise und kreisfreien Städte den Ländern zur Durchsetzung von Bundes- und Ländergesetzen auf lokaler Ebene.

Auch die Umsetzung des europäischen Gemeinschaftsrechts in Deutschland vollzieht sich innerhalb derselben administrativen Strukturen, sodass die Kommune in zunehmendem Maße für die Implementation von supranationalem Recht zuständig ist.[33]

Analog dazu haben die Kommunen durch das Selbstverwaltungsrecht[34] die Befugnis, über einen autonomen Entscheidungsspielraum innerhalb ihres Aufgabenbereiches zu verfügen. Dazu gehören beispielsweise freiwillige Aufgaben, wie die Bereitstellung von Kultureinrichtungen, Jugendheimen oder Verkehrsbetrieben, aber auch Pflichtaufgaben, wie die Unterhaltung von Gemeindestraßen oder der Bau von Schulen.[35] Sie sind demnach in gewisser Hinsicht weisungsunabhängig von übergeordneten Instanzen, sodass die Aufgabenfindung und deren Art der Erfüllung im Kontext der örtlichen Gemeinschaft weitgehend autark verlaufen und sie in diesen Bereichen nur der Rechtskontrolle unterliegen. Der Grundgedanke, der hinter der kommunalen Selbstverwaltung steckt, ist die dezentrale und damit eigenverantwortliche Regelung aller Angelegenheiten im lokalen Wirkungsbereich unter Einbezug starker bürgerschaftlicher Beteiligung und wurde bereits vor 200 Jahren, am 9. November 1808 durch Freiherr vom Stein in Kraft gesetzt.[36]

31 Vgl. Gabriel, Oscar W.; Holtmann, Everhard (Hg.) (1997): Handbuch politisches System der Bundesrepublik Deutschland. S. 328.

32 Vgl. ebd. S. 308.

33 Vgl. Siedentopf, Heinrich; Speer, Benedikt (2002): Der Europäische Verwaltungsraum. In: König, Klaus (Hg.): Deutsche Verwaltung an der Wende zum 21. Jahrhundert. S. 321.

34 Vgl. Art. 28 GG

35 Vgl. Münch, Claudia (2006): Emanzipation der lokalen Ebene? Kommunen auf dem Weg nach Europa. S. 82.

36 Vgl. Schöneich, Michael (1996): Einleitung. In: Schöneich, Michael (Hg.): Reformen im Rathaus. Die Modernisierung der Kommunalen Selbstverwaltung. S. 1.

Folglich sind Kommunen „Ausdruck eines machtverteilenden Organisationsprinzips der Begrenzung staatlicher Herrschaft“[37] und gleichzeitig in die demokratische Struktur des Staates eingegliedert, da das durch das Grundgesetz zugesicherte Recht auf Selbstverwaltung dem Volk eine Vertretung in den Ländern, Kreisen und Gemeinden zusichert, die aus demokratischen Wahlgrundsätzen hervorgeht.[38]

Unverkennbar nehmen die Kommunen demzufolge in ihrer Gestalt als unabhängige Selbstverwaltungseinheit auf der einen Seite und als Teil des Staatsapparates zur Erledigung von exekutiven Aufgaben in Vertretung für Bund und Länder auf der anderen Seite eine Doppelrolle ein.

Die obigen Ausführungen belegen, dass der institutionelle Begriff von Kommune aus politikwissenschaftlicher Sichtweise klar mit der Staatsarchitektur der Bundesrepublik Deutschland verbunden ist. Im Zuge der horizontalen Gewaltenteilung der Exekutive zuzurechnen, bildet sie innerhalb des vertikalen Staatsaufbaus die unterste von vier Ebenen. Der institutionelle Rahmen, in dem sich diese Arbeit bewegt, ist demnach definiert. Dieser ist ohne Zweifel für eine ganzheitliche Betrachtung von kommunaler Verwaltung wichtig und notwendig, doch steht der Begriff „Verwaltung“ nicht nur für eine Institution innerhalb der exekutiven Säule der Bundesrepublik, sondern er ist - und das vielleicht sogar in viel stärkerer Form - auch Ausdruck für ein System.

Deshalb sei angemerkt, dass die Implementation der Reform sich zwar innerhalb der Kommune vollzieht, jedoch nicht als ein institutioneller Umbau verstanden werden darf. Unter dem Neuen Steuerungsmodell ist vielmehr eine Reformbewegung zu verstehen, die sich mit dem Ablauf und der Organisation von Verwaltung - in diesem Fall auf kommunaler Ebene - befasst. Mitunter lässt sich die Veränderung der Organisationsstruktur zum institutionellen Begriff zählen, sodass in gewisser Weise auch Änderungen auf institutioneller Ebene vollzogen werden, die Abgrenzung vom Institutionenbegriff soll jedoch deutlich machen, dass nicht die Kommune per se in der Kritik steht, sondern deren Strukturen und Abläufe. Das NSM ist demnach ein Instrumentarium, welches nicht auf institutionelle Veränderungen in Reinform,

37 Naßmacher, Hiltrud; Naßmacher, Karl-Heinz (1999): Kommunalpolitik in Deutschland. S. 29.

38 Vgl. Münch, Claudia (2006): Emanzipation der lokalen Ebene? Kommunen auf dem Weg nach Europa. S. 82.

sondern auf systemischen Umbau abzielt. Aufgrund dessen werden folglich die internen Strukturen der Kommunalverwaltung beleuchtet. Dabei wird sich der Systemtheorie bedient, da ihr Vertreter Niklas Luhmann bereits Ende der 1960er Jahre auf die zukünftig verschärfte Problemlage von Verwaltung hingewiesen hat.

4 Die Notwendigkeit von Verwaltungsreformen unter Einbezug der Systemtheorie nach Niklas Luhmann

In diesem Kapitel wird die Notwendigkeit von Verwaltungsreformen aufgezeigt, indem auf die veränderten Rahmenbedingungen hingewiesen wird, die ein günstiges Reformklima schaffen und daran anknüpfend die Defizite der bisherigen Verwaltungspraxis offenlegen. Dies geschieht unter einer systemtheoretischen Fokussierung des Verwaltungsbegriffs nach Ausprägung von Niklas Luhmann. Nach Maßgabe der deduktiven Methode, also der Tradition vom Allgemeinen zum Speziellen folgend, wird demnach zunächst die Theorie nach Luhmann dahingehend erläutert, dass Kernelemente, die für eine anknüpfende Herausdifferenzierung der veränderten Rahmenbedingungen wichtig sind, vorgestellt werden. Auf eine umfassende Darstellung der Systemtheorie wird aufgrund ihrer Komplexität und des dadurch wenig hinzugewonnenen Nährwerts für diese Arbeit verzichtet. Für die Diagnose von Defiziten beziehungsweise der Kennzeichnung veränderter Rahmenbedingungen für die Kommunalverwaltung eignet sich die Systemtheorie in besonderem Maße, da sie einen Erklärungsansatz bietet, weshalb es zu einem derart günstigen Reformklima kommen kann. Es wird klar, dass die veränderten Rahmenbedingungen, denen sich die Verwaltung gegenübersieht, nicht einfach bloße Behauptungen sind, sondern bereits vor ihrem Aktuellwerden in den 1980ern und 1990ern prognostizierbar waren. Neben der systemtheoretischen Herleitung der Defizite wird auf die Reformdiskussionen der 1980er und 90er Jahre Bezug genommen, die letztlich in dem New Public Management ihren Abschluss finden. Es sind hier folglich zwei Richtungen erkennbar. Durch das Anknüpfen an die Reformdiskussionen werden diese theoretisch hergeleiteten Rahmenbedingungen praktisch überprüft, indem die Größe der Schnittmenge von theoretisch prognostizierten und eingetretenen veränderten Rahmenbedingungen betrachtet wird.

4.1 Systemtheorie nach Luhmann

Die Systemtheorie ist nicht einem bestimmten Wissenschaftszweig zuzuordnen. Systeme werden in allen Wissenschaftsdisziplinen untersucht, so lässt sich folgerichtig auch nicht von der *einen* Systemtheorie sprechen. Das lässt sich schon daraus erkennen, dass die Systemtheorie Universalität[39] beansprucht. Das heißt, sie umfasst den gesamten Bereich der Wirklichkeit,[40] dies jedoch immer nur aus einem bestimmten Blickwinkel. Die Betrachtung ist immer systeminhärent.

4.1.1 Soziale Systeme

Als Soziologieprofessor beschäftigt sich Luhmann mit sozialen Systemen.[41] Der Begriff des „sozialen Systems" bedarf jedoch genauerer Definition, da er sich von dem Alltagsverständnis deutlich unterscheidet. Als System wird im Alltag - der ontologischen Stoßrichtung folgend - ein Konstrukt verstanden, was zusammengesetzt ist aus Teilen, die ein Ganzes ergeben.[42] Hiermit wird eine gewisse Dinghaftigkeit impliziert, von der sich Luhmann distanziert. Soziale Systeme sind keine Dinge, sondern Operationen, und Operationen sind im Kontext sozialer Systeme Kommunikation.[43] Das bedeutet zugleich auch, dass der Mensch zwar am sozialen System teilhat, er aber keine eigene Systemeinheit darstellt.[44] Er ist vielmehr eine Ansammlung verschiedener Systeme. Sein Bewusstsein ist ein psychisches System und sein Körper ein biologisches. Die Kommunikation ist eben ein soziales System.[45] Ein solches System existiert demnach nicht durch Menschen, sondern durch ihre Kommunikation. Der Mensch ist - so lässt sich behaupten - in gewisser Weise Voraussetzung für die Entstehung sozialer Systeme.

Wenn nun Verwaltung - und damit hier insbesondere die Kommunalverwaltung - als soziales System beschrieben wird, darf nicht der Fehler gemacht werden, dies mit einem Gebäude oder mit den dort arbeitenden Menschen zu assoziieren. Es ist der Aspekt der Kommunikation zu betrachten. Was aber unterscheidet nun die Kommunikation des sozialen Systems „Verwaltung" von der anderer sozialer Systeme? Das Spezifische der Verwaltung ist die Ausrichtung ihres Handelns auf

39 Vgl. Luhmann, Niklas; Baecker, Dirk (Hg.) (1987): Archimedes und wir. Interviews. S. 163.

40 Vgl. ebd.

41 Vgl. Kneer, Georg; Nassehi, Armin (2000): Niklas Luhmanns Theorie sozialer Systeme. Eine Einführung. S. 33.

42 Vgl. Luhmann, Niklas (1966): Theorie der Verwaltungswissenschaft. Bestandsaufnahme und Entwurf. S. 65.

43 Vgl. Luhmann, Niklas (1994): Soziale Systeme. Grundriß einer allgemeinen Theorie. S. 193.

44 Vgl. Luhmann, Niklas (1997): Die Gesellschaft der Gesellschaft. S. 35ff.

45 Vgl. Luhmann, Niklas; Lenzen, Dieter (Hg.) (2002): Das Erziehungssystem der Gesellschaft. S. 82.

das Herstellen verbindlicher Entscheidungen. Darunter ist Folgendes zu verstehen: Entscheidungen sind Mitteilungen des Ergebnisses von Informationsverarbeitung, resultierend aus Kommunikation. Durch Entscheidungen werden Informationsgehalte verdichtet, die Potentiale einer Ursprungsinformation reduziert.[46] Es lässt sich auch sagen: Es wird Komplexität für die Umwelt reduziert. Diese Aussage ist innerhalb der Luhmann'schen Systemtheorie eine äußerst wichtige, ist die System/Umwelt-Differenz doch zentraler Bestandteil eben dieser. Das soll jedoch an dieser Stelle zunächst zurückgestellt und unter Gliederungspunkt 4.1.2 erneut aufgegriffen werden. Die Entscheidungen haben zwar von der Form her gesamtgesellschaftliche Wirkung,[47] doch muss auch sichergestellt sein, dass diese Entscheidungen legitimiert sind. An dieser Stelle zieht Luhmann eine Trennlinie. Nach seiner Auffassung ist das Produzieren von Entscheidungen die Aufgabe der Verwaltung, sie den Betroffenen gegenüber zu verantworten, jedoch nicht. Das liegt im Verantwortungsbereich der Politik.[48] Es wird sich also unmissverständlich für eine Trennung von Verantwortung zwischen Politik und Verwaltung ausgesprochen (vgl. Kapitel 6.1).

4.1.2 System/Umwelt-Differenz

Neben dem System „Verwaltung" gibt es noch eine Vielzahl anderer sozialer Systeme. Diese variieren stark in ihrer Größe und Beständigkeit. Die kleinste Einheit und zugleich die geringste Beständigkeit weist eine flüchtige Interaktion zwischen zwei Personen auf. Beständiger sind soziale Systeme in Form von Organisationen. Die Interpretation der Organisation als soziales System folgt dem institutionellen Organisationsbegriff, der eben jene als zielgerichtete Handlungssysteme mit interpersonaler Arbeitsteilung begreift.[49] Darunter fällt auch die Verwaltung. Als Gesamtheit aller möglichen sozialen Kontakte und damit als größtes soziales System wird die Gesellschaft per se verstanden. In ihr sind alle andern sozialen Systeme zu finden. Demnach kann

46 Vgl. Vgl. Luhmann, Niklas (1966): Theorie der Verwaltungswissenschaft. Bestandsaufnahme und Entwurf. S. 67.

47 Vgl. Luhmann, Niklas (1971): Politische Planung. S. 165.

48 Vgl. Schmid, Günther; Treiber, Hubert (1975): Bürokratie und Politik. Zur Struktur und Funktion der Ministerialbürokratie in der Bundesrepublik Deutschland. S. 30f.

49 Vgl. Picot, Arnold; Dietl, Helmut; Franck, Egon (2005): Organisation. Eine ökonomische Perspektive. S. 24.

auch von Subsystemen gesprochen werden.[50] Gleichsam ist bereits im Zusammenhang mit der Behauptung, dass die Systemtheorie eine Art Universaltheorie sei, auf die Bedingtheit von Systeminhärenz bei der Betrachtung von Wirklichkeit hingewiesen worden. Aus diesem Verständnis heraus haben wir es demnach neben dem System mit einem zweiten Begriff zu tun, dem der Wirklichkeit.

Da die Welt jedoch nicht direkt zugänglich ist, sondern immer etwas durch ein System beziehungsweise Beobachter Interpretiertes ist, spricht Luhmann neben dem System nicht von Wirklichkeit beziehungsweise Welt, sondern von Umwelt.[51] Umwelt wird also durch das System konstruiert. So verfährt jedes System für sich. Für das soziale System Wirtschaft ist die Umwelt eine andere als für das soziale System Verwaltung, ist doch die Verwaltung für die Wirtschaft ein Teil der Umwelt und umgekehrt.

Die Differenz von System und Umwelt geht demnach vom System selbst aus. Vereinfacht gesagt: Die Umwelt ist alles das, was das jeweilige System, von dem aus sie betrachtet wird, nicht ist.[52]

Die Umwelt ist für das soziale System jedoch nicht als geordnete, überschaubare Größe zu begreifen. Viel eher ist sie mit ihrer Vielzahl an Kommunikationsmöglichkeiten - von Interaktion zwischen zwei Personen bis hin zu Kommunikation in Teilsystemen wie Wirtschaft und Verwaltung - ungeheuer komplex und im hohen Maße ungeordnet. Luhmann spricht in diesem Zusammenhang davon, dass die Aktivitäten der Umwelt vom System selbst nur als Rauschen vernommen werden, das System aber die Fähigkeit hat, systemrelevante Teile dieses Rauschens in Information zu transformieren und so aus dem Ungeordneten Ordnung herzustellen (order from noise).[53] Das System reduziert demnach die Komplexität der Umwelt. Es ist deshalb anzunehmen, dass trotz der Grenze zwischen System und Umwelt eine Form von Austausch existiert. Das System ist in gewisser Weise zur Umwelt

50 Vgl. Luhmann, Niklas (1994): Soziale Systeme. Grundriß einer allgemeinen Theorie. S. 33.

51 Vgl. ebd. S. 244ff. [Ausführlich: S. 242-285].

52 Vgl. ebd. S. 249.

53 Vgl. Luhmann, Niklas; Baecker, Dirk (2004): Einführung in die Systemtheorie. S. 119.

hin offen und kann so mit der Umwelt in Aktion treten. Die Systemtheorie spricht dann passenderweise von Umweltoffenheit.[54]

Auch die Verwaltung als soziales System ist umweltoffen. Natürlich besteht auch hier wieder eine Grenze zwischen System und Umwelt, an der Informationen aus der Umwelt herausgefiltert werden. Bei feiner eingestellter Optik lässt sich gar sagen, dass sich diese als eine „Universalgrenze" aufgliedert in verschiedene Teilgrenzen, tritt die Verwaltung doch nicht mit der Umwelt als Gesamtgefüge in Aktion, sondern transformiert relevantes Rauschen in Information von Systemen, die ihr in gewisser Weise Existenzberechtigung verleihen. So ist die öffentliche Verwaltung doch ein soziales System, das sich in einer nach Politik, Publikum und Personal differenzierten Umwelt erhalten muss, eben durch Herstellung bindender Entscheidungen durch das Personal, für das Publikum und mit einer besonderen Empfindsamkeit für politische Informationen.[55] Luhmann bezeichnet diese drei Arten der Grenzbeziehungen als Hauptgrenzen, was gleichsam impliziert, dass parallel weitere Teilgrenzen zwischen der Verwaltung und anderen Teilen der Umwelt bestehen. Zum Herausstellen der Veränderungen, denen sich die Verwaltung gegenübersieht, sind jedoch die drei genannten Hauptgrenzen entscheidend und bieten daher ideale Anknüpfungspunkte zur bestehenden Reformdiskussion. Deshalb ist es lohnenswert, diese Grenzen einmal näher zu beleuchten.

Grenzen garantieren der Verwaltung Unabhängigkeit. So bewirkt die Grenzisolierung beispielsweise, dass Mitglieder der Verwaltung nicht aus politisch motivierten Gründen entlassen werden können. Die politische Einflussnahme auf Verwaltungspersonal wird zudem noch durch einen zweiten Umstand unterbunden. Die Politik kann - ebenso wenig wie Angehörige des Publikums - entscheiden, wer innerhalb der Verwaltung über einen Sachverhalt bestimmt. Zudem werden eigene Interessen der Verwaltungsmitglieder im Dienstbereich nach Möglichkeit neutralisiert. Auch politisch gefärbte Einzelinteressen von Mitarbeitern in der Entscheidungstätigkeit bekommen durch zahlreiche Instanzen, wie kollegiale Kontrolle, Dienstethos, Rechtsvorschriften und Darstellungsregeln, keinen Nährboden. Ist somit die Einflussnahme anderer Systeme auf die Verwaltung begrenzt, so trägt ebendiese auch Sorge dafür, dass die Politik nicht willkürlich auf das Publikum ein-

54 Vgl. ebd. S. 45.

55 Vgl. Luhmann, Niklas (1966): Theorie der Verwaltungswissenschaft. Bestandsaufnahme und Entwurf. S. 84.

wirken kann und umgekehrt.[56] Selbst Anliegen prominenter Politiker können nicht ohne weiteres in Entscheidungen an das Publikum herangetragen werden. Luhmanns weitere Auslassungen dazu sind recht unscharf. *„Die Verwaltung prüft dann nach eigenen Gesichtspunkten, ‚ob sich das machen lässt'"*.[57] Trotz der vagen Äußerung ist erkennbar, dass der Verwaltung in gewisser Hinsicht eine Vermittlerrolle zwischen Systemen zugeschrieben wird, die zwar von der Existenz dieser Systeme abhängt, jedoch von ihnen nicht beeinflussbar ist, sondern nach eigenen Maßstäben agiert.

Die Maßstäbe sind gefasst in Entscheidungsprogramme, die für die Reduktion von Komplexität und damit einhergehend für die Interaktion an der Systemgrenze mit der Umwelt - in zweierlei Ausprägung vorkommend - notwendig sind. Das komplizierte Modell des Staatsverwaltungssystems wird neben der sozialen Komponente, worunter die Beziehung zur Umwelt beziehungsweise zu mehreren Teilumwelten zu verstehen ist, um eine weitere Dimension - den Zeitfaktor - erweitert.[58]

Die Umwelt erscheint der Verwaltung entweder als Ursache oder als Wirkung, da die Umweltkontakte des Systems kausal ablaufen. Alle Umweltereignisse liegen demnach vor oder nach dem Einsatz der verwaltungsinternen Informationsverarbeitung. Werden Umweltinformationen als Anlass für Verwaltungshandeln genommen, so ist das eine klassische „Wenn/Dann-Beziehung". Das Handeln ist *„konditional programmiert"*[59]. Wann die Informationen aus der Umwelt eintreffen und damit ein Verwaltungshandeln auslösen, liegt nicht im Einflussbereich des Systems. Festgelegt ist nur die auf die spezifische Information folgende Handlung.60 Die andere Variante wird als Zweckprogramm bezeichnet. Davon wird gesprochen, wenn bestimmte Wirkungen als erstrebenswert angesehen werden und als Legitimation für die Aus-

56 Vgl. Luhmann, Niklas (1966): Theorie der Verwaltungswissenschaft. Bestandsaufnahme und Entwurf. S. 77.

57 Ebd.

58 Vgl. ebd. S. 87.

59 Luhmann, Niklas (1966): Theorie der Verwaltungswissenschaft. Bestandsaufnahme und Entwurf. S. 87.

60 Vgl. Schmid, Günther; Treiber, Hubert (1975): Bürokratie und Politik. Zur Struktur und Funktion der Ministerialbürokratie in der Bundesrepublik Deutschland. S. 32f.

wahl geeigneter Mittel herangezogen werden, um eben diese Wirkungen zu erreichen.[61]

Innerhalb der staatlichen Bürokratie ist die Konditionalprogrammierung vorherrschend, wobei die Zweckprogrammierung eher den politischen Institutionen zuzurechnen ist. Zwar darf dieses nicht als absolut angesehen werden, eine solche Sichtweise ist mitunter gar disfunktional, doch hat die Zuweisung der jeweiligen Programmierung zu den entsprechenden Institutionen Faustregelcharakter.[62]

Bis hierher hat nun das systemtheoretische Vokabular innerhalb der Verwaltung seine Entsprechungen gefunden. Verwaltung wird als soziales System definiert, wobei Luhmann nicht explizit zwischen gesamtheitlicher Staatsverwaltung und Kommunalverwaltung unterscheidet. Dieses ist auch nicht zwingend notwendig, da die gemachten Auslassungen für die gesamte Staatsverwaltung ebenso zutreffen wie für den kommunalen Bereich. Anhand dieses Systembegriffs wurden dessen Umwelt und in diesem Zusammenhang auch die Grenzen beziehungsweise Teilgrenzen zwischen System und Umwelt aufgezeichnet. Die Hauptgrenzen zu Publikum, Personal und Politik haben auch für die Kommunalverwaltung Gültigkeit, doch sind diese nicht national, sondern lokal.

Gerade die Abgrenzung von System und Umwelt macht im nächsten Schritt das Zustandekommen von Defiziten innerhalb der Kommunalverwaltung deutlich. So werden nun unter systemtheoretischer Perspektive die Gründe für eine Reformbewegung im Verwaltungssektor aufgezeigt und mit der Reformdebatte der 1990er Jahre verknüpft.

4.2 Gründe für günstiges Reformklima und daraus abgeleitete Defizite der Verwaltungspraxis

Defizite jeglicher Art bedeuten immer eine Form von Mangel, im vorliegenden Fall also einen Mangel im System der Kommunalverwaltung. Im systemtheoretischen Blickwinkel hängt ein Defizit stark mit dem Begriff der Ausdifferenzierung im Kontext von Evolution zusam-

61 Vgl. Luhmann, Niklas (1966): Theorie der Verwaltungswissenschaft. Bestandsaufnahme und Entwurf. S. 87.

62 Vgl. Schmid, Günther; Treiber, Hubert (1975): Bürokratie und Politik. Zur Struktur und Funktion der Ministerialbürokratie in der Bundesrepublik Deutschland. S. 35.

men. Das heißt, dass sich Systeme im Laufe der Evolution immer weiter ausdifferenziert haben, was jedoch die Differenz von System und Umwelt voraussetzt.[63] Das ist zwingend notwendig, da kein System aus sich selbst heraus evoluieren kann. Wenn demnach die Umwelt nicht stetig anders variiert als das System - und das System somit nicht gezwungen ist, sich den veränderten Umweltbedingungen anzupassen - würde die Evolution in einem „optimal fit" ein schnelles Ende finden.[64]

System und Umwelt verändern sich folglich heterogen, jedoch in Reaktion aufeinander. Eine Umweltveränderung vom System Kommunalverwaltung führt demnach zu einer Ausdifferenzierung des Systems als Reaktion auf vorhergehende Umweltveränderungen. Das System passt sich den veränderten Bedingungen an. Gleichsam ist das System Kommunalverwaltung jedoch Teil der Umwelt anderer Systeme (z. B. Wirtschaft), was dazu führt, dass sich durch die Ausdifferenzierung des Systems Verwaltung, deren Umwelt verändert hat, was erneut zu einer Systemausdifferenzierung - in diesem Fall der Wirtschaft - führt. Es ist hier ein nicht enden wollender Prozess zu erkennen.

Dieses vorausgesetzt, lässt sich schlussfolgern, dass Defizite im System dann auftreten, wenn sich eben dieses nicht oder nicht genügend stark ausdifferenziert. Das ist systemtheoretisch auch die Antwort auf die Frage, was dazu führt, dass ein Modell, was viele Jahrzehnte den Verwaltungsablauf und in diesem Zusammenhang auch das Leben der Bürger maßgeblich organisiert hat, für reformbedürftig und somit für defizitär gehalten wird. Es gilt jedoch festzuhalten, dass die Kritik sich nicht gegen die Verwaltung per se richtet, folglich nicht gegen die Institution als solche, sondern auf deren Organisationsgefüge abzielt, was sowohl den Aufbau als auch den Ablauf impliziert. Lange vor der aufkommenden Reformdiskussion, die in den 1980er Jahren begann und Mitte der 1990er Jahre in die Einführung von New Public Management-Instrumenten in Verwaltungen mündete, hat Luhmann bereits Ende der 1960er bis in die 1970er Jahre hinein die erst gut 30 Jahre später aktuell werdenden Problemlagen der Verwaltung prognostiziert. Natürlich sind die von ihm formulierten Annahmen zum damaligen Zeitpunkt Ergebnis eines logisch prognostizierenden Verlaufs und unterliegen keiner empirischen Absicherung, dennoch lassen sie sich aus heutiger Perspektive zwar nicht als völlig übereinstimmend, jedoch als

63 Vgl. Luhmann, Niklas (1997): Die Gesellschaft der Gesellschaft. S. 433.

64 Vgl. ebd.

sehr treffend im Hinblick darauf beschreiben, was in den 1990ern als Gründe für Reformen angegeben wurde.

4.2.1 Gründe für ein günstiges Reformklima

Im nächsten Schritt gilt es zu erarbeiten, was Luhmann als defizitär herausgestellt hat und was der Kanon der Reformdiskussion ist. Dies kann jedoch nicht ohne weiteres geschehen, da sich die Implementation einer Reform immer auf ein bestehendes Referenzmodell bezieht, welches den gegebenen Umständen nicht mehr genügt und deshalb eine Reform rechtfertigt.[65] In Deutschland bietet diese Referenz das Bürokratiemodell nach Max Weber (1864 - 1920), welches seinen Weg in einschlägige Literatur auch unter den Begriff „Klassisches Bürokratiemodell" gefunden hat. Max Weber gilt mit dem Modell als einer der Begründer der modernen Sozialwissenschaften[66] und auch heute ist der Begriff „Verwaltung" unabdingbar verknüpft mit seinem Bürokratiemodell. Es darf jedoch nicht der Fehler gemacht werden, im Zuge der Reformbewegung das Klassische Bürokratiemodell als Ganzes für defizitär zu halten. Vielmehr ist es eine Ansammlung von Instrumenten und Strukturvorgaben, aus denen sich die Verwaltung bedienen kann. Das macht sie auch zu großen Teilen. Dennoch ist zwischen dem Idealtypus des Klassischen Bürokratiemodells und der in der Praxis vorkommenden Ausprägung von Verwaltung zu unterscheiden und eine Gleichsetzung dieser beiden Größen gefolgt von einer generellen Kritik am Klassischen Bürokratiemodell falsch beziehungsweise eine in hohem Maße zu grobe Betrachtungsweise. Wesentliche Elemente des bürokratischen Ansatzes sind:[67]

- Hauptamtliches Personal
- Einstellung und Beförderung nach Leistung
- Arbeitsteilung und Spezialisierung
- Hierarchische Über- und Unterordnung
- Schriftlichkeit und Aktenmäßigkeit

Für Weber ist die bürokratische Organisation eine wichtige Errungenschaft, liegt in ihr doch die Möglichkeit, feudale, willkürliche Herrschaften zu ersetzen und wird durch die Einstellung von hauptamtli-

65 Vgl. Naschold, Frieder; Bogumil, Jörg (Hg.) (1998): Modernisierung des Staates. New public management und Verwaltungsreform. S. 77.

66 Vgl. Bogumil, Jörg; Jann, Werner (2005): Verwaltung und Verwaltungswissenschaft in Deutschland. Einführung in die Verwaltungswissenschaft. S. 114.

67 Vgl. ebd. S. 115.

chem Personal verhindert, dass sich öffentliche Mittel privat angeeignet werden. Es existiert demnach eine Trennung von Amt und Person und folglich auch eine solche von öffentlichen und privaten Mitteln. Gleichsam trägt die Professionalisierung, also die Beförderung und Einstellung nach Leistung dazu bei, dass Ämter nicht auf der Grundlage von Vererbung oder Begünstigungen jeglicher Art vergeben werden, was eine unprofessionelle Verwaltung durch Amateure und mitunter undurchschaubare Willkür nach sich ziehen würde. Die neuen Organisationsmerkmale bieten dadurch Vorteile für Staat und Bürger. Einerseits hat der Staat durch die Arbeitsteilung die Sicherheit, dass durch die dadurch entstehende Spezialisierung ein hoher Grad an Kompetenz in Bezug auf die Aufgabenwahrnehmung vorhanden ist. Zudem sorgt in diesem Zusammenhang die Einstellung von hauptamtlichem Personal für eine dauerhafte Aufgabenerledigung. Andererseits erhält der Bürger eine Art Zuständigkeitsgarantie, da ihm durch die dauerhafte und kompetente Aufgabenerledigung eine verlässliche Anlaufstelle für seine Anliegen dargeboten wird.[68]

Dank der hierarchischen Struktur lassen sich die Verwaltungseinheiten besser steuern und der Bürger erfährt klare Verantwortlichkeitsketten und Einspruchsmöglichkeiten. Diese Struktur ist auch als Linienorganisation bekannt. Sie besagt, dass jede untere Organisationseinheit nur durch eine Linie mit den Leitungsinstanzen verbunden ist. Der Mitarbeiter erhält seine Anweisung nur von seinem unmittelbaren Vorgesetzten.[69] Mit der Arbeitsteilung zusammenfallend ergibt sich durch die Professionalisierung der Verwaltungsbeamten und Angestellten eine hohe Fachkompetenz, die dem Staat wiederum Kompetenzgarantien innerhalb des Verwaltungsgefüges zusichert. Auch der Bürger profitiert durch den hohen Professionalisierungsgrad der Beschäftigten, da auch er aus deren Fachkompetenz Nutzen ziehen kann.[70]

Noch heute sind ein Großteil der öffentlichen Organisationen und insbesondere die Kommunalverwaltungen nach eben diesen Merkmalen

68 Vgl. Bogumil, Jörg; Jann, Werner (2005): Verwaltung und Verwaltungswissenschaft in Deutschland. Einführung in die Verwaltungswissenschaft. S. 115.

69 Vgl. Lepper, Manfred (1981): Innerer Aufbau der Verwaltungsbehörden. In: König, Klaus; Oertzen, Hans Joachim von; Wagener, Frido (Hg.): Öffentliche Verwaltung in der Bundesrepublik Deutschland. S. 117.

70 Vgl. Bogumil, Jörg; Jann, Werner (2005): Verwaltung und Verwaltungswissenschaft in Deutschland. Einführung in die Verwaltungswissenschaft. S. 128f.

aufgestellt. Durch die Aufbauorganisation von Kommunen, die sich weitgehend an dem Verwaltungsgliederungsplan der KGSt orientiert, manifestiert sich beispielsweise der hohe Grad an Hierarchie. Ebenso fällt bei der Betrachtung des Gliederungsplanes die stark auf Arbeitsteilung angelegte Struktur auf. Nach diesem Plan existieren acht Aufgabenhauptgruppen. Unter Maßgabe dieser Aufgabenhauptgruppen werden die Ämter der Verwaltung nach Zuständigkeit aufgeteilt. Abweichungen von dieser Vorgabe sind möglich, zumal kleinere Kommunen eine geringere Differenzierung aufweisen als größere, was sich letztlich an der Ämteranzahl erkennen lässt.[71]

Seit mittlerweile fast 15 Jahren lässt sich jedoch nicht mehr von einer generellen Gültigkeit des von der KGSt vorgeschlagenen Organisationsaufbaus sprechen. Vor allem viele Großstädte haben sich im Zuge der damaligen Reformbestrebungen neue Organisationsformen zugedacht.[72] Die anhaltenden Reformdiskussionen der 1980er und 1990er Jahre haben ihren Nährboden nicht einer einzelnen Tatsache zu verdanken. Vielmehr sind mehrere Faktoren, die zusammengenommen immer stärkeren Zweifel am Aufbau und Ablauf von Verwaltungen aufkommen lassen, für eine erfolgreiche Reformbewegung verantwortlich.

Für Luhmann sieht sich die Verwaltung Veränderungen innerhalb ihrer Umwelt gegenüber, denen sie mit ihrer gegenwärtigen Struktur nicht gewachsen ist. Es werden also Strukturveränderungen gefordert und das aus folgenden Gründen: Die moderne Gesellschaft zeichnet sich unter systemtheoretischem Gesichtspunkt dahingehend aus, dass sie den gesellschaftlichen Differenzierungsprozess mit der vollen Entfaltung der Systeme Politik, Recht, Wirtschaft, Wissenschaft usw. nach funktionalen Prämissen betrieben hat. Die Konsequenz ist, dass keines dieser Subsysteme, auch nicht das politische System, beanspruchen kann, die Gesellschaft als Ganzheit zu vertreten und zu steuern.[73] Daraus folgt, dass die Verwaltung auf ein Publikum stößt, das sich zur Zusammenarbeit bereit zeigt.

71 Vgl. Bogumil, Jörg; Jann, Werner (2005): Verwaltung und Verwaltungswissenschaft in Deutschland. Einführung in die Verwaltungswissenschaft. S. 135.

72 Vgl. ebd.

73 Vgl. Bogumil, Jörg, Kuhlmann, Sabine (2006): Wirkungen lokaler Verwaltungsreformen. In: Jann, Werner; Röber, Manfred; Wollmann, Hellmut (Hg.): Public Management - Grundlagen, Wirkungen, Kritik. Festschrift für Christoph Reichard zum 65. Geburtstag. S. 354.

Zentrale Probleme zum Beispiel im Bereich des Umweltschutzes, der Gesundheitsvorsorge oder der Stadtentwicklung können eigenständig - selbst mit den Mitteln Macht, Geld und Recht - nicht gelöst werden. Sie ist demnach auf ein kooperationsbereites Publikum angewiesen. Parallel ist erkennbar, dass die Leistungen von Verwaltung von ihren Umwelten an den Hauptgrenzen, also den Subsystemen Politik, Publikum und auch Personal, im Zuge des gesellschaftlichen Ausdifferenzierungsprozesses zunehmend unter Qualitätsaspekten betrachtet werden. In diesem Zusammenhang spricht Luhmann von einer gestiegenen Wertekomplexität, die dazu führt, dass die Ansprüche und damit die Leistungsanforderungen der Gesellschaft an die Verwaltung stetig zunehmen.[74] Das heißt, die gegenwärtigen Leistungsangebote der Kommunen werden als defizitär wahrgenommen. Gepaart mit dem Umstand steigender Gebühren aufgrund leerer kommunaler Haushaltskassen entsteht eine Legitimationslücke, die bei langfristigem Bestehen zu Bürokratie- und Politikverdrossenheit führt.[75] Gleichsam erfährt die Verwaltung eine zunehmende Politisierung, da ihr verstärkt Aufgaben der Konsensbeschaffung übertragen werden. Wenn also Konsensbeschaffung nicht mehr oder nur noch in Teilen dem politischen System zuzurechnen ist und wachsende Qualitäts- und Leitungserwartungen an die Verwaltung gestellt sind, sind damit aus ihrer Umwelt Anforderungen formuliert, denen mit hierarchischen Strukturprämissen und formaler Richtigkeitskontrolle nur schwer oder gar nicht entsprochen werden kann,[76] da es zu einer überproportionalen Zunahme von Komplexitätsbelastung kommt und der Zeitdruck auf Verwaltungen größer wird, eben weil die Ansprüche der Gesellschaft wechselhaft und vielfältiger sind und so eine flexible Kommunalverwaltung gefordert ist.[77]

Die aufgezeigten Problemlagen der Verwaltung in Bezug auf die veränderte Umwelt bedeuten jedoch nicht eine automatische strukturelle Veränderung der Verwaltung, da selbstreferentielle Systeme ihre eige-

74 Vgl. Dammann, Klaus (Hg.) (1994): Die Verwaltung des politischen Systems. Neuere systemtheoretische Zugriffe auf ein altes Thema. S. 192.

75 Vgl. Bogumil, Jörg; Grohs, Stephan; Kuhlmann, Sabine, et al. (Hg.) (2008): Zehn Jahre Neues Steuerungsmodell. Eine Bilanz kommunaler Verwaltungsmodernisierung. S. 28f.

76 Vgl. Dammann, Klaus (Hg.) (1994): Die Verwaltung des politischen Systems. Neuere systemtheoretische Zugriffe auf ein altes Thema. S. 192.

77 Vgl. Schmid, Günther; Treiber, Hubert (1975): Bürokratie und Politik. Zur Struktur und Funktion der Ministerialbürokratie in der Bundesrepublik Deutschland. S. 31f.

nen Strukturen selbst produzieren. Aus diesem Grunde gibt es keinen direkten Zugriff der Umwelt auf das System ohne Mitwirkung der Verwaltung selbst. Doch ist auffallend, dass immer mehr Verwaltungen ihre geänderte gesellschaftliche Funktion erkennen und in diesem Zusammenhang ihre internen Organisationsstrukturen hinterfragen.[78]

Die von Luhmann getätigten Auslassungen decken sich in überwiegender Form mit den in der wissenschaftlichen Literatur dargelegten Gründen für eine Reformierung des Verwaltungsapparates. Die Annahmen Luhmanns weisen eine starke theoretische Prägung auf. Wir haben es hier mit Prognosen zu tun, die zwar auf Defizite hinweisen, dies jedoch unter dem Licht des praktischen Bezugs sehr vage. Die Reformdiskussion der 1980er und 1990er Jahre bietet hier für den Verwaltungsbegriff - sicherlich auch durch die geringere zeitliche Distanz zu den vorherrschenden Problemlagen - eine greifbarere, konkretere Formulierung der Defizite an.

Es findet sich die von Luhmann prognostizierte Wertekomplexität auch in der getätigten Reformdiskussion wieder, das macht die bereits aufgeführte Legitimitätslücke deutlich, der sich die Kommunalverwaltung gegenwärtig gegenübersieht, wobei hier neben dem bereits beschriebenen gestiegenen Leistungsanspruch ein weiterer Umstand auf die Verwaltung einwirkt.

Aufgrund weltwirtschaftlicher Vernetzung und sicher auch wegen der zunehmenden europäischen Integration sind Unternehmen schneller als noch in der Vergangenheit bereit, den Standort zu wechseln. Die gestiegene Mobilität zwingt die Kommune zu besserer, schnellerer, flexiblerer und bürgernäherer Leistungserbringung, die dennoch den gestiegenen Qualitätsansprüchen genügt.[79] Die Kommune steht nun in Konkurrenz zu anderen Kommunen und zur Privatwirtschaft. Der daraus entstehende Wettbewerbsdruck ist eine weitere Veränderung, auf die die Kommune zu antworten hat.

---

78 Vgl. Schmid, Günther; Treiber, Hubert (1975): Bürokratie und Politik. Zur Struktur und Funktion der Ministerialbürokratie in der Bundesrepublik Deutschland. S. 31f.

79 Vgl. Kommunale Gemeinschaftsstelle (1991): Dezentrale Ressourcenverantwortung: Überlegungen zu einem neuen Steuerungsmodell. (12). S. 10.

Neben diesen gesellschaftlichen Veränderungen sind auch wirtschaftliche Faktoren in nicht unerheblichem Maße für Reformbestrebungen verantwortlich.

So ist zweifellos die sich zuspitzende ökonomische Krise, die Deutschland, aber auch viele andere Staaten zu erheblichen Einsparungen im Staatsbudget veranlasst, mitverantwortlich für das günstige Reformklima.[80] Die wirtschaftliche Rezession bringt für Deutschland einen Anstieg der Arbeitslosenzahlen mit sich. Lag die Arbeitslosenquote 1990 bei 7,2%, so waren es fünf Jahre später bereits 10,4%. Der Anstieg der Arbeitslosenzahlen begann jedoch schon in den 1980er Jahren. Waren Mitte der 70er 4,7% der Erwerbstätigen arbeitslos gemeldet, so steig die Zahl 1985 bereits auf 9,3%.

Die Arbeitslosenzahlen haben sich binnen 10 Jahren nahezu verdoppelt.[81] Der Einsparungszwang des Bundes und der Länder resultiert demnach einerseits aus den lang anhaltend gestiegenen Sozialausgaben, andererseits aus den entstehenden Finanzverbindlichkeiten im Zuge der deutschen Einheit und geht zu wesentlichen Teilen zu Lasten der Kommunen.[82] Dieser prekären Finanzlage stehen wachsende Ansprüche des Bürgers, von Wirtschaft und Verbänden an den Staat und somit an die Kommune gegenüber. In einschlägiger Literatur ist sogar von einer gewissen Universalzuständigkeit des Staates für ungelöste Probleme die Rede.[83] Die Zunahme von Zuständigkeiten - bei Luhmann als zunehmende Komplexitätsbelastung gekennzeichnet - führte unter Sparzwängen dazu, dass der Bund und die Länder Aufgaben vermehrt auf die Kommunen verlagert haben, dies jedoch nicht

---

80 Vgl. Reichard, Christoph (1993): Internationale Trends im kommunalen Management. In: Banner, Gerhard (Hg.): Kommunale Managementkonzepte in Europa. Anregungen für die deutsche Reformdiskussion. S. 6.

81 Vgl. Statistisches Bundesamt (2009): Arbeitsmarkt. Arbeitslosenquoten nach Geschlecht.
Im Internet: http://www.destatis.de/jetspeed/portal/cms/Format??Sites/destatis/Internet/DE/Content/Statistiken/Zeitreihen/LangeReihen/Arbeitsmarkt/Content75/lrarb02a,templateId=renderPrint.psml#Fussnote1, [Stand: 15.06.2009].

82 Vgl. Budäus, Dietrich (1998): Public Management. Konzepte und Verfahren zur Modernisierung öffentlicher Verwaltungen. S. 16.

83 Vgl. Budäus, Dietrich (1993): Kommunale Verwaltungen in der Bundesrepublik Deutschland zwischen Leistungsdefizit und Modernisierungsdruck. In: Banner, Gerhard (Hg.): Kommunale Managementkonzepte in Europa. Anregungen für die deutsche Reformdiskussion. S. 165.

mit entsprechendem Finanzmittelfluss verbunden ist.[84] Zwar ist bisher versucht worden, diesem Umstand mit der additiven Erweiterung von Verwaltung entgegenzuwirken, doch bleiben dabei die Strukturen und Verfahren - also das eigentlich Defizitäre - unberührt. Diese sind jedoch nun in den Fokus der Betrachtung gerückt, da der erhebliche Kostendruck additives Ressourcenmanagement als problemlösendes Instrument nicht weiter zulässt, sodass dem wachsenden Aufgabenvolumen des Staates und der parallel dazu existierenden veränderten Wertekomplexität der Bürger mit anderen Mitteln entsprochen werden muss. Daraus ergibt sich für die Zukunft eine Modernisierungs- und Leistungslücke, die in Abbildung 1 dargestellt ist.

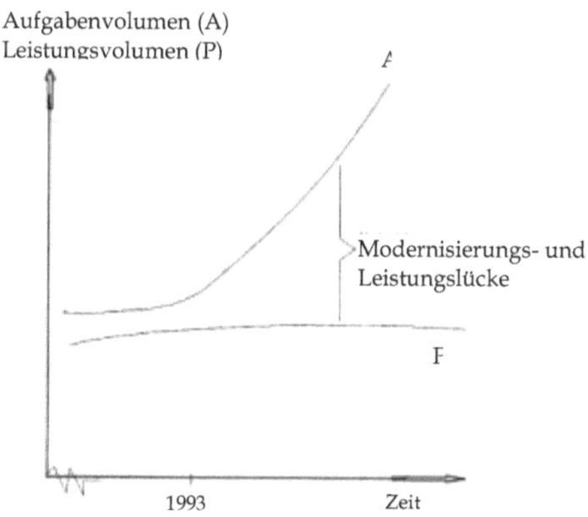

Abbildung 1: Modernisierungs- und Leistungslücke[85]

Als Modernisierungslücke wird das Defizit angesehen, welches durch die Unzulänglichkeiten der derzeitigen Strukturen, Verfahren und Instrumente von Verwaltungen auf kommunaler Ebene in Bezug auf die Bewältigung des gestiegenen Aufgabenvolumens (A) entsteht. Daraus folgt unweigerlich eine Leistungslücke. Das heißt, die Volumen (P) entspricht nicht dem Aufgabenvolumen.[86] Daraus lassen sich mehr

84 Vgl. Budäus, Dietrich (1998): Public Management. Konzepte und Verfahren zur Modernisierung öffentlicher Verwaltungen. S. 13.

85 Budäus, Dietrich (1993): Kommunale Verwaltungen in der Bundesrepublik Deutschland zwischen Leistungsdefizit und Modernisierungsdruck. In: Banner, Gerhard (Hg.): Kommunale Managementkonzepte in Europa. Anregungen für die deutsche Reformdiskussion. S. 164.

86 Vgl. ebd. S. 165.

oder weniger klare Anforderungen an das neu zu gestaltende Reformmodell ableiten. Es muss in der Lage sein, die Modernisierungs-, Legitimations- und Leistungslücke zu schließen. Diese allgemein gehaltene Aussage ist zwar richtig, doch so natürlich noch unbrauchbar, da sie keinerlei Angaben darüber macht, welche Instrumente zur Verfügung stehen müssen, damit die Lücken behoben werden können. Um ein möglichst wirksames Reformmodell mit exakt operierenden Instrumenten hervorzubringen, ist es notwendig, die Problemlagen, auf die es reagieren soll, genau zu kennen. Deshalb lassen sich unter feinerem Raster die bisher angeführten Veränderungen, denen die Verwaltung gegenübersteht, als externe Faktoren zusammenfassen. Der erhöhte Kostendruck, unter dem sich die Kommunen sehen, ist - im groben Raster - vom System Wirtschaft und Politik verursacht und schlägt sich auf das System Verwaltung nieder. Auch das erhöhte Aufgabenvolumen ist nicht der Verwaltung per se zuzuschreiben, sondern etwas, mit dem die Verwaltung aufgrund veränderter Umweltbedingungen zurechtkommen muss. Gleichsam ist die Wertekomplexität der Bürger, was auf die Ausdifferenzierung der Gesellschaft zurückzuführen ist, als externer Faktor zu berücksichtigen, ebenso wie die sich verschärfende Wettbewerbssituation im Zuge steigender Mobilität. Natürlich sind alles das Umstände, die den Reformbemühungen zuträglich sind und ihnen Aufwind verleihen, doch sind die eigentlichen Defizite in der Struktur und den Instrumenten der Verwaltung selbst zu finden und als interne Faktoren zu kennzeichnen. Die bisher dargelegten Veränderungen machen diese nur sichtbar. Erkennbar ist auch, dass die von Luhmann mittels der Systemtheorie prognostizierten Veränderungen in bestechendem Maße von der Reformdiskussion der 1990er Jahre bestätigt werden. Luhmanns Prognosen sind demnach nicht nur als richtig anzuerkennen, sondern stellen die Anforderungen dar, denen die Kommunalverwaltung zu entsprechen hat. Natürlich sind nicht alle Faktoren, die sich in der Reformdiskussion wiederfinden, von Luhmann berücksichtigt worden, beispielsweise die hohen Sozialausgaben und die Finanzverbindlichkeiten im Zuge der deutschen Einheit. Dennoch ist die Schnittmenge von theoretisch prognostizierten und real eingetretenen Veränderungen groß.

4.2.2 Defizite der bisherigen Verwaltungspraxis

Die angesprochenen Gründe für ein günstiges Reformklima decken die Defizite der bisherigen Verwaltungspraxis auf. Diese finden sich im Verwaltungshandeln selbst. Modernes Verwaltungshandeln bedient sich zum einen der Instrumente des Klassischen Bürokratiemodells - diese können jedoch nicht als alleinige Verursacher von Defiziten herangezogen werden. Denn zum anderen ist Verwaltungshandeln immer auch an rechtliche Vorgaben geknüpft, sodass von mindestens zwei Determinanten auszugehen ist.

Natürlich haben zentralistisch und hierarchisch geprägte Strukturen Vorteile. Es ist bereits auf die positiven Aspekte des Weber'schen Ansatzes durch die Überwindung feudaler Herrschaftsstrukturen und damit einhergehend auf die Etablierung einer Verwaltungsstruktur unter Verwendung dieses modernen Bürokratiemodells hingewiesen worden. So ist es vielleicht verwunderlich, dass nun gerade diese Strukturen mitverantwortlich dafür sind, dass eine Reaktion der Kommunalverwaltung auf die bestehenden Umweltveränderungen nicht stattfinden kann. Dies bedarf genauerer Erläuterungen: Die angesprochene bürokratische Arbeitsteilung stellt sich für den Bürger als undurchschaubares Zuständigkeitslabyrinth dar und führt innerhalb der Verwaltung zu selektiver Problemwahrnehmung und daran anknüpfend zu negativer Koordination. Das wird verschärft durch die klassische Regelgebundenheit, aus der in der Praxis schnell eine Verrechtlichung beziehungsweise Überregelung erwächst. Die einst beabsichtigte Steuerung der Verwaltung wird durch die Überfülle an relevanten Vorschriften schwierig, zumal sich die Verwaltung dadurch als ein ungeheuer komplexes Gebilde präsentiert, das für den Bürger Distanz und Abgehobenheit symbolisiert. Die Verrechtlichung aller Lebensbereiche in immer feineren Nuancen führt letztlich zur Stabilisierung der „Herrschaft der Bürokratie". Das Zusammenspiel von zunehmender Regelkomplexität und hierarchischen Strukturen (Dienstwegprinzip), die auf Seiten der Mitarbeiter zu Motivationsverlust und Risikovermeidung führen, ist als Ursache für eine langsame Bearbeitung und mangelnde Berücksichtigung spezifischer Bürgerinteressen auszumachen.[87] Starke Hierarchieebenen und strikte Regelgebundenheit lassen die Kommune als Arbeitgeber zunehmend unattraktiv erscheinen, weil die Möglichkeit der individuellen Entfaltung nicht gegeben ist, sodass neben der Legitimitäts-, Modernisierungs- und Leistungslücke auch eine Attraktivitätslücke[88] im Personalwesen aus-

87 Vgl. Bogumil, Jörg; Jann, Werner (2005): Verwaltung und Verwaltungswissenschaft in Deutschland. Einführung in die Verwaltungswissenschaft. S. 128f.

88 Vgl. Bogumil, Jörg; Kuhlmann, Sabine (2006): Zehn Jahre kommunale Verwaltungsmodernisierung. Ansätze einer Wirkungsanalyse. In: Jann, Werner; Bogumil, Jörg; Bouckaert, Geert, et al. (Hg.): Status-Report Verwaltungsreform. Eine Zwischenbilanz nach zehn Jahren. S. 52.

zumachen ist. Die daraus abgeleitete Arbeitshaltung steht natürlich im völligen Widerspruch zu den in der modernen Gesellschaft gemachten Anforderungen an Verwaltung. Wie bereits ausgeführt, entsteht durch die zunehmende Mobilisierung und die dadurch aufkommende Bereitschaft zur Abwanderung von Unternehmern und Bürgern gleichermaßen ein Wettbewerbsdruck der Verwaltung mit anderen Kommunen, dem nur durch schnelle Arbeitsweise und flexibles Reagieren in einzelnen Sachverhalten entsprochen werden kann. Derzeit vorgefundene Strukturen sind - wie deutlich wird - nicht in der Lage, wie gefordert zu reagieren. Gleichsam ist die Professionalisierung der Mitarbeiter zwar für das Sicherstellen von Fachkompetenz gegenüber dem Bürger, aber auch für den Staat bedeutsam, doch kann das auch leicht zu Überheblichkeit führen. Die Folge ist, dass der Bürger nicht von der Fachkompetenz des Mitarbeiters profitiert, sondern sich vom Verwaltungsmitarbeiter bevormundet fühlt. Der Mitarbeiter geht dann davon aus, dass er - aufgrund seiner erhöhten Fachkompetenz - besser beurteilen kann, was „gut für den Bürger ist".[89] Diese Hierarchisierung von Verwaltungsmitarbeitern gegenüber Bürgern geht selbstverständlich vollkommen konträr zu dem neu formulierten Verständnis von Verwaltung. Bürgernahe Leistungserbringung ist unter diesen Prämissen nur schwer realisierbar. Als weiteres Defizit ist die relativ kurze Vorausplanung der Kommune auszumachen. Die starke Verzahnung von Rat und Verwaltung innerhalb des Tagesgeschäfts macht eine weitreichende, strategische Planung schwer möglich, da sich die Politik zum einen in das Tagesgeschäft einmischt und zum anderen Vorhaben nur im Etatzyklus geplant werden können, da ein darüber hinausgehender Mittelzufluss noch unbekannt ist. Daraus ergibt sich eine Strategielücke,[90] die im Zuge des Modernisierungsprozesses zu schließen ist.

Doch wird es sich allerdings zu einfach gemacht, wenn aufgrund der hier angeführten Defizite die Mitarbeiter für die starren Strukturen und die sich daraus ergebenden Mechanismen verantwortlich gemacht werden.

89 Vgl. Bogumil, Jörg; Jann, Werner (2005): Verwaltung und Verwaltungswissenschaft in Deutschland. Einführung in die Verwaltungswissenschaft. S. 128f.

90 Vgl. Jann, Werner (2006): Einleitung: Instrumente, Resultate und Wirkungen - die deutsche Verwaltung im Modernisierungsschub? In: Jann, Werner; Bogumil, Jörg; Bouckaert, Geert, et al. (Hg.): Status-Report Verwaltungsreform. Eine Zwischenbilanz nach zehn Jahren. S. 16.

Wenn im Zusammenhang mit Regelgebundenheit gesagt wird, dass die Verwaltung sich aus der Fülle an Vorschriften diejenigen heraussucht, „die gerade passen"[91] so hat das durchaus den Anschein von Wahlmöglichkeiten oder gar Willkür. Richtig ist, dass der Verwaltungsmitarbeiter in der Tat innerhalb eines einzelnen Sachverhalts bestimmte Wahlmöglichkeiten hat, doch ist diese Wahlmöglichkeit unter keinen Umständen Anlass zur Willkür. Der Verwaltungsmensch hat sein Handeln immer verfassungsrechtlichen und gesetzlichen Kriterien zu unterwerfen.[92] Er befindet sich demnach in einem Korsett (verfassungs-)rechtlicher Rahmenbedingungen, die mitverantwortlich sind dafür, dass eine strukturelle Veränderung der Verwaltungspraxis nur schwer möglich ist. Die Grundsätze des Verwaltungshandelns bilden unter anderem diese Rahmenbedingungen und haben folgenden Inhalt:

1. Recht- und Gesetzmäßigkeit
2. Verhältnismäßigkeit
3. Gleichbehandlung
4. Treu und Glauben
5. Wirtschaftlichkeit
6. Zumutbarkeit

Unter Recht- und Gesetzmäßigkeit ist zu verstehen, dass die Verwaltung die Aufgabe hat, Gesetze zu konkretisieren. Das bedeutet in diesem Zusammenhang die Anwendbarkeit von Gesetzen auf konkrete Einzelfälle. Dabei gilt es, zweierlei zu beachten. Zunächst einmal ist festgelegt, dass ein Gesetz einer Satzung oder einer Rechtsverordnung vorangestellt ist. Daraus ergibt sich eine Rangfolge, an deren Spitze das Grundgesetz gefolgt von formalen Gesetzen steht. Darunter finden sich die Rechtsverordnung und letztlich die Satzung. Dieses Prinzip nennt sich „Vorrang des Gesetzes". Diese Rangfolge muss im Verwaltungshandeln beachtet werden. Das impliziert, dass kein Verwaltungshandeln gegen das Gesetz stattfinden darf. Ebenso wenig darf ein niedrigeres Gesetz gegen ein höheres verstoßen. Damit einher geht der Grundsatz des Vorbehaltes des Gesetzes. Das bedeutet, dass Verwaltungshandeln nur dann gegeben sein darf, wenn dafür eine Ermächtigungsgrundlage geschaffen ist. Der Verwaltungsmitar-

91 Bogumil, Jörg; Jann, Werner (2005): Verwaltung und Verwaltungswissenschaft in Deutschland. Einführung in die Verwaltungswissenschaft. S. 128f.

92 Vgl. Becker, Bernd (1981): Entscheidungen in der öffentlichen Verwaltung. In: König, Klaus; Oertzen, Hans Joachim von; Wagener, Frido (Hg.): Öffentliche Verwaltung in der Bundesrepublik Deutschland. S. 280.

beiter darf also nur dann aktiv werden, wenn entsprechende Gesetze Anlass dafür geben. Wenn die gesetzliche Grundlage für Verwaltungshandeln gegeben ist, dann kann der Mitarbeiter aktiv werden. Seine Handlungen unterliegen dabei dem Gebot der Verhältnismäßigkeit. Jede Maßnahme muss geeignet sein, ein angestrebtes Ziel grundsätzlich zu erreichen. Natürlich besteht dann zunächst einmal die Möglichkeit, die Maßnahmen so zu konzipieren, dass sie nicht nur das erforderliche Ziel erreichen, sondern weit darüber hinaus schießen. Zu diesem Zweck muss sichergestellt sein, dass die ergriffene Maßnahme auch immer erforderlich ist. Das ist sie dann, wenn es kein sanfteres Mittel zur Zielerreichung gibt. Zudem unterliegt sie der Maßgabe, angemessen zu sein. Das bedeutet, dass sie nicht mehr negative Effekte mit sich bringen darf als durch sie Positives hervorgerufen wird.[93]

Daran anknüpfend ist der Gleichheitsgrundsatz zu nennen. Er besagt, dass gleiche Sachverhalte auch gleich zu behandeln sind. Dies gilt jedoch nur im Recht. Ein Bürger, der gegen ein Gesetz verstößt, kann demnach nicht im Sinne des Gleichheitsgrundsatzes einfordern, dass er nur bestraft wird, wenn gleichzeitig auch alle anderen Bürger, die gegen gleiches Recht verstoßen, bestraft werden. Der Aufwand dafür wäre nicht zu bewältigen, zumal nie mit Sicherheit gesagt werden könnte, dass nun wirklich alle Rechtsverstöße aufgedeckt sind, sodass immer Schlupflöcher offen blieben. Deshalb keine Gleichheit im Unrecht. Der Bürger kann sich aber nicht nur auf den Gleichheitsgrundsatz berufen, sondern kann aufgrund der Selbstbindung der Verwaltung an angewendete Regelungen und Anordnungen einfordern, dass der ihn betreffende Sachverhalt nach gleichen Methoden geprüft wird. Der Bürger hat somit nicht nur das Recht auf Gleichbehandlung beim Resultat eines Entscheidungsprozesses, sondern der Prozess selbst unterliegt dem Gleichbehandlungsgrundsatz.[94] Es wird damit deutlich, dass eine für die Reformierung von Verwaltung notwendige Strukturänderung schon allein deshalb schwierig ist, dass entsprechende Gesetze und Verordnungen die Fahrrinne für Verwaltungshandeln vorgeben. Die Verwaltung kann sich also bei einer geforderten Effizienzsteigerung nicht damit begnügen, dass sie ihre Entscheidungsverfahren umstellt, da sie damit gegen den Gleichstellungsgrundsatz verstößt. Deutlicher wird dies, wenn auf das Prinzip von Treu und

93 Vgl. Dörr, Gernot; Francke, Konrad (2002): Sozialverwaltungsrecht. Ein Grundriss. S. 80.

94 Vgl. Dörr, Gernot; Francke, Konrad (2002): Sozialverwaltungsrecht. Ein Grundriss. S. 78f.

Glauben eingegangen wird. Es stellt sicher, dass die Maßnahme, die im Einzelfall von der Verwaltung ergriffen wird, rechtmäßig ist und der Bürger darauf vertrauen kann.[95] Er kann sich jedoch nur auf etwas Schriftliches berufen, sodass die Verwaltung gezwungen ist, jegliche Handlung schriftlich zu fixieren, um ihr Handeln nachvollziehbar und transparent zu machen. Hier ist in gewisser Weise die Quelle der Unflexibilität von Verwaltung auszumachen. Die vorgezeichneten Handlungswege von Verwaltung durch Gesetze bedingen einen enormen schriftlichen Aufwand. Gleichsam kann es vorkommen, dass aufgrund der hohen Arbeitsteilung beziehungsweise Professionalisierung ein Sachverhalt mehrere Mitarbeiter tangiert, sodass die entsprechende Akte den verschiedenen Beteiligten vorliegen muss, damit ein Entscheidungsverfahren abgeschlossen werden kann.

Da die interne Kommunikation durch das Ein-Linien-System geprägt ist, entstehen lange Informationswege.[96] Der Prozess wird demnach zum einen durch gesetzliche Handlungsparameter und zum anderen durch verwaltungsinterne Strukturmuster zeitlich gestreckt, sodass Effizienz und Wettbewerb ungünstige Voraussetzungen haben.

Parallel dazu unterliegt das Verwaltungshandeln auch gewissen wirtschaftlichen Vorgaben. So ist immer die Maßnahme einzusetzen, die im Verhältnis zu den Kosten das effektivste Mittel darstellt. Da die Kommunen, wie oben bereits erwähnt, unter enormem Kostendruck stehen, kommt diesem Grundsatz mehr Bedeutung denn je zu. Letztlich ist Verwaltungshandeln auch immer unter dem Blickwinkel der Zumutbarkeit zu betrachten. Eine der Allgemeinheit zuträgliche Objektsanierung abgeleitet aus dem Städtebauförderungsgesetz kann beispielsweise trotz Gesetzesgrundlage gesetzeswidrig sein, da den Bewohnern der Objekte durch die Sanierung entstehende Unannehmlichkeiten nicht zugemutet werden können. Das heißt also, eine Maßnahme kann auch dann rechtswidrig sein, wenn die Leidensgrenze des Einzelnen gegenüber der Allgemeinheit überschritten wird. Im konkreten Entscheidungsfall steht der Verwaltungsmitarbeiter vor dem Dilemma der Gewichtung der unterschiedlichen Rahmenvorgaben. Es besteht beispielsweise durchaus eine Konkurrenzsituation zwischen

95 Vgl. ebd. S. 82.

96 Vgl. Blanke, Bernhard (Hg.) (2005): Modernes Management für die Verwaltung. Ein Handbuch. S. 215.

dem Gleichheitsgebot und dem wirtschaftlichen Kosten-Nutzen-Aspekt.[97]

Es muss festgehalten werden, dass diese Grundsätze durchaus sinnstiftend sind und in keiner generellen Kritik stehen. Es soll nur aufgezeigt werden, dass Verwaltungshandeln klar von diesen Vorgaben determiniert ist. Gleichsam wird davon ausgegangen, dass die Reform zunächst keine grundlegenden Gesetzesänderungen mit sich bringt, da angemerkt wird, dass die Elemente einer den heutigen Anforderungen gewachsenen Kommunalverwaltung vorhanden seien. Ändern müsse sich lediglich die Steuerung ihres Zusammenwirkens.[98] Daraus folgt, dass sich die Reformen des Verwaltungsapparates unter dem Mantel der gesetzlichen Rahmenbedingungen vollziehen müssen, was dazu führt, dass eine Reform nur innerhalb der verwaltungsinhärenten Strukturen einen Ansatz findet, um auf die vorliegenden Problemlagen zu reagieren und die aufgezeigten Lücken zu schließen. Ansatzpunkt für greifbare Reformen sind demnach sowohl institutionelle Veränderungen als auch solche im Verwaltungshandeln.[99]

Als positiv bewertet werden kann der Umstand, dass nicht nur die deutsche Verwaltung vor diesen Herausforderungen steht. Sie stellen sich vielmehr als weltweites Phänomen dar, welches sich in anderen Ländern bereits früher abgezeichnet hat als es in Deutschland der Fall gewesen ist. Entsprechend weiter vorangeschritten sind die einzelnen Reformmodelle anderer Nationen, sodass der Vorteil besteht, dass Deutschland positiv verlaufene Maßnahmen ausländischer Reformmodelle adaptieren kann und dementsprechend gleichzeitig auf sich im Ausland als negativ herauskristallisierte Instrumente verzichten kann.[100] Die Suche nach geeigneten Reformmodellen kann mit einem Blick in andere Nationen demnach entsprechend verkürzt werden.

97 Vgl. Becker, Bernd (1981): Entscheidungen in der öffentlichen Verwaltung. In: König, Klaus; Oertzen, Hans Joachim von; Wagener, Frido (Hg.): Öffentliche Verwaltung in der Bundesrepublik Deutschland. S. 280.

98 Vgl. Schöneich, Michael (1996): Einleitung. In: Schöneich, Michael (Hg.): Reformen im Rathaus. Die Modernisierung der Kommunalen Selbstverwaltung. S. 5.

99 Vgl. Jann, Werner (2006): Einleitung: Instrumente, Resultate und Wirkungen - die deutsche Verwaltung im Modernisierungsschub? In: Jann, Werner; Bogumil, Jörg; Bouckaert, Geert, et al. (Hg.): Status-Report Verwaltungsreform. Eine Zwischenbilanz nach zehn Jahren. S. 12.

100 Vgl. Reichard, Christoph (1993): Internationale Entwicklungstrends im kommunalen Management. In: Banner, Gerhard (Hg.): Kommunale Ma-

Wie genau andere Nationen den veränderten Umweltbedingungen begegnen, zeigt folgendes Kapitel.

nagementkonzepte in Europa. Anregungen für die deutsche Reformdiskussion. S. 3f.

5 New Public Management als Antwort auf Reformdiskussionen

Der Reformprozess ist kein speziell deutsches Phänomen. Viele Länder sind gezwungen, sich mit den nun auch in Deutschland anstehenden Reformen schon viel früher zu beschäftigen. Auf den Aspekt, dass Deutschland damit in gewisser Weise eine Kopiervorlage geliefert wird, ist bereits hingewiesen worden.

Es soll nun nicht das Ziel sein, die ausländischen Reformwege im Detail aufzuzeigen. Eher soll klargestellt sein, dass Deutschland dem Reformzwang nicht allein unterliegt. Bei der eingehenden Analyse der auslösenden Faktoren für Reformdiskussionen in anderen Nationen fällt auf, dass diese sich im Wesentlichen nicht von den hiesigen unterscheiden. Ebenso sind die Finanzkrise, politische Legitimations- und Steuerungsprobleme sowie veränderte Bürgerinteressen und Personalprobleme, die mangelnde Motivation und Attraktivität des Berufsbildes beinhalten, als Auslöser auszumachen.

Dementsprechend lassen sich identische Ziele, die mit der Reform erreicht werden wollen, erkennen. Sie lassen sich unter drei Hauptzielen zusammenfassen. Dazu gehört die Reallokation von Ressourcen, gefolgt von der Verbesserung der administrativen Leistungsfähigkeit und der Verstärkung von Verantwortlichkeiten.[101]

Die international teilweise sehr unterschiedlichen Reformideen zur Erreichung dieser Ziele eint, dass offenbar Einigkeit darüber herrscht, dass mit kleinteiligen Anpassungen im Verwaltungssystem nicht adäquat auf die Probleme reagiert werden kann. Dementsprechend ist Konsens, dass etwas völlig Neues, etwas Grundlegendes die Antwort auf die veränderten Umweltbedingungen sein muss.[102] Entsprechend intensiv sind die Bemühungen, ein Modell zu etablieren, mit welchem sich die diversen defizitären Bereiche innerhalb der Verwaltung ver-

---

101 Vgl. Bouckaert, Geert (2006): Die Dynamik von Verwaltungsreformen. Zusammenhänge und Kontexte von Reform und Wandel. In: Jann, Werner; Bogumil, Jörg; Bouckaert, Geert, et al. (Hg.): Status-Report Verwaltungsreform. Eine Zwischenbilanz nach zehn Jahren. S. 23.

102 Vgl. Reichard, Christoph (1993): Internationale Entwicklungstrends im kommunalen Management. In: Banner, Gerhard (Hg.): Kommunale Managementkonzepte in Europa. Anregungen für die deutsche Reformdiskussion. S. 3f.

ändern lassen und sich dabei innerhalb des engen Rechtsrahmens bewegen. Klar ist auch, dass sich durch die Vielzahl an unterschiedlichen Problemlagen ein Reformmodell finden muss, welches zwar insgesamt eine in gewisser Weise übergeordnete Strategie verfolgt, in sich aber beweglich ist, um wirklich optimal jedes Problem umfassend beheben zu können.

Die tradierte Vorstellung eines primär Normen vollziehenden und weitgehend einheitlich strukturierten Verwaltungssystems ist keinesfalls mehr haltbar. Im Gegenzug gewinnen die Ressourcenverknappung, Handlungsspielräume und Aushandlungsprozesse, die sich im Wesentlichen auf das Verhältnis von Politik und Verwaltung beziehen und damit das althergebrachte Denkmodell, dass der Gesetzgeber das „Was" und das „Wie" der Verwaltungstätigkeit vorgibt, ablösen, an Bedeutung.[103] Zudem wird versucht, das Spannungsfeld zwischen verbesserter Leistungsfähigkeit und Ressourcenverknappung mit verschärftem Fokus auf Effizienz und Effektivität zu beheben.[104] Es lassen sich demnach klare Ökonomisierungstendenzen erkennen.

Bezeichnend ist der veränderte Blickwinkel, mit dem Verwaltung betrachtet wird. Bisher galt das additive Ressourcenmanagement als Mittel, um dem Aufgabenvolumen und den Leistungsanforderungen gerecht zu werden. Im Zuge der Reform wird sich von dieser Sichtweise gelöst und zunehmend auf den Output geschaut. Dadurch ist es möglich, die Leistung in den Blick zu nehmen und so Maßnahmen zur Effizienzsteigerung zu etablieren.

Deshalb ist es in diesem Zusammenhang auch weniger verwunderlich, dass das Modell, dem all die Mechanismen zur Bewältigung aufgezeigter Problemlagen zugeschrieben werden, eines von stark ökonomischer Prägung ist. Das Modell firmiert international seit einigen Jahren unter dem Namen „New Public Management" (NPM). Das NPM hat das Ziel, die Kommune von der Behörde in ein Dienstleis-

103 Vgl. Budäus, Dietrich (1998): Public Management. Konzepte und Verfahren zur Modernisierung öffentlicher Verwaltungen. S. 32.

104 Vgl. Bouckaert, Geert (2006): Die Dynamik von Verwaltungsreformen. Zusammenhänge und Kontexte von Reform und Wandel. In: Jann, Werner; Bogumil, Jörg; Bouckaert, Geert, et al. (Hg.): Status-Report Verwaltungsreform. Eine Zwischenbilanz nach zehn Jahren. S. 23.

tungszentrum umzuwandeln, und gliedert sich im Wesentlichen in vier Reformdimensionen:[105]

- Binnenstrukturreform (interne Steuerung, Personal, Organisation und Finanzwesen)
- Verhältnis von Verwaltung und Politik (Rollenabgrenzung)
- Verhältnis zwischen Verwaltungsebenen (Macht- und Aufgabenverteilung)
- Verhältnis von Verwaltung und Bürger (Information, Partizipation)

Die Binnenstrukturreform beinhaltet beispielsweise das Etablieren von ziel- und ergebnisbezogenen Steuerungsmechanismen für die gesamte Kommune. Auch als Steuerung auf Abstand bekannt, wird dafür eine derart steuerbare Organisationsstruktur verlangt. Durch dezentrale Resultatsverantwortung und die Schaffung von Verantwortungs- und Ergebniszentren soll dem entsprochen werden. Der Umbau der Organisationsstruktur zieht gleichsam eine Veränderung beim Finanzmittelzufluss nach sich. Globalbudgets für dezentrale Einheiten werden geschaffen, um so einen flexiblen Haushalt mit Deckungsfähigkeit zu erlangen. Dieser wird gewährleistet durch betriebswirtschaftliche Steuerungselemente, wie beispielsweise die Kosten- und Leistungsrechnung, und überwacht von dem Controlling.[106] Durch die Betrachtung der Finanzmittel unter ökonomischen Aspekten wird versucht, der drückenden Finanznot durch effiziente Ausgabenpolitik gegenüberzutreten.

Eine Dezentralisierung von Verantwortung setzt gleichsam einen Kurswechsel im Verhältnis von Politik und Verwaltung voraus. Das NPM berücksichtigt trotz betriebswirtschaftlicher Instrumente den Umstand, dass die Kommune eben keine Unternehmung ist. Sie wird von politischen Akteuren gesteuert und von legitimierten Organen demokratisch kontrolliert. Das soll mit dem Reformmodell des New Public Management auch nicht verändert werden. Vielmehr soll die Steuerungsfähigkeit durch die Politik verbessert werden, indem die Abgrenzung zwischen Verwaltung und Politik verstärkt wird. So kann sich die Politik auf rahmensetzende Zielvorgaben und die Kontrolle der Zielerreichung konzentrieren. Die ehemaligen Zuständigkeiten

105 Vgl. Reichard, Christoph (1993): Internationale Trends im kommunalen Management. In: Banner, Gerhard (Hg.): Kommunale Managementkonzepte in Europa. Anregungen für die deutsche Reformdiskussion. S. 15.

106 Vgl. ebd. S. 18.

der Politik von „Was" und „Wie" verändern sich dahingehend, dass die Politik nur noch über Ziele (Was) entscheidet. Die konkrete Handlungskompetenz zur Zielerreichung (Wie) wird im Zuge von dezentraler Verantwortung der Verwaltung selbst übertragen. Speziell die Briten und Skandinavier haben mit diesem Reformaspekt Erfolg gehabt, sodass andere Länder ebenfalls Interesse an einem solchen Verfahren haben.[107]

Unter dem Mantel des New Public Management findet sich ebenfalls ein neues Verständnis von öffentlichen Aufgaben. So wird nicht nur der Finanznot mit betriebswirtschaftlichen Mitteln begegnet, sondern auch die dafür mitverantwortliche Zunahme des Aufgabenvolumens. Zwar mag es sein, dass durchaus ein öffentliches Interesse an diversen Aufgabenerfüllungen besteht, doch ist es nicht zwingend erforderlich, dass diese auch von der öffentlichen Verwaltung bedient werden. Unter Maßgabe des NPM reicht es aus, wenn die öffentlichen Instanzen ein entsprechendes Angebot sicherstellen. Das bedeutet demnach, dass bestimmte Angebote nicht von kommunaler Seite produziert werden, sondern mittels Outsourcing beispielsweise auf die Privatwirtschaft übertragen werden. Die Gewährleistung liegt zwar weiterhin bei der Kommune, der Vollzug jedoch in privatwirtschaftlicher Hand. So lässt sich auf der einen Seite unter Wahrung des Gewährleistungsprinzips vor dem Hintergrund des Gemeinwohlbezugs das interne Aufgabenvolumen der Kommune senken und auf der anderen Seite zufriedenstellend auf die geänderten Anspruchshaltungen der Bürger reagieren.[108]

Beim Verhältnis zwischen Verwaltung und Bürger geht es einerseits darum, verwaltungsinterne Marktmechanismen zu stärken. Darunter fällt beispielsweise der Leistungsaustausch innerhalb der Verwaltungsbehörde unter Bedingungen des freien Marktes. Hier sei auf Leistungsverrechnung und auf Wahlfreiheit bei internem und externem Leistungsbezug verwiesen. Andererseits soll die Marktorientierung gegenüber dem Bürger gestärkt werden. Es gibt in diesem Zusammenhang die Möglichkeit, Gutscheine zu verteilen, um dem Bürger die Wahl zu überlassen, zwischen behördlichem und privatem Leistungsangebot zu wählen. Das fördert massiv den Wettbewerb zwischen den

107 Vgl. Reichard, Christoph (1993): Internationale Trends im kommunalen Management. In: Banner, Gerhard (Hg.): Kommunale Managementkonzepte in Europa. Anregungen für die deutsche Reformdiskussion. S. 17.

108 Vgl. ebd. S. 16.

Kommunen als solche, aber auch zwischen der Kommune und privatwirtschaftlichen Anbietern. Gleichsam sieht das New Public Management zur Verbesserung des Verhältnisses von Bürger und Verwaltung diverse Ansätze vor, die Bürger umfassender zu informieren und die Kommune transparenter zu machen und so dem - vom Bürger oft so wahrgenommenen - Zuständigkeitengewirr entgegenzutreten. Zu diesem Zweck sollen neue Kommunikationswege über Rundfunk, Fernsehen und Internet erschlossen beziehungsweise ausgebaut werden und im Bereich der Marktforschung durch regelmäßige Panels die Einstellungen der Bürger zu kommunalen Leistungen abgefragt werden.[109]

Es wird deutlich, dass das New Public Management verschiedene Reforminstrumente auf unterschiedlichen Ebenen beinhaltet, die sich teils bedingen und teils in eigenständigen Programmen ihre Anwendung finden können.

Zwar ist die Grundintention für Reformen weitgehend homogen, die konkreten Herausforderungen sind natürlich dennoch länderspezifisch geprägt, was dazu führt, dass der Stand der Reformen nicht überall gleich ist. Ist doch jede Nation bemüht, aus dem New Public Management diejenigen Instrumente zu entlehnen, die unter nationaler Sicht die geeignetsten sind. So kommt es vor, dass Maßnahmen, die in den Niederlanden erfolgreich sind, in Großbritannien nicht den gewünschten Erfolg bringen können, und umgekehrt. Folglich lässt sich auch nicht von dem einen New Public Management ausgehen, sondern es finden sich unter dem großen Dach des NPM die diversen nationalen Ausprägungen. Jede Nation hat demnach ihre eigene Reformstrategie.

Die deutsche Variante ist bekannt unter dem Namen des Neuen Steuerungsmodells für Kommunalverwaltungen. Die bis hierher vorgezeichneten Reformdimensionen des New Public Managements sollen nun am deutschen Modell konkretisiert vorgestellt werden, bevor letztlich kritisch auf deren Implementationsstand in der Verwaltungspraxis eingegangen werden kann.

109 Vgl. Reichard, Christoph (1993): Internationale Trends im kommunalen Management. In: Banner, Gerhard (Hg.): Kommunale Managementkonzepte in Europa. Anregungen für die deutsche Reformdiskussion. S. 17.

5.1 Das Neue Steuerungsmodell: Die deutsche Ausprägung des New Public Managements

Der deutsche Entwurf des New Public Managements, das Neue Steuerungsmodell, entwickelte sich im internationalen Vergleich relativ spät. Das ist nicht zuletzt auf den mangelnden Reformdruck auf die Kommunen von staatlicher Seite zurückzuführen. Letztlich hat der stetig zunehmende Druck zur Haushaltskonsolidierung und die breit angelegte Diffusionskampagne der Kommunalen Gemeinschaftsstelle für Verwaltungsvereinfachung (KGSt) innerhalb anhaltender Reformdebatten zur Einführung des managerialistischen Leitbildes des Neuen Steuerungsmodells geführt.[110] Es muss jedoch angemerkt sein, dass das nachstehend aufgezeigte Modell der Kommunalverwaltung nicht einfach „überzustülpen" ist, sondern als Prozess zu begreifen ist, der von jeder Kommune selbst angestoßen und fortgeführt werden muss.[111]

Das Neue Steuerungsmodell lässt sich unterteilen in ein Kernmodell und ein so genanntes „erweitertes Modell". Das Kernmodell enthält die von der KGSt aufgestellten unverzichtbaren Mindestanforderungen. Die Vorschläge der Kommunalen Gemeinschaftsstelle zum NSM sind für die Kommunen jedoch nicht bindend, sondern als Richtlinie zu begreifen. Unter die Mindestanforderungen fallen zunächst einmal das Verhältnis von Politik und Verwaltung sowie die Ablösung des klassischen Bürokratiemodells durch Verfahrens- und Organisationsinnovationen. Das erweiterte Modell ergänzt die Bestrebungen, das klassische Bürokratiemodell abzulösen, durch die Personalinnovation und führt zudem eine zusätzliche Dimension, die Außendimension, an. Beschränkt sich die Binnendimension auf den verwaltungsinternen Bereich, wird mit der Außendimension versucht, das Verhältnis von Verwaltung und Bürger neu zu definieren und Wettbewerbselemente zwischen Kommunen untereinander sowie zwischen Kommune und Privatwirtschaft zu etablieren. Genaueren Aufschluss gibt die nachstehende Abbildung.

110 Vgl. Bogumil, Jörg; Grohs, Stephan; Kuhlmann, Sabine, et al. (Hg.) (2008): Zehn Jahre Neues Steuerungsmodell. Eine Bilanz kommunaler Verwaltungsmodernisierung. S. 23.

111 Vgl. Kommunale Gemeinschaftsstelle für Verwaltungsvereinfachung (1996): Das Verhältnis von Politik und Verwaltung im Neuen Steuerungsmodell. (10). S. 8.

<table>
<tr><td colspan="2">Binnendimension</td><td rowspan="2">Außendimension</td></tr>
<tr><td>Verhältnis
Politik – Verwaltung</td><td>Ablösung des Klass.
Bürokratiemodells</td></tr>
<tr><td rowspan="3">Trennung von Politik und Verwaltung ("Was" und "Wie")

- Politische Kontrakte
- Politisches Controlling
- Produktbudgets</td><td>Verfahrensinnovationen
- Dezentrale Fach- und Ressourcenverantwortung
- Outputsteuerung über Produkte
- Budgetierung
- Controlling
- Kosten- und Leistungsrechnung
- Kontraktmanagement</td><td>Kundenorientierung
- Qualitätsmanagement
- One-Stop-Agencies</td></tr>
<tr><td>Organisationsinnovationen
- Konzernstruktur
- Zentraler Steuerungsdienst
- Querschnittsbereiche als Service-Stellen</td><td rowspan="2">Wettbewerbselemente
- Vermarktlichung
- Privatisierung
- Leistungsvergleiche</td></tr>
<tr><td>Personalinnovationen
- Kooperations- und Gruppenelemente
- Anreizsysteme
- Modernes Personalmanagement
- Betriebswirtschaftliches Wissen
- Ganzheitliche Arbeitszusammenhänge</td></tr>
</table>

Abbildung 2: Dimensionen des Neuen Steuerungsmodells[112]

112 Bogumil, Jörg; Grohs, Stephan; Kuhlmann, Sabine, et al. (Hg.) (2008): Zehn Jahre Neues Steuerungsmodell. Eine Bilanz kommunaler Verwaltungsmo-

Entsprechend motiviert durch die drückende Finanznot steht in Deutschland die Binnendimension im Vordergrund. Die Kommunen erhoffen sich durch Strukturänderungen und speziell durch die Einführung betriebswirtschaftlicher Kontrollsysteme ähnlich positive Effekte, wie sie in der niederländischen Stadt Tilburg eingetreten sind. Die Stadt hat es durch die Etablierung betriebswirtschaftlicher Elemente erreicht, in relativ geringer Zeitspanne die drückende Schuldenlast in den Griff zu bekommen, und avanciert damit zum Vorbild für das deutsche Reformvorhaben.[113] Wie die Instrumente des Neuen Steuerungsmodells im Detail aussehen und wie sie sich aus der Summe ihrer Teile zu einem umfangreichen und in sich geschlossenen Reformmodell modellieren, soll nun aufgezeigt werden.

dernisierung. S. 31.

113 Vgl. ebd. S. 23

6 Instrumente des Neuen Steuerungsmodells

6.1 Verantwortungsabgrenzung zwischen Politik und Verwaltung

Wenn von einer Trennung von Verantwortlichkeiten zwischen Politik und Verwaltung gesprochen wird, so ist das keine neue Forderung, die das NSM aufstellt. Es ist bereits darauf hingewiesen worden, dass schon Luhmann eine derartige Trennung propagiert. Legitimationsbeschaffung und das Vertreten von Verwaltungsentscheidungen vor dem Bürger sei Sache der Politik, die Entscheidungsfindung jedoch ein Vorgang, der innerhalb des Systems der Verwaltung liegt.

Die KGSt macht in ihrem Bericht zur Gestaltung eines Steuerungsmodells für die Kommunen einen vergleichbaren, wenn nicht gar identischen Vorschlag,[114] wobei nicht klar ist, ob die Konzeptionisten des NSM ihre Vorschläge aus den Erkenntnissen Luhmanns ableiten. Ein eindeutiger Bezugsrahmen ist zumindest bis dato nicht erkennbar.

Das Ziehen einer Grenzlinie zwischen Verantwortungsbereichen setzt voraus, dass ein Bewusstsein für etwaige Verantwortlichkeiten bei beiden Parteien präsent ist. Im zweiten Schritt bedeutet das für die praktische Umsetzung eine Veränderung der Binnenstrukturen für beide Beteiligten. Zwar findet folgender Sachverhalt in der Diskussion über das NSM kaum Erwähnung, da der Fokus eindeutig auf der Kommunalverwaltung liegt, doch ist an dieser Stelle eindeutig zu sehen, dass die Verwaltungsreform auch Veränderungen für die Politik bedeutet.

Systemtheoretisch ist das völlig nachvollziehbar, da Systemanpassungen immer dann stattfinden, wenn sich die Umwelt verändert. Eben das ist hier der Fall. Die Verwaltung ist ein Teil der Umwelt des Systems „Politik". So führt die Umweltveränderung durch die Reform dazu, dass sich auch das System „Politik" neu auszurichten hat, um optimal auf die neuen Gegebenheiten zu reagieren.[115] Für die Politik bedeutet das, Verantwortlichkeiten seitens des Rates und der Fraktionen zu bündeln und zu delegieren. Eine Bündelung von Zuständigkeiten bringt es mit sich, dass künftig weniger Ausschüsse und Ämter

114 Vgl. Kommunale Gemeinschaftsstelle für Verwaltungsvereinfachung (1996): Das Verhältnis von Politik und Verwaltung im Neuen Steuerungsmodell. (10). S. 8.

115 Vgl. Luhmann, Niklas (1997): Die Gesellschaft der Gesellschaft. S. 433.

an Entscheidungen beteiligt sind, was dazu führt, dass schneller und kostengünstiger Ergebnisse erzielt werden können.[116] Dazu ist es notwendig, die Organisation von Rats- und Fraktionsarbeit so zu strukturieren, dass eine Deckungsgleichheit mit der Organisation der Verwaltung gegeben ist. Das heißt im Detail, dass Rat und Fraktionen so genannte Ausschüsse und Arbeitskreise schaffen, die spiegelbildlich zu den neu konzipierten Fachbereichen der Verwaltung sind.[117] Dadurch ist es möglich, eine ganzheitliche Betreuung der Fachbereiche durch den entsprechenden Ausschuss und Fraktionsarbeitskreis zu gewährleisten, was politische Schnittstellen verringert und Verantwortung klar zuordnen lässt. Diese Form der Delegation wirft die Möglichkeit auf, eine Beratung in der Gesamtfraktion zunächst einmal auszugliedern und auf die entsprechenden Arbeitskreise zu verlagern. Ein entsprechender Informationsfluss muss natürlich sicherstellen, dass alle Fraktionsmitglieder von anstehenden Beratungen des Arbeitskreises unterrichtet sind und etwaige Anmerkungen einzelner Fraktionsmitglieder diesem Arbeitskreis entgegenzubringen sind. Das hat den Vorteil, dass sich die Gesamtfraktion anschließend nur noch mit den wenigen konträren Auffassungen zu befassen hat. Eine Verlagerung von Kompetenzen führt also letztlich auch auf der Seite der Politik zu einer effizienteren Kapazitätsauslastung für Rat und Fraktion.[118]

Konkret heißt eine Trennung von Verantwortung zwischen Politik und Verwaltung, dass sich die Politik auf das Fällen von Grundsatzentscheidungen und das Setzen von Rahmenbedingungen beschränkt, wohingegen die Verwaltung den Einzelfall eigenverantwortlich bearbeitet, was auch die Entscheidungsfreiheit über die Bearbeitungsweise innerhalb gesetzlicher Rahmenbedingungen einschließt. Durch Kontrakte, die zwischen Politik und Verwaltung geschlossen werden, wird sichergestellt, dass die Verwaltung die vorgegebenen strategischen Richtlinien der Politik einhält und bei der Bearbeitung der Einzelsachverhalte berücksichtigt.[119]

116 Vgl. Kommunale Gemeinschaftsstelle für Verwaltungsvereinfachung (1996): Das Verhältnis von Politik und Verwaltung im Neuen Steuerungsmodell. (10). S. 31.

117 Vgl. ebd. S. 29f.

118 Vgl. ebd.

119 Vgl. Kommunale Gemeinschaftsstelle für Verwaltungsvereinfachung (1996): Das Verhältnis von Politik und Verwaltung im Neuen Steuerungsmodell. (10). S. 10.

Die Trennung des „Was“ als Bestandteil der Politik und des „Wie“ als Ausgestaltungselement im Zuständigkeitsbereich der Kommunalverwaltung hat vielerlei Vorteile.

Als wesentlich ist zu nennen, dass die Politik sich zuvor mit einer Vielzahl von Einzelfragen und Detailproblemen aufhalten musste, was zu einer Übersteuerung geführt hat. Da die Einzelfallentscheidungen nun Sache der Verwaltung sind, kann so der Übersteuerung entgegengewirkt werden. Gleichsam kam es vor dem Einsatz des NSM-Instruments zur Untersteuerung, da sich die Politik durch die hohe Arbeitsbelastung, welche die Einzelfallentscheidungen mit sich bringen, nicht im Stande gesehen hat, ihre Steuerungs- und Kontrollfunktionen gegenüber der Verwaltung auszuüben. Eine Trennung der Verantwortlichkeitsbereiche gibt der Politik nun den Raum, der nötig ist, um diese Funktionen auszuführen.[120]

Parallel dazu finden sich für die Verwaltung ebenfalls positive Effekte. Da die Politik aufgrund ihrer Zuständigkeit in diversen Detailfragen permanent in den Ablauf der Kommunalverwaltung eingegriffen hat, wurde deren Leistungsfähigkeit beschnitten und die exakte Zuweisung von Verantwortbarkeiten erschwert. Es entstand somit ein Gefühl der Unverantwortlichkeit für Sachverhalte bei beiden Beteiligten. Da durch das NSM die Schnittmenge der Kompetenzbereiche kleiner wird, wachsen einerseits die strategischen Kapazitäten innerhalb der Politik und andererseits die Verantwortungsbereiche der Verwaltung. Aus Über- und Untersteuerung und damit einhergehender Unverantwortlichkeit erwachsen Strukturen, die eindeutige Verantwortungssphären und einen angemessenen Grad an Steuerung hervorbringen.[121]

Dadurch sind die positiven Effekte dieses Instrumentes jedoch noch nicht ausgeschöpft. Im Gegenteil. Die Trennung von Verantwortungsbereichen und die damit verbundene Freilegung von Kapazitäten auf beiden Seiten ist zudem Wegbereiter für eine Reihe anderer Instrumente, die erst innerhalb der neu geschaffenen Struktur ihre volle Wirksamkeit entfalten können. Es ist demnach leicht zu erkennen, dass der hier beschriebenen Neuerung eine Doppelrolle zufällt.

120 Vgl. ebd. S. 16.

121 Vgl. ebd.

6.2 Dezentrale Fach- und Ressourcenverantwortung

Vielfach werden die steilen Hierarchieebenen und das damit unmittelbar verknüpfte Ein-Linien-System in der Verwaltungsorganisation als zu starr angesehen, um auf die skizzierten Problemlagen adäquat zu reagieren. Nachdem die Verantwortungsbereiche von Politik und Verwaltung aufgeteilt sind und die Verwaltung somit von Eingriffen der Politik in das Tagesgeschäft weitgehend verschont ist, besteht die Möglichkeit, die Organisationsstruktur flexibler zu gestalten.[122] Das ist schon allein deshalb notwendig, um den Wettbewerb, der letztlich die Instrumente aktivieren soll und somit auch als Motor des NSM betitelt werden kann, zu ermöglichen. Was heißt jedoch in diesem Zusammenhang Flexibilität? Beziehungsweise: Welche Form muss einer Organisationsstruktur gegeben werden, um sie in die Lage zu versetzen, als Gerüst für die Bewältigung beschriebener Probleme geeignet zu sein? Die bloße Forderung nach Flexibilität birgt noch keinen Lösungsansatz.

Ein mögliches Verständnis von Flexibilität ist, dass Entscheidungsbefugnisse verlagert werden, damit sich der Weg der Entscheidungsfindung verkürzt und somit eine zeitnahe Reaktion auf Sachverhalte gewährleistet ist. Die Bemühungen zielen mitunter darauf ab, dem Zuständigkeitenlabyrinth entgegenzuwirken. Ein ähnlicher Weg wird im Zuge des NSM gegangen.

Um Flexibilität im formulierten Sinne herzustellen, soll die Fach- und Ressourcenverantwortung zusammengelegt und den jeweiligen Fachbereichen übertragen werden. Damit fällt zwar die mittelbare Kontrolle der Kommunalverwaltung durch die Verwaltungsführung weg, da diese mittels Zuteilung oder durch Vorenthalten von zur Leistungserbringung notwendigen Ressourcen geschah.[123] Die zur Mittelzuteilung befugten Querschnittsämter sollen zwar nicht aufgelöst, aber in Service-Stellen umgebaut werden.[124] Was das genau zu bedeuten hat, soll

122 Vgl. Bogumil, Jörg; Grohs, Stephan; Kuhlmann, Sabine, et al. (Hg.) (2008): Zehn Jahre Neues Steuerungsmodell. Eine Bilanz kommunaler Verwaltungsmodernisierung. S. 24.

123 Vgl. Kommunale Gemeinschaftsstelle für Verwaltungsvereinfachung (1991): Dezentrale Ressourcenverantwortung: Überlegungen zu einem neuen Steuerungsmodell. (12). S. 12.

124 Vgl. Bogumil, Jörg; Grohs, Stephan; Kuhlmann, Sabine, et al. (Hg.) (2008): Zehn Jahre Neues Steuerungsmodell. Eine Bilanz kommunaler Verwaltungsmodernisierung. S. 24.

hier zunächst einmal zurückgestellt werden, jedoch erneut in Bezug auf das Skizzieren von Fachbereichen aufgegriffen werden.

Die Ressourcenverantwortung - darunter ist die Kompetenz für organisatorische, personalwirtschaftliche und finanzwirtschaftliche Entscheidungen zu verstehen[125] - in die Obhut des Fachbereichs zu stellen, hebt die Entmündigung der Fachbereiche durch deren vorhergehende Abhängigkeit von den Querschnittsämtern auf. Das trägt zugleich dazu bei, dass bei Zunahme des Aufgabenvolumens die Forderung nach additiven Ressourcen nicht mehr greifen kann und nun Möglichkeiten der Ressourcenumschichtung im eigenen Verantwortungsbereich gesucht werden müssen.[126]

Die Auflösung des zentral gesteuerten Ressourcenmanagements bringt demnach auch eine neue Dimension der Wirtschaftlichkeit mit sich. Aufgrund der unmittelbaren Verantwortlichkeit für Ressourcenverbrauch setzt auch gleichzeitig ein neues Bewusstsein zwischen Input (Ressourcenkontingent) und Output (zu erbringende Leistung) im Fachbereich ein und zwingt ihn gewissermaßen, im unternehmerischen Sinne zu wirtschaften. Die Konzentration von Fach- und Ressourcenverantwortung in den Fachbereichen bricht demnach nicht nur die hierarchischen Strukturen auf und trägt zur schnelleren Sachverhaltsklärung bei, da die Kompetenz nun beim Sachbearbeiter liegt, sondern hat gleichsam den Effekt, dass sich der einzelne Mitarbeiter aufgrund hinzugewonnener Kompetenzen neu motivieren und Potential entwickeln kann. Die angeführte Attraktivitätslücke, die in der Verwaltung in Bezug auf das Personal vorhanden ist, wird dadurch - wenn nicht gleich zu schließen - dann wenigstens zu minimieren versucht. Ebenfalls wird der Strategielücke entgegengetreten, da aufgrund der Trennung von Kompetenzbereichen zum einen die Verwaltung von Interventionen des Rates geschützt ist und zum anderen durch die dezentrale Ressourcenverantwortlichkeit Planungen über Etatzyklen hinaus möglich sind. Nicht verwendete Restmittel verbleiben im Fachbereich, sodass hier Anreize zu wirtschaftlichem Handeln gesetzt werden und gleichzeitig die langfristige Verwendung von Finanzmitteln ermöglicht wird. Hier wird demnach gleich der Weg zur Abhilfe

125 Vgl. Kommunale Gemeinschaftsstelle für Verwaltungsvereinfachung (1994): Das Neue Steuerungsmodell: Definition und Beschreibung von Produkten. (8). S. 13.

126 Vgl. Kommunale Gemeinschaftsstelle für Verwaltungsvereinfachung (1991): Dezentrale Ressourcenverantwortung: Überlegungen zu einem neuen Steuerungsmodell. (12). S. 13.

mehrerer Defizite geebnet. Befürchtungen, die dahin gehen, dass mit der Berechtigung zur eigenverantwortlichen Ressourcenverwaltung ein grenzenloses Bedienen aus dem Ressourcenpool der Kommunalverwaltung möglich ist und eben nicht der Ressourceneinsatz unter Wirtschaftlichkeitsaspekten notwendig ist, können zerstreut werden.

Vielmehr ist es so, dass die Politik und Verwaltungsführung leistungs- und aufgabenbezogene Finanzziele vorgeben, die sie mittels eines umfangreichen Controllings zu beaufsichtigen in der Lage sind.[127] Das setzt voraus, dass die vorgegebenen Ziele erfassbar beziehungsweise operationalisierbar sind. Hier wird sich betriebswirtschaftlicher Kennzahlen bedient,[128] auf die noch im Kapitel Budgetierung und Controlling näher eingegangen wird. Der Weg zur Erreichung dieser Ziele - und damit knüpft dieses Instrument unmittelbar an das vorherige an - bleibt Sache der Fachbereiche selbst und räumt diesen damit einen relativ großen Spielraum zur Ausgestaltung der Zielerreichung ein. Gleichsam obliegt ihnen die zweckmäßige Verwendung der zugewiesenen Ressourcen. Das heißt letztlich, dass dem Fachbereich nicht unbegrenzte Ressourcen zur Verfügung stehen, sondern nur diejenigen, die durch Kontrakte aufgabenbezogen „ausgehandelt" werden.[129] Das Festsetzen der Leistungsziele ist oft bereits extern vorbestimmt, beispielsweise durch Gesetze und Verordnungen. Gleichsam besteht die Möglichkeit, dass Ziele verwaltungsintern vorgegeben oder konkretisiert werden. Das geschieht meist durch die Verwaltungsführung. Nach Maßgabe des Prinzips der kooperativen Zielvereinbarung sind jedoch auch die Mitarbeiter an der Zielfindung[130] zu beteiligen, was zwar einerseits motivationsbestärkende Effekte mit sich führt, da sich die Mitarbeiter mit den Zielen identifizieren. Andererseits besteht aber

127 Vgl. Kommunale Gemeinschaftsstelle für Verwaltungsvereinfachung (1991): Dezentrale Ressourcenverantwortung: Überlegungen zu einem neuen Steuerungsmodell. (12). S. 15.

128 Vgl. Bogumil, Jörg; Grohs, Stephan; Kuhlmann, Sabine, et al. (Hg.) (2008): Zehn Jahre Neues Steuerungsmodell. Eine Bilanz kommunaler Verwaltungsmodernisierung. S. 24.

129 Vgl. Kommunale Gemeinschaftsstelle für Verwaltungsvereinfachung (1991): Dezentrale Ressourcenverantwortung: Überlegungen zu einem neuen Steuerungsmodell. (12). S. 15.

130 Wie die Zielfindung mit ihren Unterkategorien der Zielsuche, Zielanalyse und Zielgewichtung detailliert erfolgt, ist im Einzelnen nachzulesen bei: Kommunale Gemeinschaftsstelle für Verwaltungsvereinfachung (1991): Dezentrale Ressourcenverantwortung: Überlegungen zu einem neuen Steuerungsmodell. (12). S. 21ff.

die Gefahr, dass die Ziele durch die Mitarbeiter so gewählt sind, dass diese bequem und ohne Blick auf Effizienz zu erreichen sind.[131]

Eine dementsprechend dezentrale Ressourcenverantwortung kann jedoch nur funktionieren, wenn gleichzeitig die Verantwortungsstrukturen dezentralisiert werden. Mit der Einführung von Fachbereichsstrukturen soll einerseits ein Abbau von Hierarchieebenen stattfinden und andererseits sollen ganzheitlich arbeitende, sich weitgehend selbst steuernde Arbeitseinheiten in Teamstruktur innerhalb der Fachbereiche die zuvor feingliedrig gestaltete Arbeitsteilung ablösen.[132] Der Ansatz, der dahinter steht, ist der des Lean-Managements.[133] Die neu konzipierten Fachbereiche sollen inhaltlich verwandte Aufgabenfelder zusammenführen und so die vorhergehende Ämterstruktur ersetzen. Aufgrund der Aufgabenzusammenlegung existieren zahlenmäßig weniger Fachbereiche als zuvor Ämter, was zu Synergieeffekten, im Speziellen zu Kostenersparnis, führt. Gleichsam minimieren sich Schnittstellenprobleme und das Phänomen der Doppelbearbeitung.[134] Die bürokratische Arbeitsteilung, die als zu detailliert angesehen wird und maßgeblich für das Zuständigkeitenlabyrinth in der Verwaltung verantwortlich ist, wird also durch dezentrale Aufgabenzusammenlegung zu beheben versucht.

Eine Verlagerung der Verantwortlichkeiten auf die Basis macht die Fachbereiche zu Trägern von dezentraler Fach- und Ressourcenverantwortung. Das hat eine Verstärkung der Selbststeuerungskräfte der Basis zur Folge und garantiert schnelle und problemnahe Reaktio-

131 Vgl. ebd. S. 21.

132 Vgl. Bogumil, Jörg; Grohs, Stephan; Kuhlmann, Sabine, et al. (Hg.) (2008): Zehn Jahre Neues Steuerungsmodell. Eine Bilanz kommunaler Verwaltungsmodernisierung. S. 24f.

133 Die Bestrebungen des Lean-Managements sind es, durch Abbau von Hierarchieebenen und die Umstrukturierung des Personals in Teams eine schlankere Organisationsform der Verwaltung zu konzipieren. Dadurch soll Leistungssteigerung erzielt werden und die Verschwendung von Material, Arbeit und Zeit vermieden werden. Dazu ausführlich: Meixner, Hanns Eberhard (Hg.) (1994): Bausteine neuer Steuerungsmodelle. Mitarbeiter zu Mitdenkern und Mitgestaltern gewinnen. S. 62.

134 Vgl. Bogumil, Jörg; Grohs, Stephan; Kuhlmann, Sabine, et al. (Hg.) (2008): Zehn Jahre Neues Steuerungsmodell. Eine Bilanz kommunaler Verwaltungsmodernisierung. S. 24.

nen auf Umweltveränderungen.[135] Gleichzeitig haben die Fachbereiche auch Verantwortungsbereiche delegiert bekommen, die zuvor den Querschnittsämtern zuzurechnen sind.[136] Auch die Querschnittsämter werden aufgrund der Aufgabenzusammenlegung minimiert und zu so genannten Service-Stellen umstrukturiert. Sie haben sich zukünftig um interne Dienstleistungsaufgaben zu kümmern.[137] Darunter versteht sich die Konzeption von drei Organisationseinheiten, die sich nicht mehr aus den zu verwaltenden Ressourcen, sondern aus der nun wahrzunehmenden Funktion ergeben und zwar:[138]

- die Organisationseinheit für zentrale Beratungsaufgaben
- die Organisationseinheit für zentrale Dienstleistungen
- die Organisationseinheit für zentrale Steuerung und Controlling

Die Organisationseinheit für zentrale Beratungsaufgaben beherbergt die Aufgabenfelder Personalentwicklung, Organisationsentwicklung und -beratung sowie Stellenbewertung und Tarifrecht. Diese Service-Stelle soll dem Fachbereich konzeptionell geprägte Dienstleistungen der einzelnen Aufgabenfelder anbieten,[139] die dann intern verrechnet werden und aus den Fachbereichsbudgets zu zahlen sind.[140]

Die Organisationseinheit für zentrale Dienstleistungen bündelt ebenso wie die Organisationseinheit zuvor ihre Aufgaben aus dem klassischen Personal- und Hauptamt. Darunter fallen die Personalverwaltung und -abrechnung, die Personalbeschaffung und der Einsatz dieser, der Einkauf, das Gebäudemanagement sowie zentrale Hilfsdienste (Druckerei, Reinigung). Bei der Personalbeschaffung handelt es sich in diesem Zusammenhang nicht um die Personalauswahl. Die

135 Vgl. Adamaschek, Bernd (1997): Leistung und Innovation durch Wettbewerb. S. 80f.

136 Vgl. ebd.

137 Vgl. Kommunale Gemeinschaftsstelle für Verwaltungsvereinfachung (1994): Organisationsarbeit im Neuen Steuerungsmodell. (14). S. 23.

138 Vgl. Löhr, Ulrike; Potthast, Ulrich (1996): Personal und Organisation. In: Schöneich, Michael (Hg.): Reformen im Rathaus. Die Modernisierung der Kommunalen Selbstverwaltung. S. 71f.

139 Vgl. Löhr, Ulrike; Potthast, Ulrich (1996): Personal und Organisation. In: Schöneich, Michael (Hg.): Reformen im Rathaus. Die Modernisierung der Kommunalen Selbstverwaltung. S. 71f.

140 Vgl. Kommunale Gemeinschaftsstelle für Verwaltungsvereinfachung (1993): Budgetierung: Ein neues Verfahren der Steuerung kommunaler Haushalte. (6). S. 19.

Entscheidung trifft der Fachbereich selbst. Es geht hier nur um die Abwicklung des Beschaffungsverfahrens.[141]

Die Organisationseinheit für zentrale Steuerung und Controlling bündelt die Aufgaben, die in der klassischen Variante der Kämmerei zufallen. Sie hat zum einen eine zentrale finanzwirtschaftliche Steuerungsfunktion. Darunter fällt die Erstellung von Haushaltsplänen, Kostenrechnungen und Gebührenkalkulationen. Der Haushaltsplan ergibt sich zum großen Teil aus den finanziellen Mitteln, die den einzelnen Fachbereichen zugewiesen werden. Das genaue Verfahren wird unter Punkt 6.4 im Rahmen der Budgetierung genauer betrachtet. Deutlich wird, dass die Organisationseinheit den Fachbereichen unterstützende Funktionen im Bereich Finanzwirtschaft anbietet. Zwar ist der jeweilige Fachbereich für die Budgetplanung und -bewirtschaftung verantwortlich, doch geschieht das unter Einbindung der Organisationseinheit.

Sie koordiniert gewissermaßen die Fachplanungen der Fachbereiche aus gesamtpolitischer Sicht. Damit erfüllt sie neben der unterstützenden Funktion auch eine Steuerungsfunktion, sodass trotz dezentraler Fachbereichsverantwortung eine Bündelung von Information stattfindet, die entsprechend aufbereitet den zuständigen Stellen (Verwaltungsspitze/Rat) zur Verfügung steht. Damit wird bereits auf den anderen wichtigen Aufgabenbereich dieses zentralen Steuerungsdienstes hingewiesen. Das zentrale Controlling ermöglicht das Bündeln aller Planungs- und Steuerungsaktivitäten, um so den Abhängigkeiten zwischen den einzelnen Planungsgebieten gerecht zu werden und den Verwaltungsverantwortlichen letztlich durch das Bereitstellen relevanter Informationen die gesamtkommunale Steuerung zu ermöglichen. So wird dem Umstand Rechnung getragen, dass die Verwaltung trotz aller Dezentralisierungsbestrebungen als einheitliche Kommunalverwaltung agieren kann.[142] Wie das Controlling im Detail ausgestaltet ist, ist in einem eigenen Unterpunkt eingehend zu erfahren.

Fassen wir die in diesem Kapitel gemachten Ausführungen zusammen, lässt sich unzweifelhaft eine starke Umstrukturierung der bisherigen

141 Vgl. Löhr, Ulrike; Potthast, Ulrich (1996): Personal und Organisation. In: Schöneich, Michael (Hg.): Reformen im Rathaus. Die Modernisierung der Kommunalen Selbstverwaltung. S. 72.

142 Vgl. Löhr, Ulrike; Potthast, Ulrich (1996): Personal und Organisation. In: Schöneich, Michael (Hg.): Reformen im Rathaus. Die Modernisierung der Kommunalen Selbstverwaltung. S. 73.

Verwaltungsorganisation im Zuge der Verantwortungszusammenlegung erkennen. Das Aufbrechen der alten Strukturen setzt Potentiale frei. Neben der Erhöhung des Flexibilisierungsgrades wird auch das individuelle Potential des Mitarbeiters gesteigert - aufgrund der Möglichkeit zur aktiven Partizipation an Leistungszielen. Gleichsam entspricht die Delegation von Verantwortung an die Basis modernen Unternehmensstrukturen und verspricht optimale Voraussetzungen, die Ausgestaltung des von der Politik abgegrenzten Aufgabenvollzugs betreffend. Da der Aufgabenvollzug an Leistungs- und Finanzziele gekoppelt ist und der stetigen Kontrolle durch Verwaltungsführung und Politik unterliegt, indem ein permanenter Soll-Ist-Vergleich durchgeführt wird, ist trotz dezentraler Strukturen eine Steuerung gut möglich. Die gebündelte Verantwortung in Fachbereichen macht zudem dem Zuständigkeitenlabyrinth ein Ende, da jeder Fachbereich klar abgrenzbare Aufgaben hat. Bereits an dieser Stelle wird andeutungsweise erkennbar, dass die Instrumente des NSM in der Lage zu sein scheinen, parallel mehrere Defizite zu beheben oder zumindest günstige Rahmenbedingungen dafür zu schaffen.

Die beiden bisher genannten Instrumente des Neuen Steuerungsmodells sind der Strukturänderung zuzurechnen. Eine solche Umformung der bisherigen Strukturen ist Voraussetzung, um neue Formen der Zusammenarbeit beziehungsweise neue Arbeitsweisen einzuführen, die sich in die neu konzipierten Strukturen einbetten. Eine Ausprägung der neuen Zusammenarbeit zwischen Politik und Verwaltung ist das Kontraktmanagement, das im Folgenden genauer beleuchtet wird.

6.3 Kontraktmanagement und Produkte

Wenn eine erfolgreiche Steuerung über Zielvorgaben möglich sein soll, dann ist es unumgänglich, diese Leistungs- und Finanzziele, die unmittelbar miteinander verknüpft sind, so präzise wie möglich zu definieren. Das hat für alle Beteiligten Vorteile. Dabei ist es unerheblich, ob von den Mitarbeitern eine aktive Mitgestaltung der Organisationsentwicklung oder lediglich die Akzeptanz von Ergebnissen verlangt wird. Das geht mit der Grundannahme einher, dass eine Identifikation mit der Verwaltung und letztlich mit der eigenen Arbeit nur dann zufriedenstellend erfolgt, wenn klar ist, warum eine Leistung abverlangt wird. Dafür ist es jedoch ebenso von Bedeutung, dass nicht nur die unmittelbar zur Aufgabenerledigung notwendigen Ziele bekannt sind, sondern auch Sekundärziele, wie beispielsweise das Erreichen bestimmter wirtschaftlicher Kennzahlen.[143] Für die Politik und Verwaltungsführung vereinfachen klar definierte Ziele die Überprüfbarkeit und lassen Abweichungen von den Soll-Vorgaben recht schnell erkennen, sodass entsprechend interveniert werden kann.[144] Mit der Überprüfbarkeit von Zielerreichungen strebt die Verwaltung andere Intentionen an als sie es vor dem Reformumbau getan hat. Sie verlässt die inputorientierte Steuerung, bei der sie bei zunehmender Aufgabenbelastung nach mehr Ressourcen gefragt hat, und wendet sich der outputorientierten Steuerung zu, in deren Zentrum die neu definierten Produkte stehen.

Die erwähnten Leistungs- und Finanzziele, die sich aus den strategischen Zielen durch die Politik ableiten, werden in Verträgen, so genannten Kontrakten, festgehalten. Diese Kontrakte sind Vereinbarungen zwischen Politik und Verwaltungsführung. Sie können aber auch verwaltungsintern zwischen der Leitung und einzelnen Fachbereichen oder aber auch zwischen Fachbereichen und innerhalb eines solchen geschlossen werden. Es ist demnach ein durchgängiges Gestaltungsprinzip, um Aufgaben und die ihr zugeordneten Budgets zwischen den Vertragspartnern zu fixieren. Hierbei ist zu erwähnen, dass Kontrakte nicht „von oben nach unten" diktiert werden, sondern die Vertragspartner gleichberechtigt sind und die Aufgaben und Budgets nach Maßgabe der vorgegebenen Ziele ausgehandelt werden.[145] Auch hier ist das Neue Steuerungsmodell aufgrund der Vielzahl an Kontrakten mit unterschiedlichen Beteiligten auf ein funktionierendes Controlling angewiesen, um Informationen zu bündeln und bereitzustellen.

Es darf trotz der Vorteile, die das Kontraktmanagement aufgrund klar definierter Zielvorgaben und der Einbindung von Mitarbeitern in den Entstehungsprozess hat, jedoch eines nicht verkannt werden. Ein Aushandeln jeder einzelnen Leistung auf und zwischen unterschiedlichen Ebenen birgt eine enorme Detailfülle an Informationen, die das Controlling schnell an die Leistungsgrenze treiben beziehungsweise überdimensionieren, sodass der eigentliche Steuerungscharakter verloren

143 Vgl. Blanke, Bernhard (Hg.) (2005): Modernes Management für die Verwaltung. Ein Handbuch. S. 221.

144 Vgl. Kommunale Gemeinschaftsstelle für Verwaltungsvereinfachung (1991): Dezentrale Ressourcenverantwortung: Überlegungen zu einem neuen Steuerungsmodell. (12). S. 16.

145 Vgl. Kommunale Gemeinschaftsstelle für Verwaltungsvereinfachung (1994): Das Neue Steuerungsmodell: Definition und Beschreibung von Produkten. (8). S. 8.

geht. Wie aufgegliedert die einzelnen Leistungen sind, soll ein Beispiel zeigen:

Es existieren in der Kommunalverwaltung 44 Aufgabengruppen. Die Aufgabengruppe Sicherheit und Ordnung gliedert sich auf in 19 Aufgaben. Eine davon regelt die Straßenverkehrsangelegenheiten. Allein deren erste Teilaufgabe (Fahrerlaubnisse) bündelt 12 unterschiedliche Leistungen.[146] Für jede Teilleistung einen eigenen Kontrakt auszuhandeln, würde die einstige Intention dieses Instrumentes ad absurdum führen.

Damit die Steuerung weiterhin ihrer Zweckbestimmung zuträglich wird, lassen sich Leistungen zu Produkten zusammenfassen. Sie sollen nach ihrer Menge, ihrer Qualität, ihrer Zielgruppe und Kosten beschrieben werden und mittels Kennzahlen erfassbar gemacht werden.[147] Diese wiederum können zu Produktgruppen gebündelt werden, aus denen dann ganze Produktbereiche erwachsen.[148] Bei der Konstruktion von Produkten ist jedoch zu berücksichtigen, dass die Aufgaben, denen sie entstammen, von der Politik durch Gesetz auf die Verwaltung übertragen worden sind. Die Verwaltung erhält damit einen gesetzlich motivierten Auftrag, eben diese Aufgaben und die damit verbundenen Ziele zu erfüllen.[149]

Daraus ergibt sich folgende Verhaltensweise bei der Konzeption von Produkten und entsprechend natürlich analog für Produktgruppen und -bereiche: Die Verwaltung muss gewährleisten, dass die Produkte die zugewiesenen Aufgaben und Ziele in voller Breite abdecken. Zudem ist die Verwaltung nicht befugt, Produkte zu gestalten, die der Aufgabenerfüllung nicht dienen.[150] Die konkrete Konzeption von Produkten ist dem Fachbereich übertragen, welcher diejenige Anzahl von Produkten erstellt, die zur vollen Erbringung aller Aufgaben und Ziele seines Bereichs nötig sind, wobei immer angestrebt sein soll, mög-

146 Vgl. ebd. S. 11.

147 Vgl. Bogumil, Jörg; Grohs, Stephan; Kuhlmann, Sabine, et al. (Hg.) (2008): Zehn Jahre Neues Steuerungsmodell. Eine Bilanz kommunaler Verwaltungsmodernisierung. S. 25.

148 Vgl. Kommunale Gemeinschaftsstelle für Verwaltungsvereinfachung (1997): KGSt-Produktbuch für Gemeinden, Städte und Kreise. (5). S. 8.

149 Vgl. Kommunale Gemeinschaftsstelle für Verwaltungsvereinfachung (1994): Das Neue Steuerungsmodell: Definition und Beschreibung von Produkten. (8). S. 10.

150 Vgl. ebd.

lichst viele Leistungen zu einem Produkt zusammenzufassen, und immer sichergestellt sein muss, dass ein Produkt auch ausschließlich nur einem Fachbereich zuzurechnen ist. Aus der Gesamtzahl an Produkten resultiert der Produktplan, der den Aufgabengliederungsplan der alten Struktur ersetzt und grundsätzlich bürgerorientiert zu erstellen ist. Das bedeutet, Leistungen sind zu Produkten zusammenzufassen, indem berücksichtigt wird, welche Leistungen der Bürger als zusammengehörig empfindet.[151] Hier ist klar das Bestreben erkennbar, den kundenorientierten Fokus zu verfolgen. Damit wird dem übergeordneten Ziel des NSM, dem Umbau hin zum Dienstleister, Rechnung getragen und die Verwaltung bekommt für den Bürger eine nachvollziehbare Struktur. Damit wird klar auf die veränderten Ansprüche der Bürgerinnen und Bürger reagiert, da deren Empfindungen und Forderungen in den Fokus der Betrachtungen rücken.

Das Produkt ist zentraler Gegenstand von Kontrakten und somit auch Ausgangspunkt für alle weiteren Überlegungen im Verwaltungskomplex. Es sollen nun einmal die Abhängigkeiten des Gesamtgefüges vom Produkt aufgezeigt werden und damit die enorme Bedeutung dieses Reforminstrumentes unterstrichen werden.

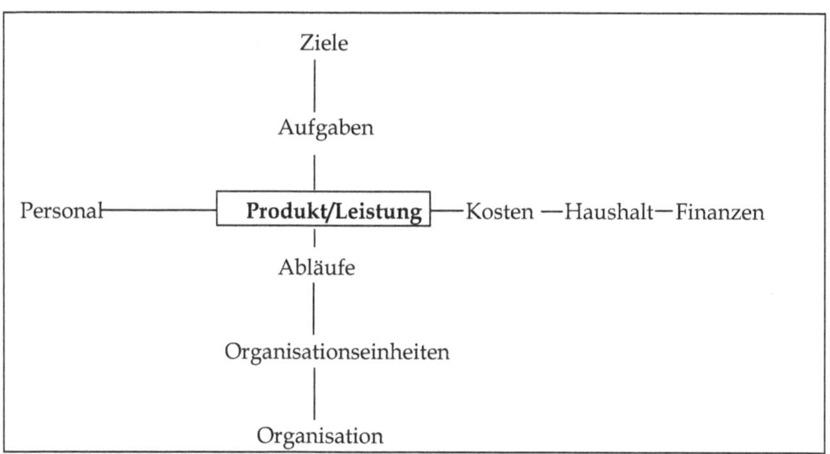

Abbildung 3: Produkt als Zentrum outputorientierter Steuerung[152]

151 Vgl. ebd. S. 11.

152 Kommunale Gemeinschaftsstelle für Verwaltungsvereinfachung (1994): Das Neue Steuerungsmodell: Definition und Beschreibung von Produkten. (8). S. 9f.

Das Schaubild zeigt die Zusammenhänge zwischen dem Produkt und anderen Bereichen der Verwaltung auf. Der Vollständigkeit halber sind zu den abgebildeten Größen noch die Informationsverarbeitung und das Controlling zu nennen, die aus Gründen der Übersicht nicht mit aufgeführt sind. Jedoch ist es falsch, daraus eine Wertigkeit abzuleiten und die Informationsverarbeitung und das Controlling als Randerscheinung abzutun, sind sie doch für die Funktionsfähigkeit unabdingbar. Beim Blick auf das Verhältnis von Produkt und Organisation lässt sich sagen, dass sich die Organisationseinheiten an den Produktgruppen orientieren sollen.[153] Das stützt die Maßgabe, dass Produktgruppen immer nur einem Fachbereich zuzuordnen sein sollen, sodass sich klare Kompetenzmuster ergeben.

Im Hinblick auf die Kosten und damit unmittelbar auch auf den Haushalt lässt sich auch hier ein produktorientiertes Handlungsmotiv erkennen. Jedem Produkt ist eine Leistungserbringung durch das Personal inhärent, sodass gesagt werden kann, dass jedes Produkt Kosten verursacht, die ihm konkret zuzuordnen sind. Durch die Transformation von Aufgaben in Produkte ist nun also eine genaue Kostenträgerrechnung möglich. Aufgabe des Rechnungswesens ist es, die Erträge und Aufwendungen der Produkte zu erfassen und den entsprechenden Stellen bereitzustellen. Daraus abgeleitet entstehen der Teilhaushalt der Fachbereiche sowie der Haushalt der Gesamtverwaltung.[154]

Dass damit das kameralistische Prinzip einem modernen betriebswirtschaftlichen Rechnungswesen Platz macht, wird detaillierter im Unterpunkt 6.5 angeführt.

Gleichsam wird deutlich, dass die Produkte keine willkürlich definierten Leistungen sind, sondern sich aus den Zielvorgaben der Politik und Verwaltungsführung ableiten, was die Aufgabenzuweisung des Gesetzgebers an die Verwaltung mit einschließt. Leistungserbringung ist hingegen ohne Personal nicht zu bewerkstelligen. Deshalb richtet sich auch das Personalwesen anhand der Produkte beziehungsweise Leistungen aus. Die Anzahl der Verwaltungsmitarbeiter, ebenso wie

153 Vgl. Kommunale Gemeinschaftsstelle für Verwaltungsvereinfachung (1994): Das Neue Steuerungsmodell: Definition und Beschreibung von Produkten. (8). S. 9f.

154 Vgl. ebd. S. 10.

deren Qualifikation und Kompetenzen, ist aus den jeweiligen Produkten abgeleitet.[155]

Natürlich darf das Schaubild nicht nur vom Produkt ausgehend beziehungsweise zum Produkt hin analysiert werden. Im Arbeitsprozess ergeben sich unweigerlich auch Interdependenzen zwischen Personal, Finanzen und Organisation. Beispielsweise macht das Personal Organisationseinheiten erst handlungsfähig. Zudem sind einige Produkte erst nach Fortbildungsmaßnahmen des Personals in gewünschter Qualität herstellbar.[156] Hier sind Berührungspunkte mit der Zielebene, auf der die Qualität der Produkte festgelegt wird, dem Personal und den Finanzen zu finden, da Qualifikationsmaßnahmen immer auch finanziellen Aufwand bedeuten.

Neben den hier skizzierten Abhängigkeiten lässt sich schlussfolgern, dass die Kontrakte - und damit eingeschlossen die Produkte - maßgeblich mitverantwortlich sind für eine outputorientierte Steuerung und dafür, dass somit der Blick auf effiziente Leistungserbringung möglich ist. Die Festlegung operationalisierter Ziele mittels Kontraktmanagement bietet die Möglichkeit, die Leistungen der Verwaltung anhand dieser Ziele zu kontrollieren. Die Arbeit der Verwaltung wird dadurch messbar und überprüfbar zugleich. Das impliziert eine genaue Steuerung der Verwaltung durch die Politik.

Auch hier ist eine Veränderung der alten Verfahrensweise zu erkennen. Sind der Verwaltung vor der Zusammenlegung von Fach- und Ressourcenverantwortung Finanzmittel zentral zugeteilt worden, so geschieht dies nun unter Fokussierung der zu erbringenden Leistung. Es ist demnach eine Verlagerung der Steuerungsmechanismen erkennbar. Von der einstigen Inputsteuerung wird Abstand genommen. Ein Beispiel für deren unzureichende Steuerungsmöglichkeit ist der Umstand, dass die Fachverwaltungen immer höhere Finanzmittelforderungen stellen, Reserven bilden und im Rahmen des Haushaltsjahres alle Mittel ausgeben, auch wenn Anschaffungen nicht zwingend erforderlich sind (Dezemberfieber). Den Grund für ein solches Verhalten ist nach folgendem Zitat durchaus nachvollziehbar:

155 Vgl. ebd.

156 Vgl. Kommunale Gemeinschaftsstelle für Verwaltungsvereinfachung (1994): Das Neue Steuerungsmodell: Definition und Beschreibung von Produkten. (8). S. 10.

> „Nach aller Erfahrung fördert nichts die eigene Karriere so zuverlässig wie eine steigende Zahl von Mitarbeitern und ein wachsender Etat."[157]

Durch den Umbau der Verwaltung kann sie nun outputorientiert, das heißt mit Blick auf die erbrachten beziehungsweise zu erbringenden Leistungen, gesteuert werden. Somit wird ein Zusammenhang zwischen gegebenem Input und geleistetem Output herstellbar, was eine erheblich direktere Steuerung der Verwaltung zulässt.

Festzuhalten gilt, dass die Outputsteuerung kein eigenes Instrument des Neuen Steuerungsmodells ist, sondern erst durch die Parallelschaltung verschiedener Instrumente realisierbar ist.

Von der Outputsteuerung und demnach von der Leistungsbündelung in Produkten hängt die reibungslose und in diesem Sinne auch ganzheitliche Funktionsfähigkeit des Neuen Steuerungsmodells ab. Um Funktionsfähigkeit zu gewährleisten, ist eine Anpassung aller Verwaltungsbereiche, mit denen sich Berührungspunkte mit Produkten und Kontrakten ergeben - und das sind nach dargestelltem Schaubild eben alle Verwaltungsbereiche - unabdingbar. Spätestens hier wird der Umfang des Neuen Steuerungsmodells erkennbar, da die Kommunalverwaltung als Gesamtheit betroffen ist. Der Kreis lässt sich noch über die Verwaltung hinaus fassen, da die Reform des NSM aufgrund der neu definierten Verantwortungsbereiche auch auf die politische Ebene ausstrahlt. Welche Änderungen der betroffenen Verwaltungsbereiche im Detail notwendig sind, ist für die Organisation mit der Zusammenlegung von Fach- und Ressourcenverantwortung und damit zusammenfallend mit dem Umbau der einzelnen Einheiten in Fachbereiche bereits dargelegt worden. Ebenso ist mit der Trennung von politischer und Verwaltungsverantwortung bereits auf die Zielformulierungen der Politik und den sich daraus ergebenden Aufgaben für die Verwaltung hingewiesen worden. Das Skizzieren der notwendigen Veränderungen in den anderen Bereichen soll nun folgen.

157 Holtkamp, Lars (2007): Perspektiven der Haushaltskonsolidierung und das Neue Steuerungsmodell. In: Bogumil, Jörg; Holtkamp, Lars; Kißler, Leo, et al. (Hg.): Perspektiven kommunaler Verwaltungsmodernisierung. Praxiskonsequenzen aus dem Neuen Steuerungsmodell. S. 46.

6.4 Budgetierung

Mit der Übertragung von Budgets auf die Fachbereiche wird ein Meilenstein, der zur dezentralen Fach- und Ressourcenverantwortung beiträgt, umgesetzt, da die Ressource Kapital dezentralisiert wird und so für den verantwortlichen Fachbereich eine bessere Planung beinhaltet, da dieser nun die Kapitalverantwortung trägt und der Strategielücke Einhalt geboten wird. Es soll nun der Frage nach der Entstehung eines Fachbereichsbudgets nachgegangen werden.

Grundsätzlich fallen in das Budget nur diejenigen Einnahmen und Ausgaben, die auch vom jeweiligen Fachbereich von der Höhe und dem Grunde nach beeinflussbar sind. Das impliziert, dass es fixe Einnahmen und Ausgaben gibt, die dem Fachbereich keinen Ermessensspielraum gewähren. Darunter fällt beispielsweise die Sozialhilfe. Gleichsam existieren politisch motivierte Gründe, bestimmte finanzielle Zu- und Abflüsse nicht zur Disposition zu stellen. Es liegt jedoch auf der Hand, dass im Zuge leerer Kassen und drückender Schuldenlast Posten zur Disposition zu stellen sind, die beispielsweise aufgrund von Ratsbeschlüssen in der Vergangenheit als fix gegolten haben.[158]

Um nun herauszufinden, wie hoch die Budgets der einzelnen Fachbereiche sind und damit einhergehend auch das gesamte Budget ausfällt, werden die fixen Kosten zuvor dotiert. Die Höhe der Fixkosten ermittelt jeder Fachbereich in Zusammenarbeit mit der Kämmerei. Die Varianten, mit denen die Fixkosten erhoben werden, sind durchaus unterschiedlich. Die erste Möglichkeit besteht darin, die Haushaltsstellen nach dem Grad der Beeinflussbarkeit des Fachbereichs zu ordnen. Dabei werden die Posten in drei Gruppen eingeteilt. In die erste Gruppe fallen alle Einnahmen und Ausgaben, die unbeeinflussbar sind. Da auch bei diesen Haushaltsstellen mitunter geringer Spielraum in der Aufgabenerfüllung vorhanden ist, ist dazu übergegangen worden, auch diese Stellen zu einem kleinen Teil in die Budgets einfließen zu lassen, sodass beispielsweise nur 90% der fixen Finanzströme vorab dotiert werden.[159]

Gruppe 2 beinhaltet diejenigen Posten, die teilweise fix und teilweise beeinflussbar sind. So finden diese Haushaltsstellen meist zu 50%

158 Vgl. Kommunale Gemeinschaftsstelle für Verwaltungsvereinfachung (1993): Budgetierung: Ein neues Verfahren der Steuerung kommunaler Haushalte. (6). S. 10.

159 Vgl. ebd.

Niederschlag im Budget, wobei die verbleibenden Prozente wiederum vordotiert werden. Letztlich existieren Haushaltsposten, die zu 100% vom Fachbereich beeinflussbar sind. Dementsprechend findet die dritte Gruppe auch zu 100% Eingang in das jeweilige Fachbereichsbudget. Ohne Zweifel gilt es regelmäßig zu überprüfen, ob Posten, denen keine Beeinflussbarkeit zugesprochen wurde, noch immer der Voraussetzung entsprechen. Diese Variante ist aufgrund der Möglichkeit, dass Posten wegen Gesetzesänderungen oder Ähnlichem eben nicht dauerhaft einer Gruppe zuzuordnen sind, sehr betreuungsbedürftig. Zudem ist die Zuordnung der Haushaltsstellen zu den Gruppen ohne technische Unterstützung kaum möglich, sodass diese Variante insgesamt mit hohem Aufwand zu betreiben ist.[160]

Die zweite Variante ist wesentlich pragmatischer angelegt. Es wird nicht jeder Haushaltsposten einzeln überprüft und entschieden, ob er vordotiert werden muss oder in das Budget eingegliedert werden kann, sondern es werden nur die vom Fachbereich als besonders wichtig angesehenen Haushaltsstellen gesondert betrachtet und es wird entschieden, ob sie dem Budget zuzuführen sind oder nicht. Kleinere und dementsprechend weniger gewichtige Posten werden sogleich dem Budget des Fachbereichs zugewiesen. Es ist unschwer nachvollziehbar, dass der Aufwand, der betrieben werden muss, um Posten den beiden Optionen zuzuordnen, verhältnismäßig gering ist. Zudem wird durch den Übertrag von fixen Kosten mit geringem Volumen in das Budget der Fachbereich angehalten, auch diese Posten unter Wirtschaftlichkeitsaspekten zu sehen. Nun kann durch die Eigenverantwortlichkeit der Fachbereiche der Umstand eintreten, dass vom Fachbereich ergriffene Maßnahmen konträr zur Ausrichtung der Gesamtverwaltung laufen. Das ist beispielsweise dann der Fall, wenn Fachbereiche Einsparquoten zu erfüllen haben und deshalb Kürzungen vorschlagen, die von der Gesamtverwaltung als unvertretbar angesehen werden. Für diese Fälle kann eine Einzelverfügung ausgesprochen werden, die für entsprechende Posten Mindestbeiträge vorschreibt.[161]

Wenn nun die Fachbereiche in Kooperation mit der Kämmerei die vordotierten Posten angegeben haben, schätzt die Kämmerei die dafür zur Verfügung stehenden Finanzmittel und zieht sie vom Gesamtetat

160 Vgl. Kommunale Gemeinschaftsstelle für Verwaltungsvereinfachung (1993): Budgetierung: Ein neues Verfahren der Steuerung kommunaler Haushalte. (6). S. 10.

161 Vgl. ebd. S. 11f.

ab. Der Restbetrag wird als Budget den jeweiligen Fachbereichen zugewiesen. Der Umfang der einzelnen Budgets ist Ergebnis eines Aushandlungsprozesses auf der Grundlage von Informationen über zu erbringende Produkte und deren Kosten. Im Rahmen des individuellen Budgets stellt der Fachbereich nun den Haushalt auf und meldet diesen der Kämmerei, die ihrerseits den Gesamthaushalt aus den diversen Teilhaushalten erstellt und diesen dann unter Wahrung der formellen Bestimmungen einbringt und der Politik zur Beratung darlegt. Das beinhaltet die Beratung der Fachbereichshaushalte in den Fachausschüssen und die Abschlussberatungen im Haupt- und Finanzsausschuss sowie im Rat.[162]

Um den Anreiz zum wirtschaftlichen Handeln zu erhöhen, wird in Betracht gezogen, dass Überschüsse, die nachweislich auf der ökonomischen Geschicklichkeit des Fachbereichs beruhen, zu einem zuvor definierten Anteil im Fachbereich verbleiben. Der übrige Anteil des Überschusses dient zur Konsolidierung des Gesamthaushaltes. Dieser positive Effekt funktioniert jedoch auch in anderer Richtung. Reicht dem Fachbereich ein zugeteiltes Budget nicht aus, so wird der das Budget überschreitende Betrag im nächsten Jahr vom Budget abgezogen, sodass der Zwang zur Wirtschaftlichkeit erhöht wird.[163]

Erkennbar ist, dass die Kommunalverwaltung trotz eigenverantwortlicher Budgetführung für die Politik nicht nur steuerbar bleibt, sondern aufgrund der entstehenden Transparenz verbesserte Möglichkeiten zur politischen Prioritätensetzung bestehen. Ebenfalls ist die durch die dezentrale Ressourcenverantwortung beabsichtigte Abgrenzung von Politik mit der Beschränkung auf die Aufgabenbestimmung (Was) und Verwaltung mit Fokus auf die Aufgabenausführung (Wie) durch die Budgetierung untermauert, wenn nicht gar erst möglich.

Es bleibt an dieser Stelle jedoch eine Frage offen. Der Zweck, den die Budgets erfüllen sollen, ist unter anderem, dass die Politik von Detailfragen entbunden wird und dass die Mitarbeiter ein Kostenbewusstsein entwickeln und durch die Eigenverantwortlichkeit dazu angehalten sind, die Finanzmittel wirtschaftlich einzusetzen. Wirtschaftliches Handeln setzt jedoch voraus, dass nicht nur die Einnahmen und Aus-

162 Vgl. Kommunale Gemeinschaftsstelle für Verwaltungsvereinfachung (1993): Budgetierung: Ein neues Verfahren der Steuerung kommunaler Haushalte. (6). S. 9f.

163 Vgl. Kommunale Gemeinschaftsstelle für Verwaltungsvereinfachung (1995): Das Neue Steuerungsmodell in kleinen und mittleren Gemeinden. (8). S. 29.

gaben als gewissermaßen Endgrößen bekannt sind, vielmehr ist es für eine fein justierbare Effizienzsteuerung von Bedeutung, die Kosten der jeweiligen Produkte zu kennen. Der Sachverhalt lässt sich mit einem Beispiel aus der Wirtschaft verdeutlichen: Einem Unternehmer ist schließlich auch nicht damit geholfen, wenn er die Materialbeschaffungskosten (Ausgaben) und den Verkaufspreis (Einnahmen) kennt. Reales Wirtschaften ist für ihn ebenso wie für die Kommunalverwaltung erst möglich, wenn alle an der Herstellung des Produkts beteiligten Kosten anteilig umgelegt werden. Damit dies möglich ist, ist es notwendig, ein Instrumentarium zu etablieren, welches in der Lage ist, die durch die Leistungserbringung anfallenden Kosten zu erfassen. Möglich machen soll dies das betriebliche Rechnungswesen.

6.5 Betriebliches Rechnungswesen

Outputsteuerung setzt jedoch nicht nur das Definieren von Produkten voraus. Das ist nur der erste, wenn auch ein bedeutender und wichtiger Schritt. Der Wandel von der Input- zur Outputsteuerung bringt es nun mit sich, dass das Produkt zum Ausgangspunkt aller Informations- und somit auch Entscheidungsprozesse wird. Dadurch bekommt es auch erhebliche Relevanz für das Finanzmanagement einer Verwaltung. Die Ausrichtung am Ressourcenverbrauch macht es möglich, Herstellkosten den einzelnen Produkten zuzuweisen.

Das bisherige System der Kameralistik ist zwar in der Lage, einen Nachweis über den kurzfristigen Ausgleich von Einnahmen und Ausgaben zu erbringen, neben dieser finanzwirtschaftlichen Deckungsfunktion kommt ihr aber auch eine Liquiditätsfunktion zu, da die Kameralistik ebenso Aussagen über die aktuelle finanzielle Situation und demnach über die Liquidität der Kommune machen kann.

Gleichsam bedient sie eine politische Kontrollfunktion, da sie den rechnungsmäßigen Ausweis des Haushaltsvollzugs darlegt.[164]

Doch lassen sich mit ihr keine Aussagen über die Leistungen und den damit zusammenhängenden Ressourcenverbrauch machen. Das ist jedoch für die outputorientierte Sichtweise und im Speziellen für die

164 Vgl. Meyer-Pries, Dierk (1996): Das kommunale Haushalts- und Rechnungswesen als Managementinstrument. In: Schöneich, Michael (Hg.): Reformen im Rathaus. Die Modernisierung der Kommunalen Selbstverwaltung. S. 152.

Zielvereinbarung und damit zusammenfallend für die politische Steuerungsfunktion notwendig, da die Politik Finanz- und Leistungsziele vorgibt und so über Informationen verfügen muss, die über bloße Kenntnis von Einnahmen und Ausgaben hinausgehen und den gesamten Einsatz von Ressourcen einzelner Produkte abdecken. Zudem ist mit dem bisherigen System keine Aussage über die Wirtschaftlichkeit des Verwaltungsaktes möglich. Die Kosten eines Produkts sind für den Fachbereich im Zuge der dezentralen Fach- und Ressourcenverantwortung im Zusammenhang mit einem von der Leistungserbringung abhängigen Budget von zentraler Bedeutung. Kann sich die wirtschaftliche Ressourcenverwendung doch nur unter genauer Kenntnis von Kosten einstellen.[165] Das bedeutet beispielsweise, dass bei der Ausstellung eines Passes nicht nur das Papier, auf dem er gedruckt wird, und das übrige Büromaterial zur Kostenberechnung herangezogen wird, sondern ebenso unter anderem Kosten für Gebäude und Gehälter auf das Produkt anteilig berechnet werden.[166] Konkret bedeutet dies, dass Zahlungen periodengerecht abzugrenzen und nach Maßgabe ihres Zusammenhangs mit Ressourceneinsatz, Leistungsergebnis und Vermögens- und Schuldenbestand erfolgs- beziehungsweise bestandswirksam auszuweisen sind.[167]

Sonst bleiben die wirklich verursachten Kosten im Dunkeln.[168] Durch den Einbezug aller am Leistungsprozess beteiligten Kosten ist es für die Behörde beispielsweise einfacher, kostendeckende Gebühren zu erheben, mit dem positiven Effekt, dem Bürger die Notwendigkeit des von ihm für eine Leistung zu entrichtenden Entgeltes erklären zu können, eben da nun genau nachvollzogen werden kann, wie die entsprechenden Kosten und somit die Höhe der Gebühr entstanden sind.[169]

165 Vgl. Meyer-Pries, Dierk (1996): Das kommunale Haushalts- und Rechnungswesen als Managementinstrument. In: Schöneich, Michael (Hg.): Reformen im Rathaus. Die Modernisierung der Kommunalen Selbstverwaltung. S. 136, 148 und 152.

166 Vgl. Meixner, Hanns Eberhard (Hg.) (1994): Bausteine neuer Steuerungsmodelle. Mitarbeiter zu Mitdenkern und Mitgestaltern gewinnen. S. 64.

167 Vgl. Meyer-Pries, Dierk (1996): Das kommunale Haushalts- und Rechnungswesen als Managementinstrument. In: Schöneich, Michael (Hg.): Reformen im Rathaus. Die Modernisierung der Kommunalen Selbstverwaltung. S. 148.

168 Vgl. Meixner, Hanns Eberhard (Hg.) (1994): Bausteine neuer Steuerungsmodelle. Mitarbeiter zu Mitdenkern und Mitgestaltern gewinnen. S. 68.

169 Vgl. Meixner, Hanns Eberhard (Hg.) (1994): Bausteine neuer Steuerungsmodelle. Mitarbeiter zu Mitdenkern und Mitgestaltern gewinnen. S. 65.

Die bisherigen Auslassungen machen deutlich, dass das kamerale Rechnungs- und Haushaltswesen nicht in der Lage ist, als Steuerungsinstrument mit Blick auf Outputorientierung und somit im Sinne des neuen Steuerungsmodells zu fungieren.

Die Abkehr von der Geldverbrauchsrechnung und damit eine Hinwendung zum Ressourcenverbrauchskonzept macht das Etablieren eines neuen Instruments notwendig, welches den neuen Anforderungen gerecht wird. Aufgrund der Orientierung des Neuen Steuerungsmodells an betriebswirtschaftlichen Instrumenten ist es weniger verwunderlich, dass auch hier - sicherlich mit Blick auf die Lösungsansätze anderer Nationalstaaten - ein aus der Privatwirtschaft entlehntes Modell zur Kompensation der Unzulänglichkeiten des kameralen Systems herangezogen wird. Das Instrument, das nicht nur die Einnahmen und Ausgaben erfasst, sondern im Rahmen der Ressourcenverbrauchsrechnung die Veranschlagung von kalkulatorischen Abschreibungen und Zinsen sowie von Aufwandspositionen für zukünftige Ausgabeverpflichtungen, beispielsweise Pensionszusagen, und die Verrechnung von Leistungen der zentralen Dienste mit den Fachbereichen ermöglicht, ist das betriebliche Rechnungswesen.[170]

Zur Einführung von betrieblichem Rechnungswesen existieren international verschiedene Reformansätze. Sie reichen von Parallelsystemen über gestufte Systeme bis hin zu integrierten Systemen. Das Parallelsystem, welches unter anderem Anwendung in Finnland und Kanada findet, zeichnet sich durch eine Beibehaltung des bisherigen Haushaltswesens aus, wobei es um ein ressourcenorientiertes Rechnungswesen ergänzt wird. Das gestufte Modell hält in Kernbereichen der Verwaltung und beim Gesamthaushalt an der Kameralistik fest. Nachgeordnete Bereiche führen hingegen in zunehmendem Umfang die Ressourcenverbrauchsrechnung durch. Das ist bei so genannten Eigenbetrieben der Fall. In Neuseeland und Großbritannien ist das integrative Modell eingeführt, welches das kameralistische Haushaltswesen völlig ablöst und durch ein ressourcenorientiertes Haushalts- und Rechnungswesen ersetzt.[171]

---

170 Vgl. Meyer-Pries, Dierk (1996): Das kommunale Haushalts- und Rechnungswesen als Managementinstrument. In: Schöneich, Michael (Hg.): Reformen im Rathaus. Die Modernisierung der Kommunalen Selbstverwaltung. S. 148.

171 Vgl. Lüder, Klaus (2001): Neues öffentliches Haushalts- und Rechnungswesen. Anforderungen, Konzept, Perspektiven. S. 28f.

Die nationalen Umsetzungsstrategien des betrieblichen Rechnungswesens sind ähnlich vielfältig. Grundsätzlich herrscht Einigkeit in den Bundesländern, dass sich die Doppik als kommunaler Rechnungsstil etablieren soll. Darunter ist die doppelte Buchführung in Kommunen und Körperschaften zu verstehen. Variiert zuweilen die Bezeichnung des neuen Instruments - so heißt es in Nordrhein-Westfalen „Neues kommunales Finanzmanagement", in Hessen „Neues Kommunales Rechnungs- und Steuerungssystem" und in Niedersachsen „Neues Kommunales Rechnungswesen" - so ist ihr Inhalt jedoch weitgehend identisch und folgt dem so genannten Drei-Komponenten-System aus Finanzrechnung, Bilanz und Ergebnisrechnung.[172] In einigen Bundesländern darf jedoch an der Erweiterten Kameralistik festgehalten werden. Die ursprüngliche Form der Kameralistik wird beibehalten, jedoch um Faktoren ergänzt, die Aussagen über den Betriebserfolg zulassen. Die Erweiterte Kameralistik differenziert zwischen betriebsbedingten und außerordentlichen Geschäftsvorfällen, nimmt eine periodenmäßige Abgrenzung vor und berücksichtigt den Ansatz von kalkulatorischen Kosten. Diese Form der Kameralistik stellt demnach eine Mischform aus ursprünglicher Verwaltungskameralistik und betriebswirtschaftlicher Buchführung und Kostenrechnung dar. Es ist nicht ihr Ziel, eine Bilanz und eine Gewinn- und Verlustrechnung zu erstellen, sondern das Feststellen von Kostendeckungsgraden und die Kalkulation von Gebühren nach betrieblichen Grundsätzen.[173]

Das Bestreben, langfristig auf die Doppik umzustellen, macht es notwendig, die Bestandteile näher zu beleuchten, um deren Zweckmäßigkeit im Rahmen des Neuen Steuerungsmodells zu verankern.

Die angeführten drei Teilbereiche der Doppik, die Finanzrechnung, die Bilanz und die Ergebnisrechnung, liefern unterschiedliche Arten von Informationen. Die Finanzrechnung übernimmt die Funktion der herkömmlichen Kameralistik, indem die Einnahmen und Ausgaben ausgewiesen werden. Dadurch werden Informationen für die Finanzplanung und die Liquiditätssteuerung gewonnen. Die anderen Teilsysteme liefern somit weitere Informationen, die im Hinblick auf Out-

172 Vgl. Finger, Peter (o. J.): Neues kommunales Finanzmanagement. Die Entwicklung in den einzelnen Bundesländern. Im Internet: http://www.kommunale-info.de/asp/search.asp?ID=2725 [Stand: 17.07.2009].

173 Vgl. Meyer-Pries, Dierk (1996): Das kommunale Haushalts- und Rechnungswesen als Managementinstrument. In: Schöneich, Michael (Hg.): Reformen im Rathaus. Die Modernisierung der Kommunalen Selbstverwaltung. S. 150.

putsteuerung entscheidungsrelevant sind. Durch die Verknüpfung der Teilsysteme Finanzrechnung und Bestandsrechnung durch den Kassenbestand können die liquiden Mittel einschließlich ihrer Veränderungen in der Bilanz dargestellt werden. Die Bestandsrechnung gibt demnach Aufschluss über die Verwendung der Finanzmittel und der Herkunft eben dieser, indem Vermögen und Kapital gegenübergestellt werden. Eine Bilanz ist für die Privatwirtschaft durchaus sinnstiftend, gibt sie nicht zuletzt Aufschluss über die Finanzkraft des Unternehmens, die über das Vermögen eine Substanzerhaltung sicherstellen muss. Sie ist für ein Unternehmen unverzichtbar. Doch auch für die Kommune ist der Nährwert dieser Verfahrensweise nicht unerheblich. Es lässt sich mittels der Bilanz erkennen, inwieweit künftige Haushalte durch Zins- und Tilgungsverpflichtungen für aufgenommene Kredite belastet werden. Das kamerale System gibt keine Auskunft über Werteverzehr und Pensions- oder Instandhaltungsrückstellungen. Natürlich hat es aber auch während der Kameralistik Werteverzehr gegeben. Er wurde nur nicht abgebildet. Das hat mitunter dazu geführt, dass durch das Unterlassen von Instandhaltungsmaßnahmen der Haushalt Ausgaben einsparen konnte, die eigentlich notwendig sind. Der Haushalt wird dadurch zumindest kurzzeitig „geschönt", die notwendigen Ausgaben jedoch nur verschoben. Durch genannte Rückstellungsverpflichtungen wird diese Lücke der Kameralistik geschlossen. Die Doppik verhilft damit nicht nur dazu, einen Haushalt transparenter und wirklichkeitsnäher abzubilden, sondern sorgt in diesem Zusammenhang ebenfalls für intergenerative Gerechtigkeit, da jede Periode den von ihr herbeigeführten Aufwand erwirtschaften muss.[174] Interessant im Sinne der Outputorientierung und der damit zusammenhängenden Zielvorgaben durch die Entscheidungsträger mittels Kontrakten ist die Ergebnisrechnung. Die Bestandsrechnung ist durch den Erfolgssaldo mit der Ergebnisrechnung verbunden, da in der Ergebnisrechnung ermittelte Gewinne oder Verluste in die Bestandsrechnung einfließen.[175]

Möglich macht das die Dokumentation der Aufwendungen und Erträge in der Ergebnisrechnung. Als Aufwendung gilt der bewertete Ver-

174 Vgl. Anders, Rudolf; Horstmann, Johann; Bernhardt, Horst; et al. (2008): Kommunales Finanzmanagement in Niedersachsen. Neues Kommunales Rechnungswesen. S. 29.

175 Vgl. Meyer-Pries, Dierk (1996): Das kommunale Haushalts- und Rechnungswesen als Managementinstrument. In: Schöneich, Michael (Hg.): Reformen im Rathaus. Die Modernisierung der Kommunalen Selbstverwaltung. S. 141f.

brauch von Gütern und Dienstleistungen in einer Periode, wohingegen der Ertrag den Wertezuwachs oder die Zunahme an Ressourcen bezeichnet.[176] Durch diese Art der Dokumentation über die Ergebnisrechnung, die privatwirtschaftlich der Gewinn- und Verlustrechnung gleicht, werden die Aktivitäten der Kommune zusammengefasst und so können Aussagen über die Wirtschaftlichkeit getroffen werden. Es wird erkennbar, ob der Mitteleinsatz durch die erzielten Erträge gedeckt wird oder nicht. Die ermittelten Kosten eines Produkts sind hierbei maßgeblich, wenn auch nicht ausschließlich ausschlaggebend für die Höhe der vergebenen Budgets an die Fachbereiche. Die Korrelation von Aufwand und Erträgen gilt jedoch nur, wenn den Aufwendungen Erträge in Form von Gebühren gegenüber stehen. Dieser ursächliche Zusammenhang ist bei Erträgen aus Steuern und Transferzahlungen nicht gegeben. Diese Leistungsaufwendungen stellen daher keinen Marktwert dar.[177] Wie damit im kommunalen Rechnungswesen umgegangen wird, wird im Zuge der Kosten- und Leistungsrechnung deutlich.

Um die Kosten und gleichsam die Leistungen zu ermitteln, wird sich der Kosten- und Leistungsrechnung (KLR) bedient. Die KLR ist eine Dokumentationsrechnung, die aufzeigt, welche Leistungen unter Verwendung welcher Ressourcen erbracht worden sind, und liefert damit einen wichtigen Dienst zur Informationsbereitstellung für die Entscheidungsträger, da sie die Kosten für ein Produkt sichtbar macht und daran anknüpfend eine kostendeckende Gebühr erhoben werden kann.[178] Die Kostenrechnung gliedert sich auf in die Kostenartenrechnung, die Kostenstellenrechnung und die Kostenträgerrechnung.[179] Leistungen

176 Vgl. Anders, Rudolf; Horstmann, Johann; Bernhardt, Horst; et al. (2008): Kommunales Finanzmanagement in Niedersachsen. Neues Kommunales Rechnungswesen. S. 47.

177 Vgl. Meyer-Pries, Dierk (1996): Das kommunale Haushalts- und Rechnungswesen als Managementinstrument. In: Schöneich, Michael (Hg.): Reformen im Rathaus. Die Modernisierung der Kommunalen Selbstverwaltung. S. 155.

178 Vgl. Lüder, Klaus (2001): Neues öffentliches Haushalts- und Rechnungswesen. Anforderungen, Konzept, Perspektiven. S. 57f.

179 Die Kostenartenrechnung gibt an, ob es sich bei den Kosten um Grundkosten, Anderskosten oder Zusatzkosten handelt. Diese Kosten werden dann organisatorischen Bereichen zugewiesen, den so genannten Kostenstellen. Hier werden die Gemeinkosten (Kosten, die nicht direkt einem Verursacher (Kostenträger) zuzurechnen sind) erfasst und möglichst verursachergerecht weiterverteilt auf erbrachte Leistungen. Letztlich werden die Kosten den Kostenträgern zugewiesen. Kostenträger ist die innerhalb einer Kostenstel-

sind entsprechend Produkte, die nachgefragt werden oder für die eine Angebotspflicht besteht. Leistungen sind entweder mit Kostenträgern identisch oder aber Teilleistungen werden als Kostenträger definiert. Das sind meist Aktivitäten, die zur Erstellung eines Produkts notwendig sind. Lässt sich das bloße System der Rechenteilsysteme und damit weitgehend das betriebliche Rechnungswesen durchaus von der Privatwirtschaft übertragen, so sieht das mit den Bewertungsmaßstäben anders aus, da Privatwirtschaft und Verwaltung nicht gleichen Bedingungen ausgesetzt sind. Die Privatwirtschaft unterliegt den Gesetzen des Marktes und dementsprechend funktioniert die Preisbildung.[180] Dieser Mechanismus kann bei der Kommune - schon allein aufgrund des unterschiedlichen Zwecks - nicht greifen. Der Zweck des Unternehmens ist die Gewinnmaximierung. Im Zuge dessen kann es auf Daten des Rechnungswesens zurückgreifen, um daraus Steuerungsmechanismen abzuleiten. Der Zweck der Kommune ist, grob gesagt, die kollektive Wohlfahrtsförderung,[181] bei der eine Gewinnmaximierung nicht zielführend ist. Selbst bei gebührenpflichtigen Leistungen ist angesichts dieser Umstände die Form der Leistungsbewertung über den Preis bedenklich, da der Bürger - anders als unter den Bedingungen des Marktes - keine Wahlmöglichkeit hat. Meist tritt die Kommune als einziger Leistungserbringer auf, sodass der Bürger zur Zahlung der festgesetzten Gebühr gezwungen ist. Auch eben dann, wenn der Bürger die Gebühr nicht als leistungsangemessen betrachtet, sodass kein grundsätzlicher Zusammenhang zwischen Leistung und Entgelt besteht.

Dennoch wird daran festgehalten, dass bei der Leistungserbringung durch Entgelte, die Gebühren auf Erlösstellen des jeweiligen Fachbereichs verbucht werden.[182] Der Preis bildet sich zwar nicht durch Marktmechanismen, doch werden alle Kosten, die zur Herstellung des Produktes anfallen - zuzurechnen sind auch kalkulatorische Kosten

---

le erbrachte Leistung. Im Detail: Lüder, Klaus (2001): Neues öffentliches Haushalts- und Rechnungswesen. Anforderungen, Konzept, Perspektiven. S. 60-67.

180 Vgl. Lüder, Klaus (2001): Neues öffentliches Haushalts- und Rechnungswesen. Anforderungen, Konzept, Perspektiven. S. 67f.

181 Vgl. Meyer-Pries, Dierk (1996): Das kommunale Haushalts- und Rechnungswesen als Managementinstrument. In: Schöneich, Michael (Hg.): Reformen im Rathaus. Die Modernisierung der Kommunalen Selbstverwaltung. S. 133.

182 Vgl. Lüder, Klaus (2001): Neues öffentliches Haushalts- und Rechnungswesen. Anforderungen, Konzept, Perspektiven. S. 67.

- anteilig auf das Produkt übertragen. Der Preis (Gebühr) ist letztlich mit den jeweiligen Produktkosten jedoch nicht zwingend identisch,[183] doch auch hier steigert die Verfahrensweise die Transparenz und ermöglicht mitunter eine Vergleichbarkeit mit anderen Kommunen.

Eine monetäre Messgröße ist bei entgeltlosen Leistungen nicht anzusetzen, sodass über andere Lösungsansätze zu diskutieren ist. Ein Vorschlag wäre, die Leistungsrechnung über Hilfsgrößen zu erstellen. Solche Hilfsgrößen sind so genannte „kalkulatorische Erlöse". Sie sind abgeleitet aus den Marktpreisen jener Güter, die den kommunalen Produkten ähnlich sind. Es ist klar, dass es sich dabei nur um Schätzgrößen handeln kann. Die festgelegten Werte sind demnach nur an die Realität angelehnt und demnach fiktiv. Es ist in diesem Zusammenhang anzunehmen, dass Schätzwerte immer diskutabel sind, da sie subjektiv geprägt sind. Eine Erfolgsmessung auf dieser Basis scheint folglich kaum aussagekräftig.[184]

Eine andere Variante ist das Messen von Leistungen mit mehrdimensionalen Indikatoren. Der Einsatz von Indikatoren, die auf empirischem Datenmaterial, zum Beispiel aus Leistungsstatistiken und Bürgerbefragungen, beruhen, macht es möglich, dass nicht unmittelbar messbare Größen operationalisiert werden, um sie einer Beurteilung zuführen zu können. Dabei ist klar, dass mit dieser Methode nicht ein absolut exakter Ist-Soll-Vergleich möglich ist. Dennoch ist eine treffende Analyse auf Zahlenbasis realisierbar, sodass anhand dessen Steuerungsentscheidungen möglich sind.[185]

Dabei wird das Produkt anhand von Menge und Qualität messbar. Unweigerlich sind in diesem Zusammenhang Maßgrößen zu definieren, die zahlenmäßig eng gefasst sind. Der Idealfall ist, dass jeweils ein Indikator auf Qualität und Menge entfällt. Gleichsam müssen die Indikatoren repräsentativ sein und auf Änderungen reagieren können.

183 Vgl. Löhr, Ulrike; Potthast, Ulrich (1996): Personal und Organisation. In: Schöneich, Michael (Hg.): Reformen im Rathaus. Die Modernisierung der Kommunalen Selbstverwaltung. S. 89.

184 Vgl. Meyer-Pries, Dierk (1996): Das kommunale Haushalts- und Rechnungswesen als Managementinstrument. In: Schöneich, Michael (Hg.): Reformen im Rathaus. Die Modernisierung der Kommunalen Selbstverwaltung. S. 176.

185 Vgl. Löhr, Ulrike; Potthast, Ulrich (1996): Personal und Organisation. In: Schöneich, Michael (Hg.): Reformen im Rathaus. Die Modernisierung der Kommunalen Selbstverwaltung. S. 88.

Zudem müssen Indikatoren einfach und zeitnah messbar sein. Allerdings ist es fraglich, ob immer alle drei Voraussetzungen gleichermaßen erfüllt sein können, sodass Prioritätenbildung letztlich unabdingbar ist.[186]

Damit die Daten der Kosten- und Leistungsrechnung im Zuge ihrer Bestimmung verwertbar werden, sind sie den entsprechenden Stellen aufbereitet vorzulegen. Dabei ist jedoch zu berücksichtigen, dass das politische und administrative Führungssystem anders aufbereitete Daten benötigt. Ist für die Politik vordergründig interessant, ob die Daten Aussagen darüber zulassen, ob die im Kontrakt vereinbarten Ziele mit den entsprechenden Budgets erreicht wurden, so sind für die Verwaltungsführung feiner aufgeschlüsselte Daten von Vorteil, da eine Überwachung der effizienten Leistungserstellung möglich ist, weil nun eine Kosten- und Leistungsrelation auch bei unentgeltlichen Produkten möglich ist. Das ist insbesondere für den kommunalen Leistungsvergleich interessant.

Die gewonnenen Daten sind demnach Grundlage für Kontroll- und Steuerungsmechanismen von Politik und Verwaltungsführung. Es ist jedoch nicht nur möglich, die gewonnenen Informationen in Form der Kontrollfunktion von im Kontrakt vereinbarten Soll-Werten mit vorhandenen Ist-Werten zu nutzen. Vielmehr ist durch die Ergebnisrechnung und im Speziellen durch die Kosten- und Leistungsrechnung eine konkrete Zielformulierung innerhalb von Kontrakten überhaupt erst möglich, da die Daten zur Preisfindung und so zur Feststellung des Kostendeckungsgrades von Produkten führen. In dem Zusammenhang besteht eine Relevanz der Daten im Hinblick auf Produktplanung und Budgetierung.[187] Das kommunale Rechnungswesen liefert folglich Informationen, deren Aussagen weit über denen der kameralen Rechnungslegung liegen. Der Informationsgehalt hat Nährwert für alle Verwaltungsebenen, was auch die Politik mit einschließt. Die outputorientierte Betrachtungsweise und damit die Möglichkeit, wirtschaftlich zu handeln, wird durch das Rechnungswesen erst ermöglicht.

---

186 Vgl. Lüder, Klaus (2001): Neues öffentliches Haushalts- und Rechnungswesen. Anforderungen, Konzept, Perspektiven. S. 68.

187 Vgl. Meyer-Pries, Dierk (1996): Das kommunale Haushalts- und Rechnungswesen als Managementinstrument. In: Schöneich, Michael (Hg.): Reformen im Rathaus. Die Modernisierung der Kommunalen Selbstverwaltung. S. 174.

Damit die Daten den Entscheidungsträgern in gewünschter Aufbereitung zur Verfügung stehen, muss ein Controlling eingeführt werden. Denn nur, wenn die entscheidungsrelevanten Informationen kurzfristig abrufbar sind, ist eine adäquate Steuerung der Kommunalverwaltung sichergestellt. Es lässt sich gar sagen, dass die Politik bei Einführung von dezentraler Fach- und Ressourcenverantwortung ohne Controlling keine Mittel besitzt, um die Verwaltung zu kontrollieren. Erst die vom Controlling bereitgestellten und durch das betriebliche Rechnungswesen gewonnenen Kennzahlen sorgen für die nötige Kenntnis, um die Administrative entsprechend den strategischen Zielen der Politik zu steuern. Durch die Zuweisung von Fach- und Ressourcenverantwortung auf die Fachbereiche entsteht ein Ungleichgewicht in der Steuerungsmöglichkeit der Verwaltung, deren Gegengewicht das Controlling darstellt.

6.6 Controlling

Enorm wichtig für eine zielgerichtete Steuerung der Verwaltung ist – wie bereits angedeutet – das richtige Wissen zum richtigen Zeitpunkt. Um das zu gewährleisten, ist das Controlling in den Fokus der Betrachtungen gerückt, weil damit das systematische Planen, Steuern und Lenken auf der Grundlage von quantitativen und qualitativen Daten ermöglicht wird.[188] Controlling lässt sich folglich definieren als *„Instrument zur zukunftsorientierten Unterstützung der Führungsebene bei der Entscheidungsfindung"*[189]. Wird diese Definition auf den administrativen Bereich übertragen, so lassen sich konkrete Aufgaben ableiten, die das so genannte Verwaltungscontrolling zu leisten hat. Die Organisationseinheit für zentrale Steuerung und Controlling hat die Aufgabe, ein Berichtswesen zu etablieren, um damit den Informationsfluss vom Fachbereich zur administrativen und politischen Führungsriege sicherzustellen. Konkret bedeutet das, einen Soll-Ist-Abgleich des Gesamtbudgets sowie des Personalkostenbudgets zu erstellen und aus diesen Erkenntnissen Prognosen abzuleiten. Gleichsam beinhaltet das Berichtswesen Informationen zum Leistungsvolumen, worunter die Input/Output-Relation von Produkten zu verstehen ist. Auch hier lassen sich aufgrund der ermittelten Daten Prognosen für die zukünftige Entwicklung erstellen. Zudem beinhaltet das Berichtswesen Informati-

188 Vgl. Wimmer, Norbert (2004): Dynamische Verwaltungslehre. Ein Handbuch der Verwaltungsreform. S. 257.

189 Ebd.

on über Leistungsvergleiche zu anderen Kommunen wie auch zur Privatwirtschaft.[190]

Das Berichtswesen liefert damit Informationen, die Folgen von Entscheidungsalternativen im Hinblick auf Effektivität, Effizienz und Finanzmittelbedarf im Vorfeld klar werden lassen, was sowohl den Entscheidungsträgern auf politischer wie auf Verwaltungsebene zuträglich ist. Ebenso werden die entsprechenden Stellen fortwährend über die aktuelle Effizienz- und Effektivitätssituation sowie über den Finanzmittelbedarf informiert. Das Controlling hat demzufolge eine Informationsfunktion für die Entscheidungsträger. Der zeitnahe Zugang zu relevanten Informationen eröffnet die Option, Fehlentwicklungen direkt entgegenzusteuern. Die Überprüfung des Ist-Zustandes mit den vorgegebenen Zielen setzt voraus, dass die Ziele quantifizierbar sind. Das ist gewissermaßen Voraussetzung für einen Soll-Ist-Abgleich. Erst dann können die aus der Kosten- und Leistungsrechnung entnommenen und durch das Controlling empfängerorientiert aufbereiteten Kennzahlen zur objektiven, sachlichen und vor allem nachvollziehbaren Steuerung herangezogen werden.[191] Der Abgleich der in der Praxis vorgefundenen Daten mit den in der Zielformulierung festgelegten Werten macht es möglich, dass die autonom handelnden Fachbereiche für Verwaltungsführung und Politik steuerbar bleiben, da sie zur Erreichung der Zielvorgaben verpflichtet sind und durch das Controlling Abweichungen von Vorgaben auszumachen sind. Das Erstellen eines Berichtswesens und die damit einhergehende Versorgung der Führungsebene mit Informationen eröffnet dieser die Möglichkeit, einen strategischen Planungsprozess in Gang zu setzen, der langfristig angelegt ist und über die Dauer einer Legislaturperiode hinausreicht.[192] Es kann deshalb von einem strategischen Controlling gesprochen werden, welches Effektivitätssteigerung der Verwaltung ermöglicht, da auf Grundlage bereitgestellter Daten Potentiale erkannt beziehungsweise ausgebaut werden können.

Neben der strategischen Form des Controllings ist die operative Form zu nennen. Eine klare Trennung dieser beiden Ausprägungen, so wie

190 Vgl. Löhr, Ulrike; Potthast, Ulrich (1996): Personal und Organisation. In: Schöneich, Michael (Hg.): Reformen im Rathaus. Die Modernisierung der Kommunalen Selbstverwaltung. S. 75.

191 Vgl. Wimmer, Norbert (2004): Dynamische Verwaltungslehre. Ein Handbuch der Verwaltungsreform. S. 258ff.

192 Vgl. ebd. S. 263f.

es die Formulierung andeutet, existiert jedoch in der Praxis nicht, da die beiden Arten ineinandergreifende Prozesse betreffen. Das operative Controlling ist im Fachbereich selbst angesiedelt und damit nicht zentral, sondern dezentral.[193] Der zentrale Steuerungsdienst hat für die Controller der jeweiligen Fachbereiche jedoch unterstützende Funktion. So ist er beispielsweise bei der Kostenkalkulation, -planung und -kontrolle und bei der Erstellung von Abweichungsanalysen bezogen auf die operativen Ziele behilflich. Zudem unterstützt er den Fachbereich bei der Entwicklung von Kennziffern, die wiederum dem strategischen Controlling zur Verfügung stehen, soweit sie relevant sind. Gleichsam leistet er Hilfestellung bei der Optimierung von Betriebsabläufen,[194] was wiederum ebenfalls dem strategischen Controlling dient, da aufgrund dessen Informationen zum Stand der Optimierung der Fachbereiche erhoben werden können, die der Führungsebene Aufschluss über noch vorhandene Potentiale gibt.

Hier ist zu erkennen, dass die Methoden in der Praxis oft miteinander „verschmelzen".[195] Grundsätzlich gilt jedoch festzuhalten, dass das strategische Controlling die politische und administrative Führung dabei unterstützt, „die richtigen Dinge zu tun", wobei das operative Controlling dabei dienlich ist, „die Dinge richtig zu tun".[196]

Das Bestreben des Neuen Steuerungsmodells, Effizienz- und Effektivitätssteigerungen im Hinblick auf die Bürgerorientierung innerhalb der Kommunalverwaltung zu vollziehen, wird durch das Controlling einen weiteren Schritt vorangetrieben, sodass das Verwaltungscontrolling einen wichtigen und notwendigen Baustein innerhalb des NSM darstellt.[197] Durch das Controlling gelingt eine gezielte Steuerung der Verwaltung und damit wird die Möglichkeit eröffnet, die Leistungslücke ohne additive Ressourcen zu verringern.

---

193 Vgl. ebd.

194 Vgl. Löhr, Ulrike; Potthast, Ulrich (1996): Personal und Organisation. In: Schöneich, Michael (Hg.): Reformen im Rathaus. Die Modernisierung der Kommunalen Selbstverwaltung. S. 75.

195 Vgl. Wimmer, Norbert (2004): Dynamische Verwaltungslehre. Ein Handbuch der Verwaltungsreform. S. 263.

196 Bundeskanzleramt (Hg.) (1996): Controlling-Handbuch. Arbeitsbehelf für die Anwendung von Controlling in der öffentlichen Verwaltung. S. 28.

197 Vgl. Wimmer, Norbert (2004): Dynamische Verwaltungslehre. Ein Handbuch der Verwaltungsreform. S. 267.

6.7 Personalwesen

Sind die bisher dargelegten Instrumente dem Kernmodell des Neuen Steuerungsmodells zuzuordnen, so ist das Personalwesen im erweiterten Kreis des NSM berücksichtigt. Es ist völlig klar, dass eine Reformierung der Binnenstruktur von Kommunalverwaltungen ebenfalls Veränderungen im Personalwesen nach sich zieht. Nicht nur, weil sich das Personal mit den veränderten Organisationsstrukturen vertraut zu machen hat beziehungsweise sich in die neuen Strukturen einfügen muss. Viel eher ist das Personal in gewisser Weise Träger der Reformen und das Gelingen der Reformbemühungen hängt maßgeblich von der Mitwirkung des Personals ab, da Reformen nur durch Handlungen sichtbar und wirksam werden und diese nur von den Mitarbeitern ausgehen können.

Die Effizienzbestrebungen lassen einen neuen Blick auf das Personal zu. So ist international und auch in Deutschland von dem Übergang einer reinen Personalverwaltung hin zu Personalentwicklung die Rede, was in die Entdeckung der Mitarbeiter als Ressource mündet.[198] Das ist auch zwingend notwendig, da die Managementstrukturen und die neue EDV-gestützte Informationsverarbeitung innerhalb des Controllings Fähigkeiten verlangen, die bisher nicht zu dem Repertoire eines Verwaltungsmitarbeiters zählen.

Deshalb wird eine Einführung dieser Instrumente ohne externe Hilfe zunächst nicht möglich sein. Doch soll die externe Unterstützung immer nur begleitender Natur sein, die entfällt, wenn der Verwaltungsmitarbeiter die neuen Fähigkeiten beherrscht.[199] Die einfachste Lösung ist sicherlich, Personal aus entsprechenden Bereichen einzustellen, doch birgt diese Entscheidung Gefahren.

Wenn Personal von außen rekrutiert wird, so schließt das die Gefahr ein, dass die betriebswirtschaftlichen Instrumente nicht in die Verwaltung integriert werden, sondern, dass sich eine Art Parallelexistenz zwischen Verwaltungsmitarbeitern und betriebswirtschaftlichen Personal herauskristallisiert. Da es sich bei den Steuerungsinstrumenten zwar um betriebswirtschaftliche Verfahren handelt, die jedoch dem Verwaltungssystem angepasst werden müssen, ist es für eine gelunge-

198 Vgl. Naschold, Frieder; Bogumil, Jörg (Hg.) (1998): Modernisierung des Staates. New public management und Verwaltungsreform. S. 92.

199 Vgl. Blanke, Bernhard (Hg.) (2005): Modernes Management für die Verwaltung. Ein Handbuch. S. 135f.

ne Integration dieser Instrumente erforderlich, den Verwaltungsmitarbeitern betriebswirtschaftliche Kenntnisse zu vermitteln. Nur so kann sichergestellt sein, dass die Instrumente dem Verwaltungsauftrag folgen und nicht umgekehrt. Dass die Arbeit so schnell wie möglich vom eigenen Personal bewältigt werden soll, ist für die Etablierung entsprechender Managementinstrumente von entscheidender Bedeutung, da nur dann verwaltungsspezifische Besonderheiten berücksichtigt werden und die Mitarbeiter das neue System durchdringen. Das führt dazu, dass die neuen Systeme nicht als „von außen" auferlegte Fremdkörper wahrgenommen werden, sondern als integrativer Bestandteil der Arbeit.[200] Zudem wird der Verwaltungsmitarbeiter durch die Erweiterung seiner Fähigkeiten durch den Zugewinn an betriebswirtschaftlichem Know-how aktiv in den Reformprozess eingebunden, was mitunter positive Effekte erzeugt, da die Akzeptanz für Reformen durch individuelle Kompetenzgewinnung verstärkt wird.

Neben den technischen Neuerungen, denen sich die Verwaltungsmitarbeiter anzunehmen haben, kommen auf sie weitere Veränderungen zu. Eine flexible und an dem Bürger beziehungsweise Kunden ausgerichtete Organisationsstruktur, die den Wandel von der Behörde zum Dienstleistungszentrum vollzogen hat, benötigt ein ebenso flexibles Personal.

Deshalb sehen sich die Mitarbeiter im Rahmen des Steuerungsmodells Modellen gegenüber, die Personalentwicklung und flexiblen Personaleinsatz beinhalten.[201] Die Personalentwicklung ist im Zusammenhang mit technischen Neuerungen bereits angesprochen worden. Darunter fallen selbstverständlich auch Qualifizierungsmaßnahmen in Bezug auf kundenorientierte Dienstleistungserbringung. Die Personalentwicklung ist für den jeweiligen Mitarbeiter demnach mit vergleichsweise wenig Opferbereitschaft verbunden. Anders verhält es sich da mit dem flexiblen Personaleinsatz, da hier bisherige (hierarchische) Strukturen neuen Konzepten weichen, was für die Mitarbeiter nicht selten eine völlig neue Arbeitssituation bedeutet. Das beginnt beispielsweise bei der Etablierung von Arbeits- und Projektgruppen, die im Zuge von Produktgruppen und der Einrichtung von Fachbereichen Anwendung finden, und reicht bis hin zur Springerkonzeption. Damit ist gemeint, dass einer Nachfrageerhöhung beispielswei-

200 Vgl. ebd.

201 Vgl. Meixner, Hanns Eberhard (Hg.) (1994): Bausteine neuer Steuerungsmodelle. Mitarbeiter zu Mitdenkern und Mitgestaltern gewinnen. S. 76f.

se in Einwohnermeldeämtern zu bestimmten Zeiten mit zusätzlichem Personal entgegengetreten wird, um im Sinne der Kundenorientierung die Wartezeiten für die Bürger konstant gering zu halten. In diesem Zusammenhang existieren Vorschläge, die das Personal in Stammpersonal und Regiepersonal differenzieren. Jede Instanz - das kann für jeden Fachbereich einzeln festgelegt werden oder in übergeordneter Weise für mehrere Fachbereiche gelten - verfügt über eine personale Grundausstattung (Stammpersonal), mit der die alltägliche Arbeitsbelastung zu bewältigen ist. Wenn die Kundenfrequenz stark zunimmt, kann das Regiepersonal zur Unterstützung herangezogen werden, um gleichbleibende Qualität für den Kunden sicherzustellen. Nimmt die Kundenfrequenz wieder ab, so ist das Regiepersonal wieder abzuziehen.[202] Eine solche Praxis setzt natürlich voraus, dass für das benötigte Zeitfenster behördenintern Personalkapazitäten freigestellt werden können.

Es ist erkennbar, dass sich das Personal tiefgreifenden Veränderungen in der Personalstruktur gegenübersieht. Damit die Reformen erfolgreich greifen können, ist es unabdingbar notwendig, dass die Mitarbeiter zu Veränderungen bereit sind, wobei für sie unzweifelhaft der Vorteil dieser Veränderungen erkennbar sein muss, um entsprechend bereitwillig die Reformprozesse mitzutragen. Es muss letztlich klargestellt sein, dass die Reformen den Mitarbeitern nicht diktiert werden, sondern die Vorzüge müssen herausgestellt und entsprechend kommuniziert werden. Die Entdeckung des Mitarbeiters als Ressource setzt den Blick für individuelle Potentialentwicklung frei, sodass Partizipation möglich und nötig ist. Der Verweis der KGSt, die Mitarbeiter des jeweiligen Fachbereichs in die Zielformulierungen und Produktfindung innerhalb von Kontrakten einzubinden, ist dafür richtungweisend und trägt so dazu bei, die Arbeit in der Behörde für das Individuum attraktiver zu gestalten.

Zudem wird dem Mitarbeiter durch ganzheitliche Sachbearbeitung Verantwortung übertragen, die es ihm ermöglicht, sich neu mit seiner Arbeit zu identifizieren. Damit einher geht die Förderung zur Leistungsorientierung durch Leistungsanreize materieller und nicht-materieller Art.[203] Den Anreizen nicht-materieller Art kommt dabei hingegen mehr

202 Vgl. Meixner, Hanns Eberhard (Hg.) (1994): Bausteine neuer Steuerungsmodelle. Mitarbeiter zu Mitdenkern und Mitgestaltern gewinnen. S. 76f.

203 Vgl. Bogumil, Jörg; Grohs, Stephan; Kuhlmann, Sabine, et al. (Hg.) (2008): Zehn Jahre Neues Steuerungsmodell. Eine Bilanz kommunaler Verwal-

Bedeutung zu, da Geld bei einem Arbeitsplatz mit durchaus befriedigendem Lohnniveau nicht der entscheidende Anreizfaktor ist. Wichtiger ist es, die bereits angesprochene Verantwortungsübertragung, das Einbinden in Zielfindungsprozesse und die Begleitung an ganzheitlichen Vorgängen sicherzustellen. Darüber hinaus muss jedoch auch die Raumgestaltung zeitgemäß und ergonomisch konzipiert sein. Gleichsam wird über flexible Arbeitszeiten nachgedacht. Auch das trägt zur Arbeitszufriedenheit der Mitarbeiter bei, die in Zeiten von Reformen noch viel wichtiger ist als ohnehin schon. Es ist angesichts der angespannten Haushaltslage völlig klar, dass nicht jede sinnvolle Maßnahme auch umgesetzt werden kann. Gerade weil die Haushaltskonsolidierung als ein auslösender Faktor für Verwaltungsmodernisierung fungiert und mit dieser auch Einsparungen im Personalbereich zusammenfallen, muss unbedingt klargestellt sein, dass das Personal nicht der Verlierer von Reformen ist, sondern trotz aller Einbußen am Ende ein lohnendes Ergebnis steht.[204]

Diese Formen der Flexibilisierung im Bereich des Personals sind auf eine breite Verwendung der Mitarbeiter innerhalb der Behörde ausgerichtet. Die Personalmobilität soll sich dem Qualitätsbedürfnis der Kunden anpassen, was dazu führt, dass die Praxis, die ein Denken in Laufbahnen favorisiert, nicht den gegenwärtigen und zukünftigen Anforderungen entspricht.[205] Deutlich wird das unter anderem beim Kontraktmanagement, bei dem es darum geht, gemeinsam Ziele auszuloten und die dafür notwendigen Ressourcen festzustellen. Ein Besitzstandsdenken ist hier kontraproduktiv, generell ist der Spielraum, den das Laufbahnrecht für Beamte lässt, zu gering, sodass im Rahmen des Steuerungsmodells angedacht wird, Spitzenpositionen auf Zeit zu besetzen, um die Flexibilisierungsbemühungen auf allen Personalebenen voranzutreiben. Es sei darauf hingewiesen, dass die Diskussion um Führungspositionen auf Zeit eher auf Landes- und Bundesebene Einzug findet. Die Kommunalverwaltung ist davon weniger betroffen.[206]

---

tungsmodernisierung. S. 27.

204 Vgl. Löhr, Ulrike; Potthast, Ulrich (1996): Personal und Organisation. In: Schöneich, Michael (Hg.): Reformen im Rathaus. Die Modernisierung der Kommunalen Selbstverwaltung. S. 58.

205 Vgl. Meixner, Hanns Eberhard (Hg.) (1994): Bausteine neuer Steuerungsmodelle. Mitarbeiter zu Mitdenkern und Mitgestaltern gewinnen. S. 75.

206 Vgl. ebd.

Betreffen die bisherigen Auslassungen das bereits rekrutierte Personal, so muss mit der Etablierung des Neuen Steuerungsmodells als feste Größe in der Verwaltungspraxis konsequenterweise der personelle Nachwuchs in den Blick genommen werden. Wenn sich die Kritik an der bestehenden Laufbahnausrichtung des Personals durchsetzt, ist sicher über eine neue Form von Ausbildungswegen für Verwaltungspersonal nachzudenken. Denkbar ist, betriebswirtschaftliche Kenntnis und informationstechnologisches Know-how in die Ausbildung zu integrieren[207] und die Laufbahnen dahingehend zu öffnen, dass auch horizontale Mobilität möglich ist, sodass ein Wechsel in andere Laufbahnen vollzogen werden kann. Das ist insbesondere dann von Vorteil, wenn jemand den Anforderungen seiner Laufbahn nicht mehr gewachsen ist. Beispielsweise kann die körperliche Belastung innerhalb der Laufbahn für Feuerwehrmänner zu hoch sein, sodass eine weitere Ausübung der Tätigkeit nicht gegeben ist, wobei ein Unterkommen in anderen Laufbahnen zum gegenwärtigen Zeitpunkt nicht möglich ist.[208]

Ersichtlich ist, dass die Flexibilisierungstendenzen weitreichende Kreise ziehen, die bei der Einführung neuer Instrumente gar nicht alle zeitgleich berücksichtigt werden können, sodass die Reformen einen prozessualen Charakter haben, der eine lange Zeit der Anpassung alter Strukturen an die neuen Gegebenheiten mit sich bringt.

6.8 Kundenorientierung

Unter Kundenorientierung im Zuge der Entwicklung des Neuen Steuerungsmodells ist zweierlei zu verstehen: Einerseits heißt das für die kommunale Verwaltung, Produkte und Produktgruppen eines Fachbereichs so zu konzipieren, dass des Bürgers Anliegen innerhalb des Fachbereichs bearbeitet werden kann. Es sollen dem Bürger dadurch lange Behördenwege erspart bleiben. Darauf ist bereits in Kapitel 6.3 hingewiesen worden. Die interne Struktur, so ist die Maßgabe, soll kundenorientiert ausgerichtet sein. Das lässt die Idee der Bürgerämter neu aufleben, die als erste Anlaufstelle für Bürger dienen und verlängerte Sprechzeiten anbieten, sodass die Kommune einerseits auch für Berufstätige bessere Erreichbarkeit bietet und zum anderen der Kun-

207 Vgl. Budäus, Dietrich (1998): Public Management. Konzepte und Verfahren zur Modernisierung öffentlicher Verwaltungen. S. 31.

208 Vgl. Meixner, Hanns Eberhard (Hg.) (1994): Bausteine neuer Steuerungsmodelle. Mitarbeiter zu Mitdenkern und Mitgestaltern gewinnen. S. 75.

denstrom besser verteilt wird, was sich in verkürzten Wartezeiten niederschlägt.[209]

Darunter fällt zudem auch die Nutzung neuer Informations- und Kommunikationswege, die unter dem Begriff eGovernment zusammengefasst sind. Darauf wird im Folgenden näher einzugehen sein. Andererseits heißt Kundenorientierung auch, Partizipationsmöglichkeiten zu schaffen, die von einer Kundenumfrage bis hin zur Etablierung von Kundenbeiräten reicht. Nachfolgend sollen die einzelnen Maßnahmen genauer betrachtet werden.

6.8.1 Kundenpartizipation

Wird die Partizipation in punktuelle und dauerhafte Beteiligung unterteilt, so ist die Kunden- und Bürgerbefragung der punktuellen Beteiligung zuzurechnen. Da meist nicht auf eine umfangreiche Kundenkartei zurückgegriffen werden kann, beschränkt sich die Kundenbefragung auf die Kunden, die in die Behörde kommen, und wird dementsprechend überwiegend mündlich und von fachbereichsfremdem Personal durchgeführt. Es wird angeführt, dass eine Befragung durch behördeninterne Mitarbeiter auch eine Weiterqualifizierung dieser beinhaltet, weil die Befragung dazu führt, dass kundenorientiertes Verhalten besser verinnerlicht wird und deshalb letztlich zu besserer Serviceleistung führt.[210]

Ähnlich verhält es sich im Bereich der Bürgerbefragung. Sie ist von der Kundenbefragung dadurch abzugrenzen, dass nicht nur Laufkundschaft befragt wird, die sich zum Zeitpunkt der Befragung in der Behörde aufhält, sondern hier wird ein repräsentativer Querschnitt aller wahlberechtigten Bürgerinnen und Bürger als Zielgruppe definiert. Die Befragung verläuft üblicherweise schriftlich, indem die Fragebögen den ausgewählten Bürgern zugesandt werden. Um eine möglichst hohe Rücklaufquote zu bekommen, werden gängige Anreize, wie beispielsweise Teilnahme an Gewinnspielen, angeboten.[211]

209 Vgl. Bogumil, Jörg; Grohs, Stephan; Kuhlmann, Sabine, et al. (Hg.) (2008): Zehn Jahre Neues Steuerungsmodell. Eine Bilanz kommunaler Verwaltungsmodernisierung. S. 67.

210 Vgl. Bogumil, Jörg (Hg.) (2001): Verwaltung auf Augenhöhe. Strategie und Praxis kundenorientierter Dienstleistungspolitik. S. 22.

211 Vgl. Bogumil, Jörg (Hg.) (2001): Verwaltung auf Augenhöhe. Strategie und Praxis kundenorientierter Dienstleistungspolitik. S. 23.

Welche Form der Befragung am geeignetsten erscheint, hängt von der Zweckverfolgung ab. Ist eine Behörde darum bemüht, herauszufinden, warum ein bestimmter Service nur wenig genutzt wird, so ist eine Kundenbefragung weniger sinnvoll, da hier diejenigen befragt werden, die bereits vom Leistungsangebot überzeugt sind, und die Berücksichtigung von deren Äußerungen dazu führt, diesen Personenkreis weiterhin zu binden, jedoch nicht dazu, neue Bürger zu akquirieren. Gleichsam ist bei der Bürgerbefragung zu bedenken, dass die Menge derer, welche die Leistung kennen, die Gegenstand der Befragung ist, durchaus gering sein kann, sodass der Nährwert der erhobenen Daten ebenfalls gering ist.[212] Trotz dieser Bedenken ist der Einsatz von Kunden- und Bürgerbefragungen ein wichtiges Instrument, um kundenorientiert arbeiten zu können, und vor allem, um zu überprüfen, ob die erbrachten Leistungen auch real kundenorientiert sind.

Eine weitere Form der Kundenpartizipation ist das Beschwerdemanagement. Dadurch soll offensiv auf den Bürger zugegangen werden und dieser ermutigt werden, Beschwerden und Anregungen mitzuteilen. Das scheint auf den ersten Blick ein wenig erstaunlich, sollen doch - im allgemeinen Verständnis - Beschwerden eher vermieden werden. Die Kommunen stehen dem gegenwärtig jedoch anders gegenüber und erkennen das Potential, das sich für die Behörde ergibt, wenn der Bürger von der Möglichkeit der Beschwerde Gebrauch macht. Es ist weniger eine negative Bewertung von Leistung als mehr ein Vorschlag zur Leistungssteigerung.[213] Neben dem Erkennen von behördeninternen Missständen leistet das Beschwerdemanagement einen weiteren Dienst, der in gewisser Weise das zentrale Element darstellt. Primär soll die durch Unzufriedenheit in Schieflage geratene Kundenbeziehung wieder stabilisiert werden. Dadurch können auch die negativen Auswirkungen, die durch Mundpropaganda entstehen, eingedämmt werden. Die Verbreitung eines negativen Images kann dadurch handhabbar gemacht und demnach eingegrenzt werden. Damit ein Beschwerdemanagement in der Behörde etabliert werden kann, ist es zwingend notwendig, Anreize zu schaffen, die den Bürger dazu bewegen, den neu geschaffenen Service zu nutzen. Das heißt, die Beschwerdekanäle müssen leicht zugänglich sein, sodass für den Bürger mög-

212 Vgl. ebd. S. 24.

213 Vgl. Vogel, Hans-Josef (1995): Kundenorientierung und Bürgeraktivierung. In: Nordrhein-Westfälischer Städte- und Gemeindebund (Hg.): Unternehmen Stadt - Materialsammlung. S. 378ff.

lichst wenig Aufwand entsteht.[214] Die Möglichkeiten reichen von der postalischen Zusendung über die Einrichtung einer Beschwerden-Hotline bis hin zur Aufstellung eines so genannten „Meckerkastens" in der Behörde. Zudem sollte auch auf der Homepage das Beschwerdemanagement beworben und somit das Internet als Beschwerdekanal genutzt werden.[215]

Wenn die Beschwerdekanäle gestellt sind, muss natürlich sichergestellt, sein, dass der Bürger auf seine individuelle Beschwerde oder Anregung eine Rückmeldung bekommt, denn nur so kann der Bürger zufriedengestellt und dazu beigetragen werden, dass das zuvor erwähnte Ungleichgewicht im Beziehungsgefüge von Kommune und Bürger wieder stabilisiert wird. Zudem müssen behördenintern Mechanismen installiert werden, welche die Beschwerden auswerten, um relevante Information in Bezug auf Schwachstellen innerhalb der Behörde zu erhalten.

Um ein aktives Beschwerdemanagement zu gestalten, ist in der Regel ein zentraler Ansprechpartner in der Verwaltung für die Beschwerdenannahme zuständig. Um eine möglichst zeitnahe Reaktion für den Bürger zu erreichen, werden die Beschwerden direkt von der Beschwerdenstelle beantwortet. Kann das Problem nicht aktuell behoben werden, so bekommt der Bürger einen Zwischenbescheid, aus dem hervorgeht, in welcher Bearbeitungsphase sich sein Anliegen befindet.[216] Aus der Bürgerperspektive ergibt sich dadurch das Bild einer kundenorientierten Behörde, die aufgetretene Probleme - und somit auch den Bürger - ernst nimmt und bemüht ist, die Probleme künftig zu vermeiden. Für die Behörde ist die Prozesskette des Beschwerdemanagements damit jedoch noch nicht abgeschlossen. Wird von der Bereitstellung von Beschwerdekanälen bis zur Beschwerdenreaktion von direktem Beschwerdemanagementprozess gesprochen, so beginnt mit der qualitativen und quantitativen Auswertung der indirekte (behördeninterne) Managementprozess.[217]

---

214 Vgl. Stauss, Bernd; Seidel, Wolfgang (2002): Beschwerdemanagement. Kundenbeziehungen erfolgreich managen durch customer care. S. 79f.

215 Vgl. Bogumil, Jörg (Hg.) (2001): Verwaltung auf Augenhöhe. Strategie und Praxis kundenorientierter Dienstleistungspolitik. S. 26.

216 Vgl. ebd. S. 25f.

217 Vgl. Stauss, Bernd; Seidel, Wolfgang (2002): Beschwerdemanagement. Kundenbeziehungen erfolgreich managen durch customer care. S. 82 und 88.

Unter quantitativer Auswertung ist die reine Überwachung des Umfangs an Beschwerden und deren Zuteilung auf Fachbereiche sowie eine mengenmäßige Auflistung geäußerter Problemlagen zu verstehen. Daran knüpft die qualitative Auswertung an. Sie versucht, die Ursachen für die jeweiligen Problemlagen herauszufinden, um diese so zu verändern, dass die Schwachstellen zukünftig behoben sind.[218] Der Kommune gelingt es dadurch, die Kundenzufriedenheit zu stärken, da mit dem Beschwerdemanagement eine stetige Kontrollinstanz eingerichtet wird, die letztlich dazu führt, dass die Kommune optimal auf ihre Bürger (Kunden) abgestimmt ist. Dazu ist es aber notwendig, dass die entsprechenden Fachbereiche über Schwachstellen in ihrem Bereich informiert werden, damit darauf entsprechend reagiert werden kann. Zu diesem Zweck muss ein Beschwerdereporting betrieben werden. Das bedeutet, dass die qualitativen und quantitativen Daten der Beschwerdestelle den Fachbereichen in definierten Zeitintervallen zur Verfügung stehen.[219]

Eine weitere Partizipationsmöglichkeit bieten eingerichtete Kundenforen und Kundenbeiräte. Das Einrichten eines Kundenforums bietet sich speziell dann an, wenn eine Institution evaluiert werden soll und eine große Stammkundschaft vorzuweisen hat. Im Zuge der Evaluation wird so die Kundenmeinung als wichtiger Faktor beachtet. Zudem empfiehlt sich das Einbinden von Stammkunden, weil deren Motivation, an Foren teilzunehmen, höher ausfallen dürfte als es bei sporadischer Kundschaft der Fall ist, da sie später dauerhaft von entsprechenden Verbesserungen profitiert.[220]

Der Charakter von Kundenforen ist so konzipiert, dass die Kunden im Gespräch mit Mitarbeitern ihre Meinung kundtun und dafür eine Aufwandsentschädigung in geringer Höhe erhalten (können), um ihre Teilnahmebereitschaft an Foren zu erhöhen. Die Foren haben jedoch keinen dauerhaften Bestand. Sie sind vielmehr Teil eines Evaluationszyklus. Anders verhält es sich da mit den Kundenbeiräten. Diese haben über einen festgelegten Zeitraum Bestand und bieten daher die Möglichkeit, dass der Bürger kontinuierlich an der Optimierung von Verwaltung beteiligt ist. Um eine möglichst repräsentative Gruppe zu erlangen, werden die Bürger durch öffentliche Ausschreibungen ge-

218 Vgl. ebd. S. 87.

219 Vgl. ebd. S. 89.

220 Vgl. Bogumil, Jörg (Hg.) (2001): Verwaltung auf Augenhöhe. Strategie und Praxis kundenorientierter Dienstleistungspolitik. S. 27f.

beten, sich für eine derartige Mitgliedschaft zu bewerben, sodass aus dem Pool von Bewerbern ein möglichst genaues Abbild der Bevölkerungsstruktur gebildet werden kann, welches als Kundenbeirat auch die Implementation von Verbesserungsvorschlägen begleiten kann, da der Rat fest installiert wird.[221]

Kundenforen und -beiräten ist gemein, dass die Verwaltung - anders als bei gestarteten Umfragen - nicht die Möglichkeit hat, durch eine Vorauswahl an Fragen und vorgegebenen Antworten in irgendeiner Weise dirigierend einzuwirken. Die Ergebnisse sind demnach weniger beeinflussbar. Daran anknüpfend haben Kunden eine wesentlich bessere Möglichkeit, ihre Anregungen, Kritiken und Wünsche detailliert anzubringen, da sie nicht auf Antwortalternativen festgelegt sind oder aber nicht gezwungen sind, ihre Antworten in einem Formular mit einem Volumen von ein bis zwei Zeilen pro Antwort darzulegen.[222]

6.8.2 Nutzung neuer Technologien

Neben diesen Partizipationsmöglichkeiten werden im Zuge der Kundenorientierung auch neue Informationswege erschlossen, die zur kundenorientierten Dienstleistungspolitik der Kommunen herangezogen werden. Das größte Potential bietet sicherlich die Interaktion von Behörde und Kunde über das Internet.

Nahezu jede Kommune besitzt einen eigenen Internetauftritt, der eine Vielzahl nützlicher Informationen enthält und immer häufiger die erste Anlaufstelle des Bürgers ist, wenn gezielt Informationen über einen spezifischen Sachverhalt gesucht werden oder der zuständige Sachbearbeiter ausfindig gemacht werden soll.[223]

Das so genannte eGovernment soll nach Möglichkeit jedoch über die reine Informationsfunktion hinausgehen. Slogans wie „die Daten sollen laufen und nicht der Bürger"[224] lassen die Tragweite der Reformbemühungen unter Einbezug der neuen Medien erahnen. Es geht nicht nur darum, neue Informations- und Kommunikationstechnologien zu nut-

221 Vgl. Bogumil, Jörg (Hg.) (2001): Verwaltung auf Augenhöhe. Strategie und Praxis kundenorientierter Dienstleistungspolitik. S. 27f.

222 Vgl. ebd. S. 30.

223 Vgl. Bogumil, Jörg (Hg.) (2001): Verwaltung auf Augenhöhe. Strategie und Praxis kundenorientierter Dienstleistungspolitik. S. 62.

224 Blanke, Bernhard (Hg.) (2005): Modernes Management für die Verwaltung. Ein Handbuch. S. 463.

zen, sondern im besonderen Maße darum, durch die neuen Informationswege Verwaltungsprozesse zu reorganisieren. Das bedeutet, dass Arbeitsprozesse unter dem Fokus der Online-Fähigkeit betrachtet werden, um Verwaltungsabläufe zu beschleunigen und wirtschaftlicher, demnach kostengünstiger zu halten.

Dazu gehört es, dass die Behörde mit den Bürgern, aber auch der Wirtschaft online interagiert. Sie stellt zu diesem Zweck beispielsweise Formulare in das Internet ein, die heruntergeladen werden können, oder kommuniziert per E-Mail. Zudem können über das Internet Fördermittel beantragt oder Zahlungen getätigt werden. Eine weitere Serviceleistung ist es zu ermöglichen, dass der Bearbeitungsstand von Bescheiden und Ähnlichem über das Internet abrufbar ist, was zum einen eine Informationsfunktion für den Antragsteller beinhaltet und zum anderen das Volumen von telefonischen oder postalischen Anfragen zum Bearbeitungsstand für den Mitarbeiter verringert, sodass dieser seine Arbeitszeit effektiver nutzen kann.[225]

Durch die Etablierung der beschriebenen Möglichkeiten ergeben sich für beide Seiten, also für die Verwaltung einerseits wie auch für den Bürger und die Wirtschaft andererseits, Vorteile.

Die Verwaltung ist in der Lage, auf Daten parallel zuzugreifen, sodass Transportzeiten verkürzt werden können, da nicht mehr darauf gewartet werden muss, dass Akten in Papierform vorliegen. Die Nutzung elektronischer Ressourcen, Fachinformationen und Rechtsquellen betreffend trägt ebenfalls zur schnelleren Sachbearbeitung bei.[226] In einigen Fällen ist gar eine völlige elektronische Abwicklung von Sachverhalten möglich, sodass manuelles Eingreifen nicht mehr notwendig ist.[227] Ein Beispiel dafür ist die elektronische Reservierung von Wunschkennzeichen bei der Kraftfahrzeuganmeldung.

Wesentlicher Vorteil der Konsumentenseite ist die Unabhängigkeit von Öffnungszeiten und damit zusammenfallend die Bedeutungslosigkeit

225 Vgl. ebd.

226 Vgl. Blanke, Bernhard (Hg.) (2005): Modernes Management für die Verwaltung. Ein Handbuch. S. 464.

227 Vgl. Bogumil, Jörg (Hg.) (2001): Verwaltung auf Augenhöhe. Strategie und Praxis kundenorientierter Dienstleistungspolitik. S. 67.

der Entfernung vom Wohnsitz zur Behörde.[228] Die Online-Abwicklung macht eine Besucherpräsenz in der Behörde weitgehend überflüssig oder aber sie wird auf ein Minimum reduziert, was wiederum zu geringeren Wartezeiten führt.

Es ist klar erkennbar, dass der Service, den die Kommune zu leisten im Stande ist, durch die neuen Kommunikationswege enorm vergrößert wird, was jedoch nicht zu einer parallel ansteigenden Arbeitsbelastung führt. Gegenteiliges ist der Fall. Die administrative Abwicklung wird wesentlich vereinfacht, was letztlich zu einer schnelleren und transparenteren Dienstleistung befähigt, was direkt dem Bürger zugutekommt, sodass beiderseits von positiven Effekten profitiert wird. So kann zum einen das aus gesellschaftlicher Veränderung heraus resultierende steigende Aufgabenvolumen bewältigt werden und zum anderen wird die Leistungsfähigkeit der Kommune erhöht.

Natürlich ist das Einrichten der erforderlichen Technologie mit finanziellem Aufwand verbunden, zumal die Mitarbeiter mit der neuen Technologie vertraut zu machen sind, was Weiterbildungsmaßnahmen notwendig macht. Ebenso hängt der Wirkungsgrad von eGovernment auch maßgeblich von der aktiven Mitgestaltung der Bürger ab. Angesichts der Tatsache, dass das Internet im Leben der Bundesbürger eine immer größere Rolle spielt, steht das eGovernment unter guten Vorzeichen. Dies untermauern die erhobenen Daten des Statistischen Bundesamtes in Bezug auf die Internetnutzung.

Haben 2002 noch 63% der 25-54-jährigen Männer und 54% der Frauen gleicher Altersspanne das Internet genutzt, waren es 2005 bereits 79% der Männer beziehungsweise 73% der Frauen. Bei den 10- bis 24-Jährigen liegen die Prozentzahlen noch höher. Hier waren es 2002 jeweils 71% der Männer und Frauen, die das Internet nutzen und 2005 bereits 90% der Männer und 88% der Frauen.[229]

---

228 Vgl. Blanke, Bernhard (Hg.) (2005): Modernes Management für die Verwaltung. Ein Handbuch. S. 465.

229 Vgl. Kahle, Irene; Timm, Ulrike (2006): Internetnutzung und die Aneignung von E-Skills. In: Statistisches Bundesamt. (Hg.): Wirtschaft und Statistik. 7/2006. S. 726.
Im Internet: http://www.destatis.de/jetspeed/portal/cms/Sites/Format?destatis/Internet/DE/Content/Publikationen/Querschnittsveroeffentlichungen/WirtschaftStatistik/Informationsgesellschaft/Internetzugang__Eskills,property=file.pdf. [Stand: 06.08.2009].

Das Beschreiten neuer Wege durch Informations- und Kommunikationstechnologie ist angesichts solcher Entwicklungen nicht als Wagnis, sondern eher als unverzichtbarer Schritt zu begreifen.

Letztlich ist zu berücksichtigen, dass erst durch die Möglichkeit der Bürgerpartizipation und der Nutzung neuer Technologien der Wandel von der Behörde zum Dienstleistungsunternehmen nach außen - demnach für den Bürger - sichtbar wird. Erst wenn dieser Schritt getan ist, kann davon gesprochen werden, dass auf die gesellschaftlichen Veränderungen, die zu einer solch tiefgreifenden Reform veranlassen, reagiert worden ist. Die Kundenorientierung ist demnach ein enorm wichtiger Baustein des Neuen Steuerungsmodells, obwohl er, da er lediglich zum erweiterten Kreis des NSM gezählt wird, nicht den Anschein erweckt. Um die Verhältnisse in das richtige Licht zu rücken, muss angemerkt werden, dass eine unterschiedliche Gewichtung der Instrumente des Kernbereichs und des erweiterten Bereichs nicht sinnvoll ist, da der Kernbereich in gewisser Weise weichenstellende Funktion für den erweiterten Kreis besitzt, so dass dieser keinesfalls als nachrangig zu gelten hat.

Die zentrale Gestalt der Kundenorientierung setzt neben den bisherigen Bemühungen, welche die Beschreibung von Produkten mit enger Bindung an den Bürger und die diversen Partizipationsmöglichkeiten beinhalten, einen weiteren Umstand voraus. Und zwar muss sichergestellt sein, dass das komplette Leistungsangebot der Kommune nicht nur wirtschaftlichen Kriterien genügt, um so der Verschuldungen Herr zu werden und den Kunden ein möglichst günstiges Leistungspaket anbieten zu können, sondern im gleichen Maße muss ein gleichbleibender Qualitätsstandard erkennbar sein. Dazu ist ein umfassendes Qualitätsmanagement notwendig.

6.9 Qualitätsmanagement

Die veränderten gesellschaftlichen Rahmenbedingungen stellen die Kommune vor die Aufgabe, in der neuen Rolle als Dienstleistungsanbieter ihre Leistungen nicht nur über das Preis-Leistungs-Verhältnis zu definieren, sondern auch über einen gleichbleibend hohen Qualitätsstandard. Zwar ist es zutreffend, dass der Markt, auf dem sich die Kommunen bewegen, nicht vollkommen dem Wettbewerb unterliegt und demnach durchaus andere Verhältnisse herrschen als es für private Dienstleistungsanbieter der Fall ist.[230] Dennoch ist Qualitätsmanagement ein Begriff, mit dem sich die Kommune anfreunden muss, da er eine zunehmend wichtige Rolle spielt. Die Kommunale Gemeinschaftsstelle führt dafür drei Gründe ins Feld:

Erstens existiert eine Reihe von Leistungen, die nicht per Gesetz ausdrücklich der Kommune zufallen, sodass es durchaus eine Vielzahl von Privatanbietern gibt, die gleiche Leistungen anbieten (Kindergärten, Freizeitanlagen u. a.). Die Kommune als Anbieter von Leistungen sieht sich also einer Konkurrenz gegenüber, deren Bestehen von hoher Qualitätslieferung abhängt, demnach muss auch die Kommune derartigen Qualitätsansprüchen gerecht werden, um dauerhaft konkurrenzfähig zu sein.[231] Eine stetige Qualitätsprüfung in Form eines fest installierten Qualitätsmanagements scheint demnach unabdingbar, erst recht, da dies in der Privatwirtschaft bereits seit langem zum festen Repertoire gehört.

Zweitens ist es seit Längerem gängige Praxis, Leistungen zuzukaufen, wenn andere (privatwirtschaftliche) Anbieter in der Lage sind, diese günstiger herzustellen. Auch das trägt zur Aufgabenreduktion der Verwaltung bei und damit einhergehend zur Schließung der Leistungslücke. Jedoch ist hier nicht nur der Kostenaspekt ausschlaggebend. Um eine Leistung einzukaufen, muss vorher geklärt sein, welchen Qualitätsmaßstäben sie genügen muss, um auch bei diesem Verfahren ein hohes Qualitätsniveau sicherzustellen.

Da es jedoch bei der Fülle von Anbietern mühsam und kaum zu bewältigen ist, jeden in Frage kommenden Anbieter einzeln zu prüfen, gibt es die Möglichkeit einer Zertifizierung von Qualitätsmanagementsystemen, um einheitliche Standards zu garantieren. Das dieses für die Kommune selbst ein interessanter Weg ist, eigene Leistungen auf Qualität zu prüfen, soll jetzt erst hinten angestellt bleiben, da zunächst auf ein Problem und damit auf den dritten Punkt hingewiesen werden soll, dem sich die Kommune im Zuge solcher Zertifizierungsbestrebungen gegenübersieht. Ein solches Zertifizierungsverfahren ist mit sehr hohen Kosten verbunden, sodass sich mittelständische und kleine Unternehmen nicht in der Lage sehen, diese Aufwendungen zu er-

230 Vgl. Kommunale Gemeinschaftsstelle für Verwaltungsvereinfachung (1995): Qualitätsmanagement. (6). S. 7.

231 Vgl. ebd.

bringen. Wird jedoch zukünftig im verstärkten Maße eine derartige Qualitätszertifizierung als Bedingung für eine Leistungsvergabe herangezogen, so bedeutet das für eben erwähnte Unternehmen Umsatzeinbußen, die mitunter existenzbedrohlich sein können, was der Kommune Steuerausfälle beschert. Die Kommune ist demnach im Rahmen ihrer Wirtschaftsförderung angehalten, die Wettbewerbsfähigkeit solcher Unternehmen zu sichern, beispielsweise indem sie nicht auf derartige Zertifizierungen besteht.[232]

Interessant für diese Arbeit ist es zu klären, wie ein Qualitätsmanagement innerhalb des Neuen Steuerungsmodells ausgestaltet sein sollte, sodass vordergründig der erste Punkt von Wichtigkeit ist.

Schließlich ist das Bestehen am Markt unter interkommunalem und privatwirtschaftlichem Wettbewerb die Triebfeder für jedes wirtschaftliche Handeln in der Kommune und somit die gelungene Integration in den (wettbewerblichen) Markt für ein Fortbestehen von kundenorientiertem Dienstleistungsmanagement notwendig.[233] Hierauf wird im nächsten Kapitel genauer Bezug genommen. Zunächst einmal ist es wichtig, Kriterien zur Qualitätsmessung aufzustellen. Es reicht nämlich nicht, wenn die Verwaltungsführung mit Appellen zur Kundenorientierung aufruft: Es muss eine Verbindlichkeit geschaffen werden. Der kundenzentrierte Ansatz des NSM legt einen kundenbezogenen Qualitätsbegriff nahe, der auf die Wahrnehmung der Produkteigenschaften durch den Kunden fokussiert ist.[234] Es stehen hier nicht so sehr die objektiv vorhandenen Qualitätsmerkmale im Vordergrund, sondern vielmehr das subjektive Urteil eines Kunden als Ergebnis einer Analyse der von ihm als wichtig empfundenen Produkt- oder Leistungseigenschaften.[235] Dementsprechend sind die Qualitätskriterien aufzustellen. Aus den Kriterien lassen sich Standards herausbilden, die zur Entwicklung von Qualität wichtig sind. Dazu ein Beispiel:

Ein Qualitätskriterium kann sein, dass keine Zeitverluste entstehen sollen, um zu gewährleisten, dass eine Leistung zeitnahe ausgeführt

232 Vgl. Kommunale Gemeinschaftsstelle für Verwaltungsvereinfachung (1995): Qualitätsmanagement. (6). S. 7f.

233 Vgl. ebd.

234 Vgl. Bruhn, Manfred (2008): Qualitätsmanagement für Dienstleistungen. Grundlagen, Konzepte, Methoden. S. 34f.

235 Vgl. Bruhn, Manfred (2008): Qualitätsmanagement für Dienstleistungen. Grundlagen, Konzepte, Methoden. S. 34f.

wird. Dies ist für den alltäglichen Gebrauch jedoch noch zu offen formuliert, sodass die Zeitfenster noch genauer zu bestimmen sind. Es müssen beispielsweise maximale Liegezeiten definiert werden, ebenso maximale Wartezeiten bei der telefonischen Beratung. Es muss genau festgelegt werden, nach wie vielen Tagen ein Zwischenbescheid ergehen soll und wie viele Tage der gesamte Verfahrensprozess in Anspruch nehmen darf. Aus dem Kriterium „Keine Zeitverluste" ergeben sich also durch genauere Definition eben beschriebene Standards. Dieses Verfahren muss für jedes weitere Kriterium durchgeführt werden, um die Qualität messbar zu machen. Ein entsprechender Kriterienkatalog ist von der KGSt auszugsweise aufgestellt worden.[236]

Die Aufgabe, jedes Produkt mit Standards zu definieren, fällt im Rahmen der dezentralen Verantwortung den Fachbereichen zu. Die aufgestellten Qualitätsstandards werden verpflichtend, da sie mit in die Kontrakte einfließen und so den Vertragspartnern fest zugesichert sind. Dies berücksichtigt auch den Umstand, dass die Fachbereiche im Zuge knapper Budgets nicht nur auf Kostenreduktion abzielen, sondern die Qualitätsansprüche ebenso erfüllt sein müssen.[237]

Dies ist ein ganz entscheidender Punkt, da es unter Umständen zu Zielkonflikten zwischen Qualität, Wirkung und Kosten kommen kann.

Ein Ausweg aus diesem Dilemma schafft letztlich die Überkreuzbetrachtung von Effektivität und Effizienz. Es gilt daher quantitative Effizienzfaktoren und qualitative Effektivitätsfaktoren so zu gewichten, dass ein vertretbarer Kosten-Nutzen-Abgleich möglich ist. Ergebnis dieser Kreuzbetrachtung ist der Outcome, der als Indikator die Kosten, die Qualität, Leistung und Wirkung eines Prozesses in Beziehung setzt. Um die Standards möglichst nahe am Kundenwunsch zu setzen, ist von der Verwaltungsführung den entsprechenden Fachbereichen die Notwendigkeit abzuverlangen, die Kundenwünsche und die Kundenzufriedenheit systematisch und in statistisch aussagefähigem Umfang wiederkehrend zu erheben. Den Fachbereichen steht dabei die Unterstützung des Steuerungsdienstes zur Verfügung, der die Datensätze aufbereitet und den entsprechenden Stellen zur Verfügung

236 Vgl. Kommunale Gemeinschaftsstelle für Verwaltungsvereinfachung (1995): Qualitätsmanagement. (6). S. 14.

237 Vgl. ebd. S. 47.

stellt.[238] Das gesamte Verfahren lässt sich durchaus zirkulär betrachten, sodass das Qualitätsmanagement als ein immerwährender Prozess zu begreifen ist.

Nachdem die Kundenwünsche erhoben und in die Standards eingeflossen sind, wird die Leistung erbracht und periodisch durch den Kunden - anhand vorgestellter Partizipationsmöglichkeiten - beurteilt. Diese Beurteilungen führen nach ihrer Auswertung dazu, dass eventuelle Anpassungen an dem Produkt vorgenommen werden. Dies entscheidet jedoch nicht der Fachbereich selbst, sondern die Verwaltungsführung, der die Datensätze der Kundenbeurteilung dargelegt werden und die diese dann mit den im Kontrakt festgelegten Zielen und Standards abgleicht und gegebenenfalls Modifizierungen am Produkt veranlasst. Zu den Produktmodifikationen kann je nach Sachlage auch gehören, dass die Verwaltungsführung begleitende Fortbildungsmaßnahmen für die Mitarbeiter vorschreibt. Natürlich ist in diesem Zusammenhang auch darauf zu achten, dass die Kundenwünsche mit den Zielvorgaben der Politik und den gesetzlichen Bestimmungen vereinbar sind. Dann wird das Produkt in angepasster Form wieder am Markt angeboten und der Kreislauf beginnt erneut.[239]

An dieser Stelle sei der Vollständigkeit halber noch auf die Möglichkeit der Zertifizierung des Qualitätsmanagements hingewiesen. Da dieses jedoch kein integraler Bestandteil des Qualitätsmanagements im Sinne des Neuen Steuerungsmodells ist, soll dieses nur im Ansatz kurz Erwähnung finden.

Der Versuch, Qualitätsmanagementsysteme zu standardisieren, mündet letztlich in der ISO 9000-Reihe, die heute als zentrales Normengefüge für Qualitätsmanagement in über 50 Ländern etabliert ist. Zwar werden mit den Standardisierungsbemühungen vornehmlich die Bedürfnisse der Industrie berücksichtigt, doch sind sie durchaus auch für kommunale Belange von Nutzen. Insbesondere die ISO 9004-2, die sich mit den Besonderheiten einer Dienstleistungsorganisation beschäftigt, ist für die Kommune von Bedeutung.[240] Grob lässt sich sagen,

238 Vgl. Müller, Ulrich (2006): Effektivität, Effizienz, Outcome. In: Voigt, Rüdiger; Walkenhaus, Ralf (Hg.): Handwörterbuch zur Verwaltungsreform. S. 82f.

239 Vgl. Kommunale Gemeinschaftsstelle für Verwaltungsvereinfachung (1995): Qualitätsmanagement. (6). S. 48.

240 Vgl. Kommunale Gemeinschaftsstelle für Verwaltungsvereinfachung (1995): Qualitätsmanagement. (6). S. 17.

dass ISO 9001 bis 9003[241] Forderungen enthalten, die bei der Prüfung von Qualitätsmanagementsystemen einzuhalten sind. Alle Phasen des Leistungserstellungsprozesses unterliegen somit definierten Anforderungen. Die Erfüllung dieser Anforderungen wird überprüft und bei positiver Entsprechung zertifiziert. Dieses Zertifikat sichert dem Kunden zu, dass er dem Leistungserstellungsprozess der Organisation, in diesem Fall der Kommune, Vertrauen schenken kann. Für Dienstleister gelten zudem zum Teil noch höhere Standards als diejenigen, die in der ISO 9001 - 9003 benannt sind. In der ISO 9004-2 sind besonders die Kommunikation mit dem Kunden und die Forderung nach Wirtschaftlichkeit hervorgehoben.[242]

Ob eine Kommune ihr Qualitätsmanagement nach den internationalen Standards ausrichtet und sich infolgedessen zertifizieren lässt, bleibt ihr selbst überlassen. Letztlich muss die Entscheidung durch ein Abwägen der Vor- und Nachteile getroffen werden. Neben dem durch das Zertifikat entgegengebrachten Vertrauen durch den Bürger ist als weiterer Vorteil zu nennen, dass eine Zertifizierung gegenüber Konkurrenten genutzt werden kann, oder aber, dass der Zertifizierungsprozess zur Optimierung des Verwaltungsprozesses herangezogen werden kann. Dem gegenüber steht, dass ein solches Zertifikat nicht dazu zwingt, die Bedürfnisse und Zufriedenheit der Bürger zu ermitteln. Jedoch geradezu den Zwang auslöst, sich einem kostenintensiven Verfahren zur Erlangung eines Zertifikats zu stellen, selbst wenn die eigenen Standards die der ISO-Reihe bereits überschreiten. Immerhin belaufen sich die Kosten für die Zertifizierung auf etwa 20.000 € bis 25.000 € bei einer Gültigkeit von 3 Jahren.[243]

Die Auslassungen machen klar, dass ein kommunales Qualitätsmanagement - unabhängig von Zertifizierungen - für den stringent am Kunden orientierten Dienstleistungsprozess unabdingbar ist. Natürlich sind die damit zusammenhängenden Aufwendungen nicht von der Hand zu weisen. Immerhin wird die Einführung eines Qualitätsmanagementsystems mit etwa 120.000 €[244] veranschlagt. Für den Um-

241 Die einzelnen Qualitätselemente sind nachzulesen bei: Kommunale Gemeinschaftsstelle für Verwaltungsvereinfachung (1995): Qualitätsmanagement. (6). S. 40f.

242 Vgl. ebd. S.18.

243 Vgl. Kommunale Gemeinschaftsstelle für Verwaltungsvereinfachung (1995): Qualitätsmanagement. (6). S. 39ff.

244 Vgl. Kommunale Gemeinschaftsstelle für Verwaltungsvereinfachung (1995): Qualitätsmanagement. (6). S. 39ff.

bau von der Behörde zum Dienstleistungsmanagement ist jedoch ein Bestehen am wettbewerblich orientierten Markt zwingende Voraussetzung und ein garantiert hohes Qualitätsniveau trägt maßgeblich zur Positionierung am Markt bei.

7 Reformaktivierende Elemente

Die einzelnen Reformbausteine sind nun bekannt. Ein Umbau von Strukturen, neue Zielausrichtungen und die Etablierung neuer Controlling-Methoden sind jedoch in gewisser Weise nur Voraussetzungen für eine Reform. Das mag auf den ersten Blick sicherlich ein wenig spitzfindig erscheinen, doch ist der Unterschied zwischen Reformbedingungen und Reformvollzug entscheidend für langfristigen Erfolg. Zwar wird das Neue Steuerungsmodell zu Recht als Reformmodell bezeichnet, jedoch liefert es in erster Linie Handreichungen, die Veränderungsprozesse aufzeigen, um eine Reform erfolgreich vollziehen zu können. Das heißt also, dass die Reform erst durch den Vollzug dieser Neuerungen voll zum Tragen kommt. Anders ausgedrückt: Nicht das Installieren neuer Instrumente bedeutet Reform, es ist lediglich der erste Teil, sondern erst die aktive Nutzung dieser Instrumente führt zur ganzheitlichen Reform.

Wie beim Qualitätsmanagement erkennbar, welches als zirkulärer Prozess gestaltet ist, muss demnach auch die Nutzung der Instrumente als Prozess verstanden werden. Irgendetwas muss also dafür sorgen, dass die Mitarbeiter in der Kommune angehalten sind, die Reformbausteine permanent anzuwenden. Das ist vor dem Hintergrund der Monopolsituation im Kerngeschäft (Meldewesen u. Ä.) besonders wichtig.

Führt eine Monopolstellung doch eben nicht zu Effizienzstreben und Kundenorientierung, sondern eher zum Gegenteil: zu schlechter und teurer Leistung, da Ausweichmöglichkeiten zur Bedürfnisbefriedigung fehlen und deshalb die Nachfrage relativ konstant bleibt.[245]

Die Triebfeder der Reform, durch die solche Monopolsituationen durchbrochen und somit ein eben aufgezeigtes Verhalten nicht ermöglicht wird, ist der Wettbewerb.[246] Das mag im ersten Moment verblüffen, da einerseits von Monopolstellung und andererseits von Wettbewerb die Rede ist, doch kann der Verwirrung mit folgender Erläuterung Abhilfe geschaffen werden.

245 Vgl. Adamaschek, Bernd (1997): Leistung und Innovation durch Wettbewerb. S. 25.

246 Vgl. Budäus, Dietrich (1998): Public Management. Konzepte und Verfahren zur Modernisierung öffentlicher Verwaltungen. S. 38f.

7.1 Realer Wettbewerb

Bei öffentlichen Ausschreibungen ist die Kommune unmittelbar der Konkurrenz privatwirtschaftlicher Anbieter ausgesetzt.[247] Dass in einem solchen Fall die Reforminstrumente greifen, ist nachvollziehbar, da sich der Fachbereich ebenso um den ausgeschriebenen Auftrag bemüht wie die Privatwirtschaft. Da der Auftrag prinzipiell an denjenigen vergeben wird, der bei gleicher Qualität das günstigste Angebot macht, ist die Kommune durchaus gezwungen, effizient zu arbeiten, wozu wiederum die entsprechenden Instrumente vonnöten sind.

Dieser marktwirtschaftliche Wettbewerb ist jedoch nicht durchgängig konsequent und wirft für die Kommune trotz des positiven Effektes, dass das Steuerungsmodell zur vollen Entfaltung gelangen kann, Probleme auf. Die Teilnahme anderer Kommunen am Ausschreibungsverfahren wird von der ausschreibenden Kommune oft mit dem Hinweis des Örtlichkeitsprinzips[248] im Zuge der kommunalen Selbstverwaltung unterbunden. Sie sind folglich vom Wettbewerb ausgeschlossen.

Als problematisch kann es sich im Extremfall erweisen, wenn der Fachbereich den Zuschlag nicht bekommt und somit Personal aus dem betreffenden Bereich umgeschichtet werden muss. Die mangelnde Flexibilität des Personalrechts macht Versetzungen jedoch noch nicht so einfach möglich, sodass einerseits Personal freisteht, wohingegen andere Bereiche bei erfolgreichem Zuschlag von Ausschreibungen Personal einstellen müssen.[249] Abhilfe schafft hier das unter dem Punkt *Personalwesen* bereits erwähnte Regiepersonal. Demnach ist es möglich, das Personal zumindest teilweise in Bereichen aufzufangen, die erhöhten Personalbedarf aufweisen. Im Normalfall hängt die Existenz eines Fachbereichs jedoch nicht von einer einzelnen Ausschreibung ab, sodass die Arbeitsbelastung des Personals aufgrund der anderen im Fachbereich angesiedelten Aufgaben immer noch hoch genug ist.

Vergibt eine Kommune die Ausschreibung an die Privatwirtschaft, so wird von einem Contracting-Out[250] gesprochen. Das bedeutet, die

247 Vgl. Bogumil, Jörg (Hg.) (2001): Verwaltung auf Augenhöhe. Strategie und Praxis kundenorientierter Dienstleistungspolitik. S. 34f.

248 Vgl. ebd. S. 37.

249 Vgl. ebd. S. 35.

250 Vgl. Schaupp, Sabine (2007): Auswirkungen von Public Private Partnerships auf die politische Steuerungsfähigkeit von Kommunen. Theoretische und empirische Untersuchung. S. 31.

Kommune schließt einen Vertrag mit dem privatwirtschaftlichen Unternehmen ab, der zeitlich begrenzt ist und sich auf die in der Ausschreibung angegebene Aufgabe beschränkt. Das Unternehmen verpflichtet sich, das geforderte Leistungsspektrum in voller Höhe und nach Maßgabe der geforderten Qualitätsstandards zu erbringen, und erhält dafür von der Kommune entsprechende Vergütung. Diese Form der öffentlich-privaten Partnerschaft ist in der Literatur auch als Public Private Partnership (PPP) bekannt.[251] Durch dieses Verfahren wird das Aufgabenvolumen der Kommune verringert, da Tätigkeiten ausgelagert werden und sich gleichsam die Leistung der Kommune erhöht, da Fachbereiche mit höherem Personalbedarf nun vermehrt auf Regiepersonal zurückgreifen können.

Liegt die Entscheidung über die Auftragsvergabe bei öffentlichen Ausschreibungen bei der Kommune selbst, muss der Wettbewerb, dem sich die Kommune zu stellen hat, um eine weitere Dimension ergänzt werden. Dem Kunden fällt bei der Inanspruchnahme von kommunalen Leistungen auch eine Wahlmöglichkeit zu. Das ist naturgemäß äußerst selten der Fall, da eine Kommune eine Leistung doppelt anbieten müsste. Solche Fälle sind jedoch durchaus existent und bedürfen daher kurzer Erwähnung.

Ein solchermaßen gelagerter Fall existiert beispielsweise bei den Berliner Standesämtern. Der Bürger hat hier zwar die Wahl (Exit Option)[252] zwischen mehreren Standesämtern, doch reicht das für eine Wettbewerbssituation noch nicht aus. Die Standesämter müssen zudem die Möglichkeit haben, wettbewerbsfähige Elemente zu steuern. Sie können zum Beispiel besonders attraktive Örtlichkeiten zur Trauung anbieten oder die Öffnungszeiten selbst gestalten. Wäre das zentral festgelegt, so gäbe es zwar formell eine „Exit Option" für den Bürger, die aber keinerlei Auswirkungen hätte.[253]

251 Vgl. Schaupp, Sabine (2007): Auswirkungen von Public Private Partnerships auf die politische Steuerungsfähigkeit von Kommunen. Theoretische und empirische Untersuchung. S. 31.

252 Vgl. Bogumil, Jörg (Hg.) (2001): Verwaltung auf Augenhöhe. Strategie und Praxis kundenorientierter Dienstleistungspolitik. S. 39.

253 Vgl. ebd. S. 43.

7.2 Simulierter Wettbewerb

Neben dem marktwirtschaftlichen Wettbewerb existiert die bereits angesprochene Monopolstellung der Kommune im Kernbereich (zum Beispiel: Bauwesen, Sozialhilfe). Auch hier müssen Elemente des Wettbewerbs geschaffen werden, um die Reformelemente dauerhaft anzutreiben. Da hier die Konkurrenzsituation mit der Privatwirtschaft wegfällt, wird sich einer Wettbewerbssimulation zwischen den Kommunen bedient, dem so genannten interkommunalen Leistungsvergleich.[254]

Am simulierten Wettbewerb wird die Notwendigkeit des Wettbewerbs besonders deutlich, da aufgezeigt werden kann, dass ihm nicht nur aktivierende Elemente zugesprochen werden, sondern dass er im gleichen Maße ergänzende Funktion aufweist. Zwar ist die Intention des Neuen Steuerungsmodells, Transparenz bei der Kosten- und Leistungserstellung in Form des Berichtwesens zu erreichen, doch wird deutlich, dass die reine Information noch keine adäquate Verwertbarkeit aufweist. Beispielhaft lässt sich annehmen, dass sich aus der KLR ein Betrag von 20 € pro Leistungserbringung für ein Produkt ergibt. Die reine Zahl ist wenig aussagekräftig und so isoliert schon gar nicht geeignet, um Zielvereinbarungen auf deren Basis auszuhandeln. Es ist ebenso möglich, dass dieser Wert ein absolut ideales Ergebnis darstellt, wie es möglich ist, dass dieser Wert ein äußerst schlechtes Ergebnis ausweist und so eine Steuerung durch Verwaltungsführung oder Politik ernsthaft angebracht ist. Erst der Vergleich mit anderen Kommunen, demnach der simulierte Wettbewerb, gibt Aufschluss darüber, ob hier ein nachahmungswertes Spitzenergebnis vorliegt oder nicht. Die Steuerungsrelevanz und die Aussagefähigkeit des Zahlenmaterials ergeben sich aus dem interkommunalen Vergleich. Voraussetzung ist natürlich, dass die erhobenen Daten in jeder Kommune nach gleichen Regeln ermittelt werden. Die Kopie von in der Privatwirtschaft vorherrschenden Wettbewerbsmechanismen für den interkommunalen Vergleich lassen Steuerungseffekte entstehen, die aufgrund der Leistungstransparenz das Bedürfnis der Kommune nach Anerkennung und den Ehrgeiz, den Kunden durch gute Arbeit zu überzeugen, hervorrufen.[255]

Sind nun die jeweiligen Instrumente in Reinform dargelegt worden und ist somit die erste Frage nach der konkreten Ausgestaltung ein-

254 Vgl. Adamaschek, Bernd (1997): Leistung und Innovation durch Wettbewerb. S. 26f.

255 Vgl. ebd.

zelner Reformelemente beantwortet, so gilt es nun, den Implementationsstand zu ermitteln. Dadurch ist erkennbar, inwieweit das Verwaltungshandeln von den Reforminstrumenten determiniert wird.

8 Implementation des Neuen Steuerungsmodells in die Verwaltungspraxis

Von der Wortbedeutung her ist unter Implementation die Umsetzung von politischen Vorhaben zu verstehen. Die Implementationsforschung untersucht beispielsweise die Umsetzung eines vom Parlament beschlossenen Gesetzes hinsichtlich der institutionellen Rahmenbedingungen. Gleichermaßen berücksichtigt sie die Handlungsebene und analysiert damit die Vorgänge, die für den Vollzug notwendig sind, und deckt mitunter vorhandene Vollzugsmängel und Vollzugsblockaden auf.[256]

Um Aussagen über den Erfolg des Neuen Steuerungsmodells auf kommunaler Ebene machen zu können, ist eine solche Implementation ebenfalls geeignet und notwendig, da sich der Erfolg von Reformen immer erst in der Praxis, demnach im Vollzug zeigen kann. Konkret sollen mithilfe der Untersuchung des Umsetzungsstandes folgende Fragen beantwortet werden:

Erstens ist es von Interesse, welche Instrumente in der Praxis ihre Entsprechung gefunden haben. Das Neue Steuerungsmodell ist - wie bereits bekannt - ein Modell, welches nicht verpflichtend einzuführen ist. Diese Tatsache eröffnet den Kommunen drei Handlungsalternativen. Sie können das Reformmodell entweder ganzheitlich, teilweise oder gar nicht annehmen. Mithilfe der Institutionenevaluation[257] ist der Grad der Implementation festzustellen, da die Veränderung der Organisationsstruktur nach der Reformeinführung ermittelt wird. Gleichermaßen lassen sich auf deren Grundlage Aussagen darüber formulieren, weshalb einige Instrumente bevorzugt in die Praxis übernommen sind und andere nicht.

Zweitens soll eine Antwort auf die Frage gefunden werden, ob die Reformbestrebungen dazu geführt haben, dass die Kommune in der Lage ist, die reformauslösenden Defizite zu beheben. Dazu ist es notwendig, die Performanzveränderungen[258] in den Blick zu nehmen, da die Defi-

256 Vgl. Schmidt, Manfred G. (Hg.) (2004): Wörterbuch zur Politik. S. 310.

257 Vgl. Bogumil, Jörg; Grohs, Stephan; Kuhlmann, Sabine, et al. (Hg.) (2008): Zehn Jahre Neues Steuerungsmodell. Eine Bilanz kommunaler Verwaltungsmodernisierung. S. 14.

258 Vgl. ebd.

zite erst durch verändertes Verwaltungshandeln zu beheben sind. Es werden also neben den institutionellen Veränderungen ebenso jene im Verwaltungshandeln untersucht.

Das methodische Vorgehen ist demzufolge in zwei Schritte gegliedert. Ein eindeutiger Rückbezug von Performanzveränderungen auf einzelne institutionelle Veränderungen ist sicherlich nicht immer einwandfrei möglich, da die Performanz von Verwaltungshandeln von einer Vielzahl beeinflussbarer Faktoren abhängt. Die Ziele und Wirkungen sind nicht eindimensional, sondern einerseits mitunter nur durch ein Zusammenspiel verschiedener NSM-Instrumente zu verwirklichen. Andererseits sind manche Ziele widersprüchlich zueinander, was dazu führt, dass die Instrumente einander hinderlich sind. Ein Beispiel dafür ist die auf der einen Seite geforderte Leistungsverbesserung und die auf der anderen Seite verlangte Kostenreduzierung.[259]

Da der Fokus der Implementation jedoch auf Institutions- und Performanzebene zugleich liegt, ist erkennbar, dass beispielsweise eine mangelnde Leistungsverbesserung nicht zwangsweise bedeutet, dass die entsprechenden Instrumente versagt haben, sondern die Präferenz der Entscheidungsträger für Instrumente zur Kostenreduzierung dafür verantwortlich sein kann. Die Verfolgung des Teilziels der Kostenreduktion hat daher dazu geführt, dass Instrumente, die dem Ziel konträr gegenüberstehen, nicht eingeführt sind. Die Institutionenevaluation hat deshalb - neben dem eigenen erkenntnisleitenden Interesse, was die Präferenz von Instrumenten in der Verwaltungspraxis betrifft - für die anschließende Wirkungsanalyse unterstützende Funktion.

Existiert zum Public Management und im Speziellen zum Neuen Steuerungsmodell eine Fülle fast unüberschaubarer Literatur, so lässt sich dieses Bild leider nicht bei der Suche nach empirischem Datenmaterial in Bezug auf den Implementationsgrad des Modells aufrechterhalten.

Deshalb sind die nachfolgend angeführten empirischen Daten dem 2005 aufgelegten Forschungsprojekt „10 Jahre Neues Steuerungsmodell - Evaluation kommunaler Verwaltungsmodernisierung" entnommen, um auf Grundlage von wissenschaftlich abgesicherten Daten zu

259 Vgl. Wollmann, Hellmut (2004): Evaluation und Verwaltungspolitik. Konzepte und Praxis in Deutschland und im internationalen Kontext. In: Stockmann, Reinhard (Hg.): Evaluationsforschung. Grundlagen und ausgewählte Forschungsfelder. S. 209f.

tragfähigen Aussagen zu gelangen. Die Entscheidung, die Daten dieser Studie zu verwenden, speist sich aus einer Vielzahl von Faktoren. Die Studie ist in der Forschungslandschaft momentan die einzige Studie, die sich nicht auf eine kleine Vorauswahl exemplarisch befragter Kommunen beschränkt, sondern sie hat den Anspruch, die Daten flächendeckend zu erheben. Die Möglichkeit, das Resultat durch eine gezielte Auswahl einzelner Kommunen zu steuern, ist ausgeschlossen, da sich eine Vollerhebung aller deutschen Städte und Gemeinden mit mehr als 20.000 Einwohnern, drei Viertel derjenigen zwischen 10.000 und 20.000 Einwohnern und zwei Drittel der Landkreise ergibt. Die Anzahl der in das Sample aufgenommenen Kommunen beläuft sich insgesamt auf 1565 mit einem Rücklauf von 870 Kommunen.[260] In die Ergebnisse sind ebenfalls andere empirische Studien, Forschungsberichte und Umfrageergebnisse eingeflossen.[261] Ein weiterer Baustein dieser Studie ist die Erhebung qualitativer Daten, die in drei Städten mittels Dokumentenanalysen und Experteninterviews durchgeführt worden ist. Bei der Erhebung sowohl von qualitativen als auch von quantitativen Daten ist der mehrperspektivische Ansatz gewählt worden, um der Möglichkeit der Tendenz zur zu positiven Außendarstellung durch die Verwaltungsspitze entgegenzuwirken beziehungsweise diese durch eine Parallelbefragung der Personalratsvorsitzenden zu relativieren. In Bezug auf die qualitativen Daten geht die Differenzierung sogar noch weiter. Hier werden Akteure unterschiedlicher Hierarchieebenen (Verwaltungsvorstand, Fachbereichsleiter, Amtsleiter) und Funktionsbereiche (Ratspolitiker, Exekutivpolitiker, sektorale Aufgabenfelder) befragt.[262]

Das große Sample an befragten Kommunen, der Einbezug bereits vorliegender Studien und der mehrperspektivische Ansatz bei qualitativen und quantitativen Erhebungen machen die Studie attraktiv, sodass die aus ihr hervorgehenden empirischen Daten für die Implementati-

260 Vgl. Bogumil, Jörg; Grohs, Stephan; Kuhlmann, Sabine, et al. (Hg.) (2008): Zehn Jahre Neues Steuerungsmodell. Eine Bilanz kommunaler Verwaltungsmodernisierung. S. 16.

261 Einbezug vorliegender Surveydaten u. a. vom Deutschen Städtetag und der KGSt. Im Detail: Bogumil, Jörg; Grohs, Stephan; Kuhlmann, Sabine, et al. (Hg.) (2008): Zehn Jahre Neues Steuerungsmodell. Eine Bilanz kommunaler Verwaltungsmodernisierung. S. 16.

262 Vgl. Bogumil, Jörg; Grohs, Stephan; Kuhlmann, Sabine, et al. (Hg.) (2008): Zehn Jahre Neues Steuerungsmodell. Eine Bilanz kommunaler Verwaltungsmodernisierung. S. 19.

on des NSM auf kommunaler Ebene eine fundierte und wissenschaftlich abgesicherte Basis schaffen.

Der Zeitpunkt für eine Implementationsanalyse ist durchaus günstig, da der Beginn der Modernisierungsmaßnahmen in Kommunen in den Jahren 1995 und 1996 seinen Höhepunkt erreicht hat. In den Folgejahren ist die Zahl der Kommunen, die mit Modernisierungsbestrebungen begonnen haben, stetig abgefallen. Die Wahrscheinlichkeit, dass es gegenwärtig oder in naher Zukunft zu einer Neuauflage der Reformeuphorie kommt, kann angesichts dieser Tendenzen als eher gering eingestuft werden. Es sei damit jedoch nicht gesagt, dass der Reformprozess bereits abgeschlossen ist. Vielerlei Instrumente haben sich in der Praxis noch nicht etabliert, sondern befinden sich noch immer im Aufbau. Dies ist nicht weiter verwunderlich, da nicht alle Instrumente zeitgleich eingeführt worden sind, sondern im Hinblick auf die jeweilige Zielausrichtung selektiv vorgegangen worden ist. Die Bereitschaft zur Verwaltungsmodernisierung ist hingegen im gesamten Bundesgebiet vorhanden. Von 870 Kommunen geben 92,4% an, einen Reformprozess auf den Weg gebracht zu haben. 130 Kommunen (14,9%) orientieren sich dabei am Neuen Steuerungsmodell als Ganzes und 66,3% geben an, ausgewählte Instrumente des NSM zu übernehmen. Die übrigen 11% der Reformwilligen verfolgen andere Maßnahmen. Die Auslöser für eine derart hohe Reformfreundlichkeit decken sich im Wesentlichen mit den aufgezeigten Defiziten. Auch die Bürgermeister der befragten Kommunen sehen die prekäre Haushaltslage und die verkrusteten Verwaltungsstrukturen als Antriebsfeder für Reformbemühungen.[263]

Eine flächendeckende ganzheitliche Reform im Sinne des NSM hat sich nach diesen Erkenntnissen bisher nicht bestätigt. Zu diesem Ergebnis kommt auch die Difu-Studie. Von 162 Befragten verfolgen 9,9% eine vollständige Umsetzung des NSM und 67% orientieren sich an einzelnen Instrumenten.[264] Deutschlandweit lassen sich bis dato nur 22 Kommunen als so genannte „Hardliner" einstufen. Das sind diejenigen, die das ganze Repertoire des NSM auf alle Verwaltungsbereiche anwen-

263 Vgl. Bogumil, Jörg; Grohs, Stephan; Kuhlmann, Sabine, et al. (Hg.) (2008): Zehn Jahre Neues Steuerungsmodell. Eine Bilanz kommunaler Verwaltungsmodernisierung. S. 37f.

264 Vgl. Knipp, Rüdiger (2005): Verwaltungsmodernisierung in deutschen Kommunalverwaltungen. Eine Bestandsaufnahme; Ergebnisse einer Umfrage des Deutschen Städtetages und des Deutschen Instituts für Urbanistik. S. 16.

den.[265] Die hohe Zahl derjenigen, die Teile des Neuen Steuerungsmodells in die Verwaltungspraxis übernehmen, gibt jedoch begründete Hoffnung darauf, dass das Modell grundsätzliche Akzeptanz findet und ihm auch zugetraut wird, die bekannten Probleme zu lösen.

Auf Grundlage dieser Erkenntnisse gilt es nun, die einzelnen Instrumente auf ihren Implementationsgrad hin genauer zu untersuchen, um herauszuarbeiten, welche Instrumente besonders Erfolg versprechend sind beziehungsweise sich im Zuge der fortgeschrittenen Zeit seit der Einführung als solche herausgestellt haben und welche nicht. Zudem ist daran anknüpfend erkennbar, ob die positive Wirkung, die dem NSM im Vorfeld zugetragen wird, auch nach der Einführung Bestand hat.

Dazu wird zunächst das Verhältnis von Verwaltung und Politik untersucht. Da die Veränderung des Verhältnisses von Politik und Verwaltung nach Maßgabe des Neuen Steuerungsmodells wegbereitend für die nachfolgenden Instrumente ist, wird dieses einzeln berücksichtigt.

Daran anknüpfend werden die dezentrale Fach- und Ressourcenverantwortung, die Fachbereiche und mit ihnen die Teamstruktur sowie der Abbau von Hierarchieebenen und die Umstrukturierung von Querschnittsämtern zu Service-Stellen als Strukturinstrumente zusammengefasst, da diese sich auf den Umbau der Verwaltungsstrukturen stützen und so deren Wirkungsweisen besser verdeutlicht werden können, weil sie sich zum Teil bedingen oder aufeinander beziehen.

Die Implementation der Produkte, des betrieblichen Rechnungswesens, der Budgets und des Berichtswesens verändern nicht so sehr die institutionellen Strukturen, sondern den Ablauf beziehungsweise den Verwaltungsprozess. Demnach werden sie unter der Überschrift „Prozessinstrumente" ebenfalls zusammen untersucht, da auch hier zusammenhängende Wirkungsmechanismen zu finden sind. Gleichsam bedingen natürlich auch die Strukturinstrumente die Prozessinstrumente und umgekehrt, deshalb ist eine strikte Trennung, wie es die angeführte Zuordnung anmuten lässt, nicht konsequent durchzuhalten und auch nicht erwünscht, sodass durchaus Rückbezüge von Prozessinstrumenten auf Strukturinstrumente vorgenommen werden, um

265 Vgl. Kuhlmann, Sabine (2006): Hat das „Neue Steuerungsmodell" versagt? Lehren aus der „Ökonomisierung" von Politik und Verwaltung. In: Verwaltung und Management, H. 3, S. 149–153.

den komplexen Wirkungszusammenhängen des Neuen Steuerungsmodells gerecht zu werden. Als Drittes wird das Personalmanagement auf dessen Umsetzung hin beleuchtet. Das Personal wird gesondert untersucht, da es zwar innerhalb der Strukturen arbeitet und so sicherlich zum Teil den Strukturelementen zuzurechnen ist, gleichsam aber durch seine Tätigkeit die Prozessinstrumente aktiviert, sodass es diese ebenfalls bedingt. Da sich Struktur- und Prozessinstrumente gleichermaßen auf das Personalmanagement auswirken, soll dieses nicht einem der beiden Bereiche zugeordnet werden, sondern separat betrachtet und so dessen Sonderstellung herausgestellt werden. Daran anknüpfend wird die Außenwirkung der Reform in den Blick genommen und auf ihre Entsprechung in der Verwaltungspraxis untersucht. Darunter fallen zum einen die Kundenorientierung, zum anderen das Qualitätsmanagement. Den Abschluss bilden die Wettbewerbsinstrumente. Bei diesen ist besonders interessant, ob sie ihrer Funktion als reformaktivierende Maßnahmen in der Praxis gerecht werden.

8.1 Verhältnis von Verwaltung und Politik

Hinter der Trennung von Verantwortungsbereichen der Politik und Verwaltung steckt die Absicht, verbesserte Handlungsfähigkeit für beide Seiten herzustellen. Die Politik hat sich nicht weiter um Detailregelungen zu kümmern, sondern ist für die strategische Zielvorgabe zuständig. Die Verwaltung ist daher vor ständigen Eingriffen der Politik in ihr Arbeitsfeld geschützt. Die beiderseitige Konzentration auf getrennte Bereiche soll klare Zuständigkeiten schaffen und Potentiale freisetzen.[266]

Nur etwa 30 %[267] der befragten Kommunen geben an, Modernisierungsbestrebungen in diesem Bereich zu verfolgen. Das mag zunächst verwundern, weil die Trennung von Verantwortungsbereichen im Neuen Steuerungsmodell als wegbereitend für Zielvereinbarungen angesehen wird und die Definition klar gegliederter Kompetenzbereiche den Weg frei macht für effizientere Arbeitsweisen auf beiden Seiten.

266 Vgl. Kommunale Gemeinschaftsstelle für Verwaltungsvereinfachung (1996): Das Verhältnis von Politik und Verwaltung im Neuen Steuerungsmodell. (10). S. 31.

267 Vgl. Bogumil, Jörg; Grohs, Stephan; Kuhlmann, Sabine, et al. (Hg.) (2008): Zehn Jahre Neues Steuerungsmodell. Eine Bilanz kommunaler Verwaltungsmodernisierung. S. 64.

Erklärungsansätze, warum der Prozentwert nicht höher liegt, sind jedoch durchaus zu finden.

Es muss sich bei der Untersuchung nach Präferenzen von Reforminstrumenten immer wieder ins Bewusstsein gerufen werden, welche Ziele mit den entsprechenden Instrumenten verfolgt werden beziehungsweise welches Problem ein Instrument zu lösen in der Lage ist. Es wurde bereits auf die motivierenden Elemente der Kommunalverantwortlichen für reformelle Umstrukturierungen der Behörden hingewiesen. Hier ist ein Grund zu finden, der vermuten lässt, weshalb dieses Instrument nicht einmal bei der Hälfte der Kommunen zum Einsatz kommt: Zur Haushaltsentlastung trägt es nicht bei. Dahingehende Bemühungen stehen aber oben auf der Prioritätenliste der zu beseitigenden Probleme, gefolgt von der Beseitigung verkrusteter Strukturen. Aus diesen als am dringendsten beschriebenen Problemlagen lassen sich auch die Ziele ableiten, die mit der Verwaltungsmodernisierung erreicht werden sollen. Deutlich stehen hier die Leistungsverbesserung der Verwaltung, bessere Bürgerorientierung und Kostenersparnis als Primärziele im Vordergrund. Die Verantwortungsteilung von Politik und Verwaltung nimmt den letzten Platz ein. Nicht einmal 20% der 715 befragten Landräte und Bürgermeister finden die Verwirklichung dieses Zieles „sehr wichtig".[268] Zu ähnlichen Ergebnissen gelangt auch die Difu-Studie. Die Modernisierung der Ratsarbeit belegt dort ebenfalls den letzten Rangplatz, sodass eine Arbeitsteilung zwischen Rat (strategisch) und Verwaltung (operativ) mehrheitlich verneint wird.[269]

Laut NSM-Konzeption ist die Verantwortungsabgrenzung ein wichtiger Schritt zum Umbau der Organisationsstruktur und damit zur Beseitigung verkrusteter Strukturen. Die Primärziele der Verwaltungsspitze lassen auch in der Praxis das Interesse nach effizienteren und flexibleren Strukturen erkennen, doch lassen die Umfragewerte vermuten, dass in der kommunalen Praxis Veränderungen im Hinblick auf effizientere Strukturen anders erreicht werden als mit dem hier diskutierten Instrument.

---

268 Vgl. ebd. S. 38f.

269 Vgl. Knipp, Rüdiger (2005): Verwaltungsmodernisierung in deutschen Kommunalverwaltungen. Eine Bestandsaufnahme; Ergebnisse einer Umfrage des Deutschen Städtetages und des Deutschen Instituts für Urbanistik. S. 18 und 43.

Das belegen auch die Kontrakte, in denen sich die Trennung von Verantwortung manifestiert. Sie haben bisher kaum dazu geführt, dass der Rat sich vermehrt auf strategische Entscheidungen beschränkt. Generell liegt der Prozentsatz der Kommunen, die ein Kontraktmanagement zwischen Rat und Verwaltung eingeführt haben, bei 3,2% in den neuen und 16,8% in den alten Bundesländern.[270] Dementsprechend sind die Eingriffe des Rates ebenfalls wenig rückläufig.

Selbst die Kommunen mit Kontraktmanagement haben keine eindeutige Konzentration des Rates auf strategische Entscheidungen vorzuweisen. Das heißt, selbst bei Existenz des Instrumentes bleibt es faktisch wirkungslos. Eine solche Entwicklung hat sich jedoch abgezeichnet, da eine derartige Form der Umstrukturierung des Verhältnisses von Rat und Verwaltung bereits in der frühen Phase der praktischen Umsetzung als unrealistisch, gar naiv angesehen worden ist. Die Einteilung in „Was" und „Wie" erscheint zu strikt und wurde schon bald aufgelockert.[271] Es muss angesichts dieser Entwicklung angenommen werden, dass der Begriff „Verwaltungsreform" zu wörtlich genommen wird und sich der Rat davon kaum bis gar nicht betroffen zeigt.

Hier wird deutlich, dass zwar Strukturveränderungen gewollt sind, doch begreift sich die Politik nicht oder nur kaum als Teil der Reform. Das kann mehrere Gründe haben. Zum einen - das wurde bereits angedeutet - gibt es für die Praxis bei der Veränderung der Organisationsstruktur im Hinblick auf mehr Leistungsqualität, Kundenorientierung und Kostenersparnis keinen Zusammenhang mit der Notwendigkeit zur Verantwortungsabgrenzung zwischen Rat und Verwaltung.

Zum anderen kann jedoch auch die Angst vor Kompetenzverlusten nicht ausgeschlossen werden. Das ist insbesondere vor dem Hintergrund interessant, dass sich Politiker durch Eingriffe in das Verwaltungshandeln profilieren können und sie das wiederum bei der Wählerschaft zuträglich macht.[272] Sind sie doch für die Menschen ihres

270 Vgl. Bogumil, Jörg; Grohs, Stephan; Kuhlmann, Sabine, et al. (Hg.) (2008): Zehn Jahre Neues Steuerungsmodell. Eine Bilanz kommunaler Verwaltungsmodernisierung. S. 336.

271 Vgl. Bogumil, Jörg (2007): Möglichkeiten und Grenzen der Optimierung lokaler Entscheidungsprozesse. In: Bogumil, Jörg; Holtkamp, Lars; Kißler, Leo, et al. (Hg.): Perspektiven kommunaler Verwaltungsmodernisierung. Praxiskonsequenzen aus dem Neuen Steuerungsmodell. S. 39.

272 Vgl. Bogumil, Jörg; Grohs, Stephan; Kuhlmann, Sabine, et al. (Hg.) (2008): Zehn Jahre Neues Steuerungsmodell. Eine Bilanz kommunaler Verwal-

Wahlkreises verstärkt zuständig und werden in diesem Zusammenhang von den dortigen Einwohnern mit einer Vielzahl von örtlichen Problemen konfrontiert, die vom jeweiligen Kommunalpolitiker zu lösen verlangt werden. Vor diesem Hintergrund ist das Eingreifen in administrative Belange durchaus nachvollziehbar. Für die Verwaltung allerdings ist die stetige Möglichkeit der Intervention durch Politiker hinderlich, zumal der Politiker in vielerlei Hinsicht, die administrativen Aufgabenbereiche betreffend, Laie ist und die fachliche Kompetenz auf Seiten der Verwaltung zu finden ist.[273]

Klar ist, dass die weiteren Instrumente in der theoretischen Konzeption des Reformmodells unter der Prämisse einer Verantwortungsabgrenzung gestaltet worden sind. Ob die anderen Instrumente dennoch in der Lage sind, problemlösend zu fungieren, muss im Einzelfall geklärt werden. Eine klare Abgrenzung von Verantwortung zwischen Rat und Verwaltung, wie es das Neue Steuerungsmodell vorsieht, existiert in der Praxis nicht, sodass dieses Instrument als gescheitert angesehen werden kann. Es ist jedoch falsch, die politische Ebene dafür verantwortlich zu machen. Vielmehr liegen die Ursachen im Instrument selbst und sind somit ein Konstruktionsfehler des Neuen Steuerungsmodells. Das Modell beziehungsweise dessen Konzeptionisten haben eine zu rationale Sicht auf die Kommunalpolitik. Die Handlungszwänge und Verfahrensmuster politischen Machterwerbs und deren Erhalt werden unterschätzt und in dem Zusammenhang die Bedeutung von Informationserwerb und dessen Verarbeitung überschätzt.[274]

8.1.1 Performanzwirkungen

Die verhaltene Anwendung dieses Instruments schlägt sich natürlich auch auf die Performanzwirkung nieder. Die Absicht, durch eine Trennung von politischer und behördlicher Verantwortung die Steuerungsfähigkeit der Kommune zu erhöhen, findet in der Realität nur wenig Entsprechung. Einer Hinwendung zu strategischen Entscheidungen seitens des Rates stimmen nur 1,9% voll und 25,4% eher zu.

---

tungsmodernisierung. S. 67.

273 Vgl. Dieckmann, Jochen (1996): Bürger, Rat und Verwaltung. In: Schöneich, Michael (Hg.): Reformen im Rathaus. Die Modernisierung der Kommunalen Selbstverwaltung. S. 25.

274 Vgl. Bogumil, Jörg (2007): Möglichkeiten und Grenzen der Optimierung lokaler Entscheidungsprozesse. In: Bogumil, Jörg; Holtkamp, Lars; Kißler, Leo, et al. (Hg.): Perspektiven kommunaler Verwaltungsmodernisierung. Praxiskonsequenzen aus dem Neuen Steuerungsmodell. S. 39f.

Das ist das Ergebnis einer Befragung von 145 Bürgermeistern/Landräten und 135 Personalräten.[275] Da sich die Politik in der Realität nicht auf ihre Kernaufgabe, also auf Zielformulierung, beschränkt, ist es einerseits wenig verwunderlich, dass die beabsichtigte Entlastung der Ratsmitglieder kaum eingetreten ist. Sie ist es jedoch, die innerhalb der alten Strukturen für zu wenig Steuerungs- und Kontrollmöglichkeiten der Verwaltung durch den Rat verantwortlich gewesen ist, woraus die Untersteuerung resultiert, die weiter anhält. Die andauernden Eingriffe der Politik in die Umsetzung der Zielformulierungen tragen andererseits zur Übersteuerung bei, da zu starke Kontrolle in Detailfragen verhindert, dass sich die volle Leistungsfähigkeit der Verwaltung entfalten kann, somit Potentiale nicht erkannt werden und das Gefühl der Unverantwortlichkeit in Bezug auf Entscheidungen auf beiden Seiten bestehen bleibt. Die Absicht, mit der Trennung von Verantwortungsbereichen die Basis für ein Beseitigen der Strategielücke zu schaffen, muss angesichts der nachgezeichneten Entwicklung als gescheitert eingestuft werden.

Es ist in der Praxis jedoch nicht nur zu beobachten, dass aufgrund des geringen Implementationsstandes eine Trennung von Zuständigkeiten nicht gegeben ist, sondern dass sich die Situation weiter zu verschärfen droht.

Die Verwaltung ist bemüht, sich gegen die Eingriffe der Politik zu schützen, so führt sie beispielsweise im Bebauungsplan nur Scheinalternativen an, sodass der Rat die vom Baudezernat bevorzugte Lösung beschließt. Falls das Verfahren dennoch eine unbeabsichtigte Wendung nimmt, meldet der Baudezernent bei der Bezirksregierung Bedenken an. Ein solch taktisches Verhalten ist angesichts nachgezeichneter Entwicklungen zwar nachvollziehbar, doch für die Zusammenarbeit nicht vorteilhaft. Wird ein solches Vorgehen aufgedeckt, so passiert Folgendes: Die Politiker sind mitunter mehr als verärgert und beschließen, die Verwaltung zukünftig stärker zu kontrollieren, und die Interventionen nehmen zu.[276]

275 Vgl. Bogumil, Jörg; Grohs, Stephan; Kuhlmann, Sabine, et al. (Hg.) (2008): Zehn Jahre Neues Steuerungsmodell. Eine Bilanz kommunaler Verwaltungsmodernisierung. S. 65.

276 Vgl. Dieckmann, Jochen (1996): Bürger, Rat und Verwaltung. In: Schöneich, Michael (Hg.): Reformen im Rathaus. Die Modernisierung der Kommunalen Selbstverwaltung. S. 25.

Klar ist hingegen, dass die beabsichtigten Wirkungen dieses Instrumentes, namentlich das Verhindern von Interventionen der Politiker in das Verwaltungsgeschehen und damit die Freisetzung von Potentialen beiderseits, die zur besseren Steuerung und Effizienzsteigerung genutzt werden sollen, nur sehr bedingt, allenfalls in einzelnen Kommunen, jedoch keinesfalls flächendeckend eingetreten sind und so die Strategielücke weiter besteht.

8.2 Strukturinstrumente

Dezentralisierungsbemühungen zielen im Kern darauf ab, die Kommune in ihrer Organisationsstruktur flexibler zu gestalten. Es wird versucht, die in der Reformdiskussion in die Kritik geratenen starren Strukturen zu ersetzen, indem durch die Zusammenlegung von Fach- und Ressourcenverantwortung auf die Fachbereiche und die Einführung von Teamstrukturen Hierarchieebenen abgebaut und Befugnisse nach unten verlagert werden, um Entscheidungsverfahren zu beschleunigen. Die Querschnittsämter, die zuvor mit der Zuteilung von Ressourcen beschäftigt waren, werden im Zuge dessen zu Service-Stellen umfunktioniert, die nun nicht mehr zuweisenden, sondern unterstützenden Charakter haben.

Das Bemühen der Kommunen, die dezentrale Fach- und Ressourcenverantwortung zu etablieren, ist in zunehmendem Maße zu beobachten.[277] 33% der 870 Befragten gaben an, die Dezentralisierungsmaßnahmen in der ganzen Verwaltung anzuwenden. In 26% der Fälle finden sich diese Bestrebungen in Teilbereichen realisiert.[278]

Zwar geben diese Daten an, dass sich über die Hälfte der Kommunen mit der Zusammenlegung von Verantwortung innerhalb des Umbaus der Organisationsstruktur beschäftigt, doch sind diese Prozentwerte nur in Teilen aussagekräftig, fehlt hier doch die Aussagekraft darüber, wie weit solche Dezentralisierungsbestrebungen reichen.

277 Vgl. Bogumil, Jörg; Kuhlmann, Sabine (2006): Zehn Jahre kommunale Verwaltungsmodernisierung. Ansätze einer Wirkungsanalyse. In: Jann, Werner (Hg.): Status-Report Verwaltungsreform. Eine Zwischenbilanz nach zehn Jahren. S. 56.

278 Vgl. Bogumil, Jörg; Grohs, Stephan; Kuhlmann, Sabine, et al. (Hg.) (2008): Zehn Jahre Neues Steuerungsmodell. Eine Bilanz kommunaler Verwaltungsmodernisierung. S. 51.

Festgehalten werden kann jedoch, dass die Verlagerung von Verantwortung auf untere Ebenen immer wieder aufgrund starker Haushaltskonsolidierungsmaßnahmen, die auf zentraler Steuerung beruhen, zurückgenommen werden.[279] Ein solches Verständnis von Reforminstrumenten verhindert, dass die ernsthaften Absichten des Reformmodells zum Tragen kommen, da ein nach Belieben gestaltetes Aktivieren und Deaktivieren der Modernisierungsmaßnahmen dazu führt, dass sich die Langzeitwirkungen nur schwer einstellen können.

Doch ist im Vergleich mit den anderen Modernisierungsbereichen auffallend, dass die Dezentralisierung der Organisationsstruktur prozentual am stärksten vorangeschritten ist, sodass es sich lohnt, die einzelnen Bestandteile einmal näher zu untersuchen. Zu dem Zweck sind die Daten, auf die zurückgegriffen wird, nachfolgend in Tabellenform aufgeführt.

279 Vgl. Bogumil, Jörg; Kuhlmann, Sabine (2006): Zehn Jahre kommunale Verwaltungsmodernisierung. Ansätze einer Wirkungsanalyse. In: Jann, Werner (Hg.): Status-Report Verwaltungsreform. Eine Zwischenbilanz nach zehn Jahren. S. 56.

Einwohnerzahl Städte/Gemeinden und Kreise (Kr.)	Fachbereichs-strukturen		Zentrale Steuerungs-unterstützung		Umbau der Querschnittsämter zu Service-Stellen		Dezentrale Controlling-stellen		Abbau Hierarchieebenen		Team-strukturen		N
	GV	TB	GV	TB	GV	TB	GV	TB	GV	TB	GV	TB	
>400.000	33,3	0,0	33,3	22,2	44,4	55,6	44,4	44,4	11,1	66,7	11,1	88,9	9
200.000-400.000	29,4	23,5	11,8	17,6	35,3	41,2	41,2	5,9	35,3	47,1	29,4	47,1	17
100.000-200.000	34,4	21,9	50,0	18,8	21,9	50,0	31,3	28,1	37,5	53,1	15,6	65,6	32
50.000-100.000	53,0	6,1	36,4	7,6	31,8	30,3	22,7	18,2	47,0	33,3	15,2	54,5	66
25.000-50.000	47,4	9,7	25,0	14,2	26,1	21,0	8,5	11,9	34,7	23,3	10,2	34,1	176
10.000-25.000	43,0	7,9	19,4	10,8	16,5	19,7	3,4	8,6	30,2	21,1	14,3	28,7	407
(Kr.) >250.000	57,1	2,9	40,0	14,3	42,9	22,9	28,6	25,7	57,1	25,7	17,1	60,0	35
(Kr.) 150.000-250.000	37,8	8,1	43,2	16,2	54,1	32,4	24,3	21,6	35,1	24,3	24,3	40,5	37
(Kr.) <150.000	35,5	14,5	31,6	11,8	25,0	30,3	10,5	19,7	35,5	23,7	10,5	48,7	76
Gesamt	43,7	9,2	26,0	12,3	24,0	24,3	10,8	13,3	34,4	25,3	14,0	38,2	870

GV= Umsetzung in der Gesamtverwaltung; TB= in Teilbereichen; N= Anz. d. befragten Kommunen in der jew. Größenklasse

Abbildung 4: Prozentuale Umsetzung der Organisationsstruktur nach Größenklassen[280]

280 Bogumil, Jörg; Grohs, Stephan; Kuhlmann, Sabine, et al. (Hg.) (2008): Zehn Jahre Neues Steuerungsmodell. Eine Bilanz kommunaler Verwaltungsmodernisierung. S. 334

Der obigen Grafik ist zu entnehmen, dass über 40% der Kommunen angeben, Fachbereiche in der gesamten Verwaltung eingerichtet zu haben, 9,2% zumindest in Teilbereichen. Die Absicht des Theoriemodells, mit den Fachbereichen eine Basis zu schaffen, auf der Verantwortung gebündelt wird und Aufgaben unter Bürgeraspekten zusammengelegt werden, findet auch in der Verwaltungspraxis Gehör. Aus den Daten lässt sich schlussfolgern, dass der formelle Rahmen, nämlich die Etablierung von Fachbereichen, für eine Dezentralisierung von Verantwortung, durchaus gegeben ist und diesem Instrument Problemlösekompetenz zugesprochen wird. Die Umstrukturierung der Ämter in Fachbereiche bietet die Möglichkeit, gleich mehrere Defizite der bisherigen Verwaltung zu beheben. Das Zusammenführen von Aufgaben unter Bürgeraspekten baut das Zuständigkeitenlabyrinth ab und trägt deshalb gleichzeitig zu erhöhter Kundenorientierung bei. Bessere Bürger- und Kundenorientierung steht auf Platz 2 der Hauptziele von Bürgermeistern und Landräten zur Verwaltungsmodernisierung,[281] was den großen Zuspruch der Praxis zu diesem Instrument unterstreicht. Zudem wird die Verwaltung durch die Ansiedlung der Finanz- und Ressourcenverantwortung innerhalb der Fachbereiche flexibler und löst sich somit von den Vorwürfen, starr und unbeweglich zu sein. Das Theoriemodell hat demnach ein Instrument hervorgebracht, welches neben der Problemlösekompetenz nicht auf Skepsis innerhalb der Kommune stößt, sondern als adäquates Mittel angesehen wird, die Modernisierungsziele zu erreichen. Zudem fügt es sich in bestehende Rahmenrichtlinien, wie beispielsweise gesetzliche Vorgaben, ein, sodass es relativ leicht zu realisieren ist. Es stellt sich nun die Frage, ob die Fachbereiche auch in der Praxis über diejenigen Kompetenzen verfügen, die ihnen das Modell zugedacht hat. Dabei ist auffällig, dass die Einrichtung von Fachbereichen in der gesamten Behörde (43,7%) prozentual häufiger vorkommt als die tatsächliche Verlagerung von Verantwortungskompetenzen (ca. 33,1%).[282]

Das legt die Vermutung nahe, dass die Fach- und Ressourcenverantwortung nicht stringent auf die Fachbereiche umgelegt ist, sodass hier zumindest in Teilen von einer rein äußerlichen Dezentralisierung gesprochen werden kann, die in der Praxis de facto keine Auswirkungen hat. Das wird unterstrichen, indem die Entscheidungen über Personal-

281 Vgl. Bogumil, Jörg; Grohs, Stephan; Kuhlmann, Sabine, et al. (Hg.) (2008): Zehn Jahre Neues Steuerungsmodell. Eine Bilanz kommunaler Verwaltungsmodernisierung. S. 39.

282 Vgl. ebd. S. 334f.

auswahl oft immer noch allein von der Verwaltungsspitze getroffen werden.[283] Laut NSM-Konzeption sollte diese Kompetenz innerhalb des jeweiligen Fachbereichs angesiedelt sein, um so im Zusammenhang mit Finanzmittelentscheidungen dem Dezentralisierungsgedanken Rechnung zu tragen. Dem wird die Praxis nach jetzigem Erkenntnisstand - zumindest im Hinblick auf Personalentscheidungen - nicht in gewünschter Form gerecht.

Genauer lässt sich dieser Umstand beleuchten, wenn ein Blick auf die Kontrakte geworfen wird. Wenn Verantwortung auf untere Ebenen verlagert wird, so bleiben diese Bereiche mittels Kontrakten für die Verwaltungsspitze und für die Politik steuerbar. Das heißt also, wenn Verantwortung nicht nur formell abgegeben wird, müssen Kontrakte zwischen Fachbereichen und Verwaltungsspitze existieren, um eine Steuerungsfähigkeit zu gewährleisten.

Ein solches internes Kontraktmanagement zwischen Verwaltungsführung und Fachbereichen findet jedoch nur in 24,3% Anwendung.[284] Es gibt an dieser Stelle zunächst einmal zwei Möglichkeiten, den Sachverhalt zu bewerten. Zum einen kann das Fehlen von Kontrakten zwischen den Beteiligten als Beleg für eine nur scheinbare Verantwortungskompetenz für die Fachbereiche angesehen werden. Zum anderen ist es jedoch auch denkbar, dass die Verantwortung zwar den unteren Ebenen übertragen worden ist und aufgrund des Fehlens von Kontrakten die Anbindung an die Gesamtverwaltung - demnach die Kontrolle - fehlt, was dem Fachbereich mitunter nicht gewollte Autonomie zusichert. Das erscheint im praktischen Alltag zunächst unwahrscheinlich, weil die Gesamtverantwortung beim Verwaltungschef liegt und demnach unkontrollierbare Autonomiebestrebungen sicher unterbunden werden beziehungsweise gar nicht erst entstehen. Zudem ist bereits auf den noch immer starken Einfluss der politischen Ebene auf die Verwaltung durch immerwährende Eingriffe hingewiesen worden. Auch das unterstreicht den Kontrollanspruch der oberen Ebenen, sodass naheliegend ist, dass mit der Etablierung von Fachbereichen zwar formell der Weg für Verantwortungsdelegation geschaffen ist, ihnen

283 Vgl. Harms, Jens (2006): Die Verwaltungsreform in Berlin - eine Zwischenbilanz. In: Jann, Werner; Röber, Manfred; Wollmann, Hellmut (Hg.): Public Management - Grundlagen, Wirkungen, Kritik. Festschrift für Christoph Reichard zum 65. Geburtstag. S. 336.

284 Vgl. Bogumil, Jörg; Grohs, Stephan; Kuhlmann, Sabine, et al. (Hg.) (2008): Zehn Jahre Neues Steuerungsmodell. Eine Bilanz kommunaler Verwaltungsmodernisierung. S. 45.

jedoch zumindest in Teilen diese nicht zufällt. Autonomiebestrebungen können jedoch auch nicht kategorisch abgelehnt werden, da Rückkopplungsmechanismen zur Informationsverarbeitung defizitär sind. Namentlich ist das Berichtswesen im Rahmen der Steuerungsunterstützung zu nennen. Das wird im weiteren Verlauf erneut aufgegriffen. Ein losgelöstes Planen vom Haushaltszyklus ist für den Fachbereich angesichts der nicht konsequenten Verlagerung von Ressourcenkompetenzen nicht möglich, sodass der eigenverantwortliche und langfristig planende Umgang mit Finanzmitteln nicht in gewünschter Form stattfindet. Die Aufrechterhaltung der Strategielücke ist die Folge.

Zusammenfallend mit der Einführung von Fachbereichen ist ein schwerwiegendes Defizit der bisherigen Organisationsstruktur in Angriff genommen, und zwar hat deren Einführung den Effekt, dass Hierarchieebenen innerhalb der Verwaltung, aufgrund von Ämterzusammenlegungen, dezimiert werden konnten. Die Kommunen reagieren damit auf den bereits angeführten Vorwurf, durch zu starre Hierarchisierung unflexibel zu sein und dementsprechend auf die neu formulierten Anforderungen nicht in erforderlichem Maße reagieren zu können. Zudem ist die vielgliedrige Hierarchie auch für die Attraktivitätslücke in Bezug auf die Unbeliebtheit der Kommune als Arbeitgeber mitverantwortlich gemacht worden, sodass dem mit der Etablierung von Fachbereichen und dem damit verbundenen Einbezug der Mitarbeiter in Zielformulierungen im Rahmen des Kontraktmanagements Abhilfe geschaffen wird.

Das Etablieren von Teamstrukturen innerhalb der Fachbereiche trägt ebenfalls zum Aufbrechen hierarchischer Strukturen bei. Die oben angeführte Tabelle zeigt, dass Teamstrukturen in der Gesamtverwaltung vergleichsweise wenig eingeführt sind. Hier liegt der Wert bei 14%. In Teilbereichen beläuft sich der Wert auf 38,2% und ist damit fast dreimal so hoch.

Das ist einfach zu erklären: Es eignen sich nicht alle Bereiche der Kommune für Teamstrukturen, sodass eine flächendeckende Etablierung dieses Instruments nicht erwartet werden kann.[285] Letztlich führt das zu dem Ergebnis, dass 34,5% der Kommunen angeben, flächende-

285 Vgl. Kißler, Leo (2007): Warum die kommunale Verwaltungsmodernisierung (fast) gescheitert ist oder: Wo bleibt die „Reformdividende" für die Beschäftigten? In: Bogumil, Jörg; Holtkamp, Lars; Kißler, Leo, et al. (Hg.): Perspektiven kommunaler Verwaltungsmodernisierung. Praxiskonsequenzen aus dem Neuen Steuerungsmodell. S. 23.

ckend Hierarchieebenen abgebaut zu haben. Weitere etwa 25% verzeichnen einen derartigen Abbau zumindest in Teilbereichen. Teamstrukturen und Hierarchieabbau ergänzen die mit den Fachbereichen angestrebten Bemühungen. So ist es nicht überraschend, dass auch ihnen keine Skepsis seitens der Kommune gegenübersteht und die Instrumente ebenfalls als hilfreich empfunden werden. Die Implementation von Fachbereichen und, damit verbunden, die Etablierung flacher beziehungsweise flacherer Hierarchiestrukturen ist bezogen auf die Gesamtverwaltung insbesondere auf der Ebene der großen Landkreise (>250.000 Einwohner) und Städte und Gemeinden in der Größenordnung von 50.000 bis 100.000 Einwohnern ein vergleichsweise großer Erfolg. Der Abbau von Hierarchieebenen beläuft sich auf 57,1% beziehungsweise 47% und liegt damit 22,6% beziehungsweise 12,5% über dem Durchschnitt. Ein ähnliches Bild weisen die Zahlen bei der flächendeckenden Umsetzung bei Fachbereichen auf. Der Durchschnittswert von 43,7% wird von den angegebenen Landkreisen um 13,4% und von den Städten und Gemeinden um 9,3% überschritten.[286] Allerdings haben die Städte ab 100.000 Einwohnern im Bezug auf Hierarchieabbau in Teilbereichen alle Prozentwerte, die annähernd oder gar mehr als das Doppelte des Durchschnittswerts von 25,3% erreichen. Ähnlich verhält es sich bei der Einführung von Fachbereichsstrukturen in Teilbereichen. Der Durchschnittswert von 9,2% wird auch hier um mehr als das Doppelte übertroffen, jedoch mit einer Einschränkung. Die Kommunen über 400.000 Einwohner weisen in dieser Kategorie einen Wert von Null auf. Da 9 Städte dieser Größenordnung befragt worden sind und 33,3% Fachbereichsstrukturen in der gesamten Behörde umsetzten, haben die übrigen sechs Städte dieses Instrument nicht in die Verwaltungspraxis übernommen. Eine mögliche Erklärung für die hohen Werte in den angesprochenen Teilbereichen der großen Kommunen ist, dass sie aufgrund ihrer komplexeren Struktur im Vergleich zu kleinen Kommunen die Instrumente schrittweise implementieren und so mit fortschreitender Zeit die gesamte Verwaltung umstrukturieren.

Trotz der Einschränkung ergibt sich anhand dieser Daten das Bild, dass diese Instrumente überwiegend in großen Landkreisen und einwohnerstarken Städten und Gemeinden zur Anwendung kommen. Ob sich gerade die großen Kommunen durch Fachbereichsstrukturen

286 Vgl. Bogumil, Jörg; Grohs, Stephan; Kuhlmann, Sabine, et al. (Hg.) (2008): Zehn Jahre Neues Steuerungsmodell. Eine Bilanz kommunaler Verwaltungsmodernisierung. S. 44.

und damit verbundene dezentrale Steuerung eine bessere Steuerungsfähigkeit der Kommune insgesamt erhoffen, bleibt zu vermuten.

Es gilt jedoch als wahrscheinlich, da diejenigen Städte über 200.000 Einwohner, die Fachbereichstrukturen für die Gesamtverwaltung eingeführt haben, ebenfalls das Kontraktmanagement zwischen Rat und Verwaltung und ein solches zwischen Verwaltungsspitze und untergeordneten Einheiten betreiben.

Weniger große Städte und Kreise weisen im Verhältnis Fachbereich/ Kontraktmanagement keine Symmetrie auf. Der Blick auf die Daten der dezentralen Ressourcenverantwortung stützt die Vermutung ebenfalls, da die großen Städte mehr Verantwortung nach unten verlagern als kleine Städte. Das betrifft ebenso große und mittlere Landkreise im Verhältnis zu kleinen Landkreisen.[287]

Um die Kommune trotz der Bemühungen um dezentrale Strukturen und Verantwortungsdelegation auf unteren Ebenen als einheitliches Gebilde mit klarer Zielausrichtung zu präsentieren, sollen im Rahmen des Neuen Steuerungsmodells die Querschnittsämter zu zentralen Organisationseinheiten beziehungsweise Service-Stellen umfunktioniert werden, um so eine Rückkopplung der unteren Ebenen an die Gesamtverwaltung zu gewährleisten und den Fachbereichen unterstützend bei Seite zu stehen.

Den Umbau von Querschnittsämtern zu Service-Stellen haben 24% im gesamten Verwaltungsbereich und 24,3% in Teilbereichen vollzogen. Die Städte und Gemeinden mit mehr als 400.000 Einwohnern kommen, wenn die Werte aus Teilbereichen und gesamter Verwaltung addiert werden, sogar auf 100%. Die Kommunen mit der Größenklasse von 100.000 - 200.000 Einwohnern weisen ebenso wie diejenigen mit 200.000 - 400.000 Einwohnern noch Werte von über 70% auf. Zwar liegen die großen Kommunen bei der Umsetzung in diesem Bereich im Vergleich zu kleinen Städten und Gemeinden (<100.000 Einwohner) vorne, doch kann dieses bei der Einführung von Steuerungseinheiten, die eine Rückkopplung der Fachbereiche an den Rat sicherstellen, nicht behauptet werden. Hier weist die Tabelle für die Gesamtverwaltung einen Umsetzungsstand von durchschnittlich 26% und in Teil-

287 Vgl. Bogumil, Jörg; Grohs, Stephan; Kuhlmann, Sabine, et al. (Hg.) (2008): Zehn Jahre Neues Steuerungsmodell. Eine Bilanz kommunaler Verwaltungsmodernisierung. S. 45 und 336.

bereichen einen solchen von 12,3% aus. Dass dieses insbesondere ein Projekt für große oder kleine Kommunen ist, ist nicht nachweisbar. Da sich der Rat nicht aus dem Tagesgeschäft der Verwaltung heraushält, ist demnach eine Instanz, die Bericht erstattet, nicht erforderlich und so ist der vergleichsweise geringe Erfolg dieses Instruments zu erklären.

Doch ist auch hier das gleiche Phänomen erkennbar, welches schon im Zusammenhang mit Kontrakten und der Dezentralisierung von Verantwortung angesprochen worden ist. Werden die Werte der Verantwortungsdezentralisierung für die Gesamtverwaltung und der Teilbereiche (33,1%/26,2%) mit denen der zentralen Steuerungseinheit (26%/12,3%) verglichen, so fällt auch hier ins Auge, dass nach Sachlage mehr Verantwortung auf untere Ebenen verlagert wurde als tatsächlich durch entsprechende zentrale Steuerungsstellen an die Gesamtverwaltung rückgekoppelt werden kann. Auch hier kommen erneut die oben bereits dargelegten Möglichkeiten in Betracht. Erneut kann nicht ausgeschlossen werden, dass Verantwortung nur formell auf die Fachbereiche übertragen wird. Falls eine reale Verlagerung von Verantwortung auf die Fachbereiche stattfindet, so sind Autonomiebestrebungen unterer Ebenen nicht auszuschließen.

Der Aufbau von fachbereichsinternen Controllingstellen ist mit einem Wert von 10,8% beziehungsweise 13,3% in Teilbereichen noch niedriger als für die Einführung von Stellen zur Rückkopplung von Steuerungsmechanismen. Kontrakte zwischen Service-Stellen und Fachbereichen finden nur in weniger als 10% der Kommunen statt.[288] Das legt nahe, dass Service-Stellen in ihrer Funktion als unterstützendes Element für die Verwaltungseinheiten kaum in Anspruch genommen werden. Gründe dafür sind durchaus zu finden. Beispielsweise bringt die angebotene Ausgliederung von Dienstleistungen für die Fachbereiche kaum Ersparnis ein.[289] Im Gegenzug ist das Schließen eines Kontrakts und die damit verbundene Leistungsverrechnung ein enormer Aufwand, der Transaktionskosten verursacht, die oft über dem dadurch

288 Vgl. Bogumil, Jörg; Grohs, Stephan; Kuhlmann, Sabine, et al. (Hg.) (2008): Zehn Jahre Neues Steuerungsmodell. Eine Bilanz kommunaler Verwaltungsmodernisierung. S. 54.

289 Vgl. Harms, Jens (2006): Die Verwaltungsreform in Berlin - eine Zwischenbilanz. In: Jann, Werner; Röber, Manfred; Wollmann, Hellmut (Hg.): Public Management - Grundlagen, Wirkungen, Kritik. Festschrift für Christoph Reichard zum 65. Geburtstag. S. 337.

eintretenden Einsparpotential liegen.[290] Dieses Instrument erweist sich demnach für die Praxis als ungeeignet, da seine Handhabung zu aufwendig ist und somit die im Theoriemodell verfolgte Absicht, einen kostensenkenden Effekt zu erzielen, unerreicht bleibt.

Im Ganzen zeigt sich bei den für den Umbau der Organisationsstruktur konzipierten Instrumenten ein durchwachsenes Bild. Insbesondere einwohnerstarke Kommunen sind bei der Umsetzung dieser Instrumente stark engagiert, was dazu führt, dass die Umstrukturierung der Ämter in Fachbereiche, deren teamorientierte Struktur und der damit verbundene Abbau von Hierarchieebenen als Erfolg zu verbuchen ist. Die Prozentwerte sind hier im Vergleich zu den anderen strukturverändernden Instrumenten am höchsten. Dass mit der Einrichtung von Fachbereichen nicht konsequent im gleichen Maße die Verlagerung von Verantwortung auf diese Ebene einhergeht, entspricht nicht der ursprünglichen Konzeption und ist verbesserungswürdig. Ebenfalls ist zu berücksichtigen, dass mit dem Abbau von Hierarchieebenen zwar die Flexibilität der Kommune verbessert wird, dadurch aber auch Aufstiegschancen für die Mitarbeiter genommen werden, sodass die einstige Absicht, durch die Konzeption von Fachbereichen, Teamstrukturen und damit verbundenem Hierarchieabbau die Attraktivitätslücke zu schließen, nicht greift. Die Attraktivitätslücke wird zwar geschlossen, jedoch im gleichen Zug eine andere geöffnet.

An dieser Stelle wird deutlich, dass durch die Implementation des NSM nicht nur Probleme gelöst werden, sondern auch neue entstehen. Ebenfalls problematisch sind die mangelnde Rückkopplung der unteren Ebenen an die Gesamtverwaltung und der bürokratische Aufwand (Leistungsverrechnung, Kontrakte) der Fachbereiche bei der Inanspruchnahme von Dienstleistungen der neu geschaffenen Service-Stellen.

Auch wenn im Durchschnitt keines der bisher genannten Instrumente mehr als 60% aufweist und deshalb sicherlich bis zum heutigen Stand nur von einer Teilimplementation gesprochen werden kann, so ist die Organisationsstruktur dennoch maßgeblich verändert worden, sodass Defizite, die der Verwaltung zur Last gelegt werden, sicher nicht vollkommen behoben, wohl aber dezimiert worden sind. Insbesondere sei

290 Vgl. Bogumil, Jörg; Grohs, Stephan; Kuhlmann, Sabine, et al. (Hg.) (2008): Zehn Jahre Neues Steuerungsmodell. Eine Bilanz kommunaler Verwaltungsmodernisierung. S. 46.

hier auf die Modernisierungslücke verwiesen, die sich aus den unzulänglichen Strukturen der Verwaltung ergibt. Das unbewegliche Gebilde Kommunalverwaltung ist zumindest in Teilen einer flexiblen Organisationsform gewichen. Die sich dadurch ergebenden Veränderungen im Verwaltungshandeln sind wie folgt zu skizzieren.

8.2.1 Performanzwirkungen

Die Wirkungen der einzelnen Instrumente auf das Verwaltungshandeln sind ebenso durchwachsen wie die Implementation der Instrumente selbst. Es fehlt den Kommunen das klare Bekenntnis zu den Instrumenten, doch aufgrund der drückenden Defizite ist ein Verharren in alten Strukturen nicht möglich. Es werden zwar Fachbereiche eingeführt, doch ohne konsequente Verantwortungsübertragung, und an der hierarchischen Struktur wird in der Gesamtverwaltung weiter festgehalten, auch wenn durch die Fachbereiche Hierarchieebenen wegfallen.

Es fällt den Kommunen nicht leicht, eingeschliffene Pfade zu verlassen, dennoch kann dem Umbau der Organisationsstruktur im Zuge der Analyse der Wirkungsmechanismen mitunter Positives abgewonnen werden.

Die Detailfülle an Verwaltungsämtern ist aufgrund der hohen Akzeptanz von Fachbereichsstrukturen in der Verwaltungslandschaft dezimiert worden. Die Bündelung von verwandten Aufgabenbereichen unter dem Dach eines Fachbereichs hat in der Praxis dazu geführt, dass die selektive Problemwahrnehmung gestoppt wird und die Kommune dem Bürger nun als verschlankte Organisation mit klar erkennbaren Zuständigkeiten gegenübertritt. Das viel beschriebene Zuständigkeitenlabyrinth weicht demnach einer Organisationsstruktur, welche die Bedürfnisse der Bürger fokussiert. Zu dieser Einschätzung kommen auch die in der Studie befragten Bürgermeister und Personalräte, wie die angeführte Abbildung zeigt, wobei die Personalräte den positiven Effekten der Instrumente zum Umbau der Organisationsstruktur skeptischer gegenüberstehen als die Bürgermeister und Landräte.

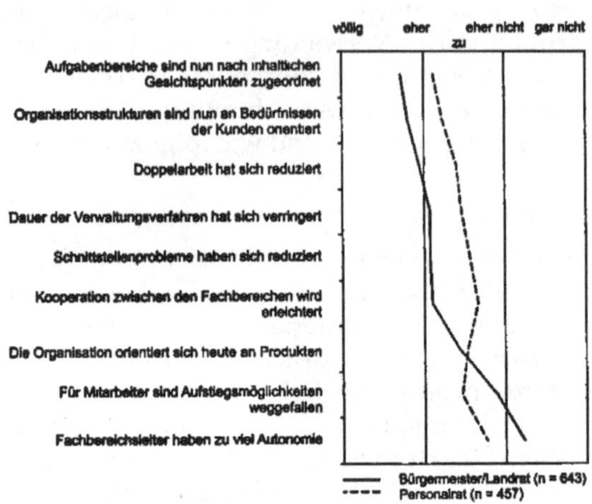

Abbildung 5: Wirkungen des Umbaus der Organisationsstruktur[291]

Durch das Straffen der Organisationsstruktur wird jedoch nicht nur den Forderungen der Bürger Rechnung getragen, sondern es trägt gleichsam zur Effizienzsteigerung des Verwaltungshandelns bei, da sich Doppelarbeit und Schnittstellenprobleme reduziert haben. Die in die Kritik geratene feingliedrige Arbeitsteilung ist durch das Zusammenlegen von Aufgabengruppen in einen Verantwortungsbereich aufgehoben, sodass zusammengehörende Aufgaben auch innerhalb des Fachbereichs bearbeitet werden. Die frei werdenden Potentiale wirken sich zudem positiv auf die Verwaltungsverfahren aus, deren Dauer ebenfalls abgenommen hat. Auch wenn die Personalräte dem skeptischer gegenüberstehen als Landräte und Bürgermeister, verneinen sie die schnellere Sachbearbeitung nicht explizit, sodass hier durchaus von Effizienzgewinnen ausgegangen werden kann, auch wenn die Daten keinen Aufschluss über die Intensität zulassen. Die Absicht des NSM, dem erhöhten Aufgabenvolumen mit mehr Effizienz entgegenzutreten und nicht auf additive Ressourcen zurückzugreifen, zeigt somit in der Praxis erste Erfolge. Die Leistungslücke kann demnach verringert werden, wenn gleichwohl von einer Beseitigung nicht gesprochen werden kann. Dazu sind die zwar in der Tendenz positiven Antworten der Befragten zu zurückhaltend. Zudem ist die Leistungs-

291 Bogumil, Jörg; Grohs, Stephan; Kuhlmann, Sabine, et al. (Hg.) (2008): Zehn Jahre Neues Steuerungsmodell. Eine Bilanz kommunaler Verwaltungsmodernisierung. S. 47.

lücke zu groß, als dass sie mit Verfahrensbeschleunigung allein in den Griff zu bekommen ist. Größere Effizienzgewinne sind da eher im Bereich des Contracting-Out zu erwarten, sodass sicherlich ein Zusammenwirken von Maßnahmen notwendig ist, um das Leistungspensum den Aufgaben anzugleichen. Ob das gelungen ist, wird unter Punkt 8.6 erläutert.

Die Frage nach zu viel Fachbereichsautonomie wird von beiden Gruppen eher verneint, wobei auch hier die Verwaltungsspitze positiver im Sinne des Neuen Steuerungsmodells reagiert. Dies ist im Zusammenhang mit der Verlagerung von Ressourcenverantwortung auf Fachbereiche besonders interessant. So kann für die Behauptung, dass Ressourcenverantwortung nicht stringent dezentralisiert wurde und somit nicht in vorgesehener Form auf Fachbereichsebene angesiedelt ist, ein weiterer Beleg angebracht werden. Ungewollte Autonomiebestrebungen, die zustande kommen, wenn Verantwortung verlagert wird, ohne Rückkopplungsmechanismen zu installieren, werden den unteren Ebenen von Verwaltungsspitze und Personalrat nicht zugesichert, was indirekt den Beweis für eine nur teilweise vollzogene Dezentralisierung von Verantwortung in sich trägt. Dass die Einschätzung der befragten Gruppen nur teilweise richtig ist, wird unter Punkt 8.6 im Kontext interkommunaler Leistungsvergleiche erläutert.

Andernorts ist bereits auf den Wegfall von Aufstiegschancen für die Mitarbeiter durch Hierarchieabbau und damit zusammenfallend auf eine neue Attraktivitätslücke hingewiesen worden. Die Grafik zeigt auf, dass die Auffassungen der Verwaltungsspitze und der Personalräte an diesem Punkt stark unterschiedlich sind. Sehen die Bürgermeister und Landräte die Aufstiegschancen der Verwaltungsmitarbeiter weniger gefährdet, ist die Einschätzung der Personalräte schon pessimistischer, wenn auch nicht dramatisch. Inwieweit der Verlust der Hierarchieebenen durch Anreizeffekte kompensiert werden kann, wird an dieser Stelle zurückgestellt und ist im weiteren Verlauf erneut aufzugreifen.

Zudem sind die Flexibilisierungstendenzen zwar innerhalb des Fachbereichs ausgeweitet worden, was nicht zuletzt an der Bündelung von Aufgaben und der Teamstruktur liegt, doch scheint dies nur bedingt auf fachbereichsübergreifende Strukturen übertragbar zu sein. Zwar sehen die Bürgermeister und Landräte die Kooperation der Fachbereiche untereinander als leichter möglich an, doch auch hier hat der Personalrat einen weitaus skeptischeren Blick.

Rückblickend ist erkennbar, dass sich das Organigramm der Kommunalverwaltung gestrafft hat, was letztlich der Bürgerorientierung dient. Zudem ebnen die Fachbereichsstrukturen und die damit, wenn auch nicht stringent, zusammenfallende Fach- und Ressourcenverantwortung den Weg für die outputorientierte Steuerung. Insbesondere die Transformation von Leistungen in Produkte ist zentraler Bestandteil des NSM-Konzepts und von den Fachbereichen in weitgehender Eigenregie zu bewerkstelligen. In dem Sinne lässt sich sagen, dass sich der Einflussbereich der unteren Ebenen, zumindest was die Entscheidungsspielräume innerhalb des Fachbereichs betrifft, vergrößert haben. Interne Leistungsverrechnungen und das Aushandeln und Ausarbeiten von Kontrakten auf allen Ebenen sind jedoch Phänomene, die das Verwaltungshandeln lähmen und in der Tendenz zu einer Re-Bürokratisierung führen.[292] Zudem sind die erhofften Einsparungen, die mit der Umstrukturierung der Querschnittsämter zu Service-Stellen verbunden sind, nicht eingetreten. Die Service-Stellen sollen den Fachbereichen zwar Dienstleistungen zur Verfügung stellen, sind jedoch keinem Wettbewerbsdruck ausgesetzt und somit nicht genötigt, kostenminimierend zu agieren.[293]

8.3 Prozessinstrumente

Zu den Prozessinstrumenten zählen zum einen die Produkte, von denen ausgehend die inputorientierte Sichtweise auf Verwaltung durch eine nun am Output orientierte ersetzt werden soll. Zum anderen wird durch das betriebliche Rechnungswesen und im Speziellen durch die Kosten- und Leistungsrechnung eine Preiskalkulation möglich, auf deren Grundlage die Fachbereichsbudgets ausgestattet werden. Die dezentrale Ressourcenverantwortung der Fachbereiche sorgt dafür, dass diese über die Budgets im Rahmen der im Kontrakt ausgehandelten

292 Vgl. Bogumil, Jörg; Grohs, Stephan; Kuhlmann, Sabine, et al. (Hg.) (2008): Zehn Jahre Neues Steuerungsmodell. Eine Bilanz kommunaler Verwaltungsmodernisierung. S. 45f.

293 Vgl. Harms, Jens (2006): Die Verwaltungsreform in Berlin - eine Zwischenbilanz. In: Jann, Werner; Röber, Manfred; Wollmann, Hellmut (Hg.): Public Management - Grundlagen, Wirkungen, Kritik. Festschrift für Christoph Reichard zum 65. Geburtstag. S. 337.

Aufgaben verfügen können, und ermöglicht so eine langfristige Planung. Die Überprüfung der im Kontrakt eingehaltenen Vereinbarungen geschieht mithilfe des dafür eingerichteten Berichtswesens, welches der Verwaltungsspitze und der politischen Ebene Kennzahlen vorlegt, mit denen die Einhaltung der Zielvereinbarungen kontrolliert werden kann. So weit die Absicht der Reformkonzeptionisten.

Auf Platz 3 der Hauptziele, die mit dem Vollzug der Reform verbunden werden, ist die Kosteneinsparung, gefolgt von der Kostentransparenz.[294] Insbesondere die drückende Haushaltslage der Kommunen begünstigt das Reformklima, da mit ökonomischen Instrumenten Hoffnungen auf Effizienzsteigerungen verbunden sind, um so der Haushaltskonsolidierung zu entsprechen.

So ist in der Tat zu beobachten, dass Kommunen, die besonders stark vom Druck der Haushaltskonsolidierung betroffen sind, überwiegend auf die betriebswirtschaftlichen Instrumente des NSM zurückgreifen, wohingegen Kommunen mit vergleichsweise günstiger Haushaltsprognose auf Personalmanagement und Kundenorientierung setzen.[295]

Bis heute geben 29% der Kommunen an, Produkte in der Gesamtverwaltung eingeführt zu haben. 9,9% können dieses in Teilbereichen vorweisen und weitere 22,9% sind mit der Konzeption von Produktkatalogen beschäftigt.[296] Im Vergleich zu den Prozentwerten der anderen Prozessinstrumente sind diese Werte nicht sonderlich hoch. Das mag zum Teil überraschen, da die Produkte im Rahmen des Neuen Steuerungsmodells die zentralste Rolle spielen. Auf deren Grundlage fußen die Zielvereinbarungen, die Überführung von Verwaltungsaufgaben in Leistungen und Kosten und, damit zusammenfallend, die Budgetierung, kurz: die Outputsteuerung per se. Doch ist die mangelnde Be-

294 Vgl. Bogumil, Jörg; Grohs, Stephan; Kuhlmann, Sabine, et al. (Hg.) (2008): Zehn Jahre Neues Steuerungsmodell. Eine Bilanz kommunaler Verwaltungsmodernisierung. S. 39.

295 Vgl. Bogumil, Jörg; Holtkamp, Lars; Kißler, Leo, et al. (2007): Konsequenzen aus der Evaluation des Neuen Steuerungsmodells. In: Bogumil, Jörg; Holtkamp, Lars; Kißler, Leo, et al. (Hg.): Perspektiven kommunaler Verwaltungsmodernisierung. Praxiskonsequenzen aus dem Neuen Steuerungsmodell. S. 9.

296 Vgl. Bogumil, Jörg; Grohs, Stephan; Kuhlmann, Sabine, et al. (Hg.) (2008): Zehn Jahre Neues Steuerungsmodell. Eine Bilanz kommunaler Verwaltungsmodernisierung. S. 50.

reitschaft in Hinblick auf Produktdefinitionen aufgrund folgender Entwicklung nachvollziehbar.

Ist zu Beginn der Reformbemühungen durchaus Eifer bei der Überführung von Aufgaben in Produkte zu verzeichnen, so lässt dieser mit fortschreitender Zeit spürbar nach, da der Aufwand in Bezug zum tatsächlichen Nutzen als zu groß wahrgenommen wird. Gut 70% der Kommunen, die Produktdefinitionen betreiben, geben an, zwischen 80 und 100 Prozent der Verwaltungsleistung in Produktkatalogen zusammengefasst zu haben. Diese Kataloge haben einen Umfang von 80-200 Einzelprodukten, in einigen Kommunen wird sogar ein Wert von 1000 Produkten erreicht. Die Definitionen nach Menge, Qualität, Zielgruppe und Kosten führen zu immer detaillierteren Ausführungen, was den Umfang der Kataloge zusätzlich anschwellen lässt. Die auf der Grundlage von Produktkatalogen basierende strategische Steuerung wird angesichts der enormen Größe und Komplexität von Katalogen erschwert und mündet unweigerlich in eine Bürokratie, für die erneut Gefahr besteht, sich in immer feineren Nuancen und Detailregelungen zu verlieren. Gerade das ist jedoch ein Defizit, welches durch die Reform zu beheben versucht wird. Diese Kontraproduktivität in Bezug auf das Beheben von reformauslösenden Defiziten hat dazu geführt, dass viele Kommunen die Produktkataloge weder für die Konzeption von Budgets noch für Haushaltsverhandlungen heranziehen. Gleichsam sind sie kaum Gegenstand von Kontrakten zwischen Politik und Verwaltung, finden jedoch starke Berücksichtigung im Berichtswesen und als Kostenstelle innerhalb der Kosten- und Leistungsrechnung. 14% der Kommunen bescheinigen, dass die Produkte keinen Bezug zu anderen im NSM verankerten Instrumenten aufweisen. Dass die Produkte in Bezug auf deren Anbindung an andere Instrumente geringe Werte zeigen, ist nicht weiter verwunderlich, da bis heute nur etwa 40% der 870 befragten Kommunen eine Produktimplementation vorweisen kann. Doch selbst bei den 338 Kommunen, die Produkte zumindest teilweise eingeführt haben, weisen die Umfragewerte in Bezug auf deren Verwendung bei der Budgetierung nur einen Wert von 51,2% auf. Bei Haushaltsverhandlungen greifen nur 50% auf Produkte zurück, beim Berichtswesen jedoch 64,8% und innerhalb der KLR nutzen gar 66% die Produkte.[297] Es ist erkennbar, dass selbst Kommunen mit Produktkonzept auf eine konsequente Anwendung

297 Vgl. Bogumil, Jörg; Grohs, Stephan; Kuhlmann, Sabine, et al. (Hg.) (2008): Zehn Jahre Neues Steuerungsmodell. Eine Bilanz kommunaler Verwaltungsmodernisierung. S. 51f.

verzichten, was sicher an der ungeheuren Komplexität der Produktkataloge liegt. Aufgrund des großen Aufwands, welchen die Produktdefinition mit sich bringt, bleibt die Frage nach dem adäquaten Nutzen angesichts des nur teilweise beziehungsweise gar nicht vorhandenen Zusammenhangs von Produkten zu weiteren Instrumenten offen beziehungsweise muss mit „sehr gering" beantwortet werden. Sie sind zwar, wie es die NSM-Konzeptionisten vorsehen, Informationsträger, die nach Menge, Qualität und Zielgruppen aufgegliedert sind; insofern wird die praktische Umsetzung der Theorie schon gerecht. Doch sind die Produktkataloge aufgrund ihrer Komplexität und der damit verbundenen Tendenz zur Re-Bürokratisierung nicht geeignet, als zentrales Instrument die Grundlage für outputorientierte Steuerung zu bilden. Eben das ist aber das primäre Ziel, welches innerhalb des Neuen Steuerungsmodells mit der Konzeption von Produkten verfolgt, aber in der Praxis nicht erreicht wird. Es fehlt der Verwaltungspraxis folglich die Basis für outputorientierte Steuerung. Das heißt, es ist angesichts dessen äußerst fraglich, ob die anderen am Output orientierten Instrumente, wie beispielsweise die Budgetierung, ohne den Rückgriff auf eine Basis überhaupt in beabsichtigter Form funktionsfähig sind.

Zudem wird in diesem Zusammenhang ein zweites Problem deutlich. Scheinbar funktioniert die Informationsversorgung mittels des Berichtswesens nicht wie vorgesehen. Auf die Prozentwerte der Kontrakte zwischen den verschiedenen Ebenen ist bereits im Zusammenhang mit den Strukturinstrumenten hingewiesen worden. Doch empfiehlt es sich, das Kontraktmanagement in Bezug auf dessen Inhalt einmal genauer zu betrachten, da aus den oben gemachten Erläuterungen zu Produktkatalogen auffällig ist, dass Produkte zwar kaum Gegenstand von Kontrakten, wohl aber des Berichtswesens sind. Das muss durchaus verwundern, da das Berichtswesen laut Konzeption Daten für Verwaltungsspitze und Politik aufbereiten soll, anhand derer die im Kontrakt formulierten Ziele auf ihr Erreichen hin analysiert werden. Das kann jedoch nur zufriedenstellend funktionieren, wenn das Berichtswesen auch diejenigen Indikatoren enthält, die Gegenstand von Zielvereinbarungen sind. Bei genauerer Betrachtung findet sich hier aber keine Symmetrie. Dies wird beispielsweise bei den Indikatoren zu Baugenehmigungsverfahren deutlich. Findet die Dauer von Verwaltungsvorgängen in 76,9% als Indikator Eingang in Zielvereinbarungen, so finden sie sich nur zu gut 50% im Berichtswesen wieder.

Ebenfalls sind Qualitätsaspekte ein Bestandteil von Kontrakten (34,6%). Sie werden jedoch nur in 9,8% im Berichtswesen berücksichtigt. Es ist zu beobachten, dass das Berichtswesen im Durchschnitt von 22,1% der Kommunen ganzheitlich und in weiteren 20,7% in Teilbereichen zur Anwendung kommt. Das heißt, über 50% der Kommunen haben ein solches System nicht eingeführt.[298]

Der im NSM skizzierte Kreislauf der Informationsaufbereitung und -verwendung greift vielfach nicht, da Kontrakte und Berichtswesen nicht zwingend einheitliche Indikatoren aufweisen - diese aber notwendig sind - oder aber ein Berichtswesen gar nicht existiert. Die Aufgabe des Controllings, einen Ist-Zustand mit den Zielvereinbarungen zu vergleichen, kann auf einer solchen Grundlage nicht ausgeführt werden.

Das Beschränken der Politik auf strategische Steuerung, was aufgrund der Einzeleingriffe der Politik nicht stattfindet (vgl. Punkt 8.1), ist unter diesen Umständen gar nicht möglich. Im Zuge dessen kann sich natürlich auch das strategische und operative Controlling nicht entfalten, was die niedrigen Prozentwerte der zentralen Steuerungseinheiten und dezentralen Controllingstellen erklärt. Das Ziel, dass durch das Controlling Potentiale in der Verwaltung freigelegt werden und so die Leistungslücke ohne additive Ressourcen abgebaut werden kann, ist in der Praxis nicht erreicht.

Bisher hat sich die Trennung von Aufgabenbereichen für die Politik und Verwaltung ebenso wenig durchgesetzt wie die Steuerung über Regelkreise mit etablierten Service-Stellen, die durch permanente Aufbereitung relevanter Daten den Informationsfluss der verschiedenen Ebenen sicherstellen und so zur strategischen Steuerung beitragen. Dass sich diese beiden Instrumente mitunter bedingen, ist klar, da ohne strategische Steuerung keine Trennung von „Was" und „Wie" Bestand haben kann und umgekehrt. Die Frage ist an dieser Stelle, ob die erhofften Einsparungen und damit die Erhöhung der Effizienz, die maßgeblich die Entscheidungen der Kommunen für eine Modernisie-

298 Vgl. Bogumil, Jörg; Grohs, Stephan; Kuhlmann, Sabine, et al. (Hg.) (2008): Zehn Jahre Neues Steuerungsmodell. Eine Bilanz kommunaler Verwaltungsmodernisierung. S. 55 und 335.

rung unter Verwendung des NSM-Leitbildes beeinflusst haben, noch realistisch sind.

Zwar sind durch die Zusammenlegung von Aufgaben Schnittmengenprobleme und Doppelbearbeitung dezimiert worden, was, da sind sich Bürgermeister, Landräte und auch Personalräte einig, schon Einsparerfolge mit sich gebracht hat, doch ist über deren Höhe nichts bekannt. Zudem bringen - darauf ist bereits verwiesen worden - auch die Service-Stellen nicht den erhofften Effizienzgewinn, da die Transaktionskosten die minimalen Gewinne übersteigen und der Aufwand durch das Schließen von Kontrakten zwischen Service-Stelle und Fachbereich ohnehin zu aufwendig ist. Bisherige Bemühungen zur Leistungssteigerung sind demnach erfolglos. Umso interessanter ist es, einen Blick auf die Budgetierung zu werfen, um herauszufinden, ob die Verwaltungsmitarbeiter durch geschicktes Wirtschaften die Budgetgrenzen nicht ausschöpfen und so Einsparungen erzielen.

Die Budgetierung ist eng mit dem Gelingen von dezentraler Fach- und Ressourcenverantwortung verknüpft, wird doch durch die outputorientierten - und somit auf der Grundlage von Leistungserbringung ausgehandelten - Budgets die Verantwortung der Ressource Kapital in die Obhut des Fachbereichs gestellt.

Der Fachbereich muss nun die im Kontrakt vereinbarten Ziele mit den gegebenen Mitteln erzielen, womit die Konzeptionisten ein höheres Maß an Wirtschaftlichkeitsdenken der Mitarbeiter verbinden. Der Anreiz, dass nicht benötigte Kapitalressourcen im Fachbereich verbleiben, soll die Effizienzbestrebungen der Mitarbeiter zusätzlich unterstützen. Damit werden die Grenzen des Haushalts im Fachbereich verankert und es wird der Möglichkeit von neuen Mittelanforderungen entgegengewirkt, was letztlich auch das bereits beschriebene Phänomen des „Dezemberfiebers“ unterbinden soll.[299]

Viele Kommunen haben in diesem Instrument ein wirksames Mittel zur Haushaltskonsolidierung gesehen und unter diesen Umständen ist es weniger überraschend, dass die Budgetierung in Bezug auf die anderen Steuerungsinstrumente den höchsten Umsetzungsgrad erreicht.

299 Vgl. Holtkamp, Lars (2007): Perspektiven der Haushaltskonsolidierung und das Neue Steuerungsmodell. In: Bogumil, Jörg; Holtkamp, Lars; Kißler, Leo, et al. (Hg.): Perspektiven kommunaler Verwaltungsmodernisierung. Praxiskonsequenzen aus dem Neuen Steuerungsmodell. S. 46.

33,1% der Kommunen haben die Budgets flächendeckend und weitere 34,4% in Teilbereichen eingeführt.[300]

Doch sind auch hier Abweichungen zwischen realer Umsetzung und theoretischer Konzeption zu verzeichnen. Beispielsweise hat sich die Tendenz entwickelt, dass die Fachbereiche bei Budgetüberschreitungen auf Nachverhandlungen setzen, was dem eigentlichen Gedanken nach wirtschaftlichem Handeln völlig widerspricht. Die Budgetgrenzen sind aufgrund dessen nicht in erforderlichem Maße im Fachbereich verinnerlicht. Die Folge sind zentrale Eingriffe der Kämmerei beziehungsweise der Verwaltungsspitze (z. B. Haushaltssperre). Demnach wird erneut in die Ressourcenverantwortung der Fachbereiche eingegriffen.[301]

Zudem greift der in der Theorie formulierte Anreiz, dass bei Einsparungen, die auf die Wirtschaftlichkeit des Fachbereichs zurückzuführen sind, die Budgetüberschüsse im Fachbereich verbleiben, nur teilweise. Lediglich 40% der Kommunen gewähren einen zumindest teilweisen Verbleib der Restmittel im Fachbereich.[302] Oft werden die Restmittel abgezogen, um den Gesamthaushalt zu konsolidieren. Dass angesichts solcher Praktiken auch einst motivierte Fachbereiche zu alten Mustern greifen und somit nach bewährter „Dezemberfieber-Methode" agieren, ist nachvollziehbar. Ein langfristiges und strategisches Planen ist dem Fachbereich so nicht möglich, sodass auch die Budgetierung nicht die Strategielücke beheben kann. Hinzu kommt, dass kurzfristige Einspareffekte erwünscht sind. Sind solche Effekte nicht mehr oder minder unmittelbar zu erkennen, so werden die Budgetierungsregeln geändert. Dass sich Einspareffekte mitunter erst langfristig einstellen und dem Instrument damit Raum gegeben werden muss, zu wirken, daran wird allein schon deshalb nicht geglaubt, weil dies das typische Argument der Fachbereiche ist, um gegenwärtig höhere Finanzmittel-

300 Vgl. Bogumil, Jörg; Grohs, Stephan; Kuhlmann, Sabine, et al. (Hg.) (2008): Zehn Jahre Neues Steuerungsmodell. Eine Bilanz kommunaler Verwaltungsmodernisierung. S. 52.

301 Vgl. Holtkamp, Lars (2007): Perspektiven der Haushaltskonsolidierung und das Neue Steuerungsmodell. In: Bogumil, Jörg; Holtkamp, Lars; Kißler, Leo, et al. (Hg.): Perspektiven kommunaler Verwaltungsmodernisierung. Praxiskonsequenzen aus dem Neuen Steuerungsmodell. S. 47.

302 Vgl. Bogumil, Jörg; Grohs, Stephan; Kuhlmann, Sabine, et al. (Hg.) (2008): Zehn Jahre Neues Steuerungsmodell. Eine Bilanz kommunaler Verwaltungsmodernisierung. S. 53.

forderungen zu rechtfertigen.[303] Es ist jedoch zu leicht, das sich Verlassen der Fachbereiche auf Nachverhandlungen als Auslöser für die skizzierte Situation auszumachen. Die Produktkataloge sind zu umfangreich. Die Kennziffern des Berichtswesens sind zum Teil nicht mit den Zielvereinbarungen im Kontrakt identisch, beziehungsweise das Produktkonzept findet keine Erwähnung in Kontrakten. So erfolgt mit der Vergabe von Budgets keine verpflichtende Verständigung auf zu erreichende Ziele oder auf damit zu vollziehende Leistungen.[304]

Das hat zur Folge, dass kaum von outputorientierter Budgetierung gesprochen werden kann. Nur rund 16% der Budgets können als Budgetierung mit Outputorientierung angesehen werden. Demnach existieren mehrheitlich Budgets, die rein inputorientiert sind, da sie keine Anbindung zu Ziel- oder Leistungsvorgaben aufweisen.[305] Folglich sind bei der Budgetierung - gemessen an der theoretischen Konzeption - Fehlentwicklungen zu erkennen, die auf der mangelnden Umsetzung vorhergehender Instrumente beruhen. Auch die KGSt macht die selektive Umsetzung einzelner Instrumente für die in der Praxis vorhandenen Probleme des NSM verantwortlich. Doch rechtfertigt sie die Umsetzung einzelner Instrumente nicht, indem sie auf Konzeptionsfehler im Reformmodell hinweist, sondern macht deutlich, dass das Neue Steuerungsmodell als Ganzes zu betrachten ist, damit die in der Theorie beschriebenen Wirkungsmechanismen greifen, sodass sie eindeutig die mangelnde Umsetzung in den Kommunen als problemauslösend und nicht als Folge identifiziert. Dass diese Annahme zumindest in Bezug auf Budgetierung als haushaltskonsolidierendes Instrument nicht stimmt, erklärt folgender Sachverhalt:

Aushandlungsprozesse sind im Hinblick auf konsequente outputorientierte Steuerung und dezentrale Verantwortungsübertragung unabdingbar. Verhandlungen über Ziele und damit verbundene Indikatoren sind jedoch mitunter langwierig und verhindern schnelle Entscheidungen. Eine Abkehr von dezentraler hin zu zentraler Steuerung, wie sie bereits in vielen Kommunen zu beobachten ist, macht

303 Vgl. Holtkamp, Lars (2007): Perspektiven der Haushaltskonsolidierung und das Neue Steuerungsmodell. In: Bogumil, Jörg; Holtkamp, Lars; Kißler, Leo, et al. (Hg.): Perspektiven kommunaler Verwaltungsmodernisierung. Praxiskonsequenzen aus dem Neuen Steuerungsmodell. S. 47.

304 Vgl. Bogumil, Jörg; Grohs, Stephan; Kuhlmann, Sabine, et al. (Hg.) (2008): Zehn Jahre Neues Steuerungsmodell. Eine Bilanz kommunaler Verwaltungsmodernisierung. S. 26.

305 Vgl. ebd. S. 53.

schnelle Entscheidungen möglich. Um kurz- bis mittelfristig eine Konsolidierung des Haushaltes zu erreichen, muss die Verwaltungsführung in Zusammenarbeit mit der Kämmerei Sparvorschläge erarbeiten, die inputorientiert durchgesetzt werden. Dabei werden beispielsweise die Budgets der einzelnen Fachbereiche einheitlich um einen bestimmten Prozentsatz beschnitten, um so durch Einsparungen der Haushaltskonsolidierung Rechnung zu tragen. Haushaltskonsolidierung ist demnach mit zentral gesteuerten Vorgaben zu erreichen. Das ist nicht nur innerhalb der internationalen vergleichenden Staatstätigkeitsforschung die vorherrschende Meinung, sondern war in den 1980er Jahren ebenfalls das empfohlene Vorgehen der KGSt.[306] Hier liegt der Fehler also nicht bei den Kommunen, sondern ist eindeutig auf die Konzeption zurückzuführen. Allerdings kann nicht abschließend geklärt werden, ob die outputorientierte Budgetierung und die damit zusammenfallende ökonomische Handlungsmaxime innerhalb der Fachbereiche nicht doch langfristig Erfolg versprechend ist. Dazu ist eine völlige Entfaltung dieses Instruments notwendig, was wiederum eine, wie in der Theorie beabsichtigte, Funktionsfähigkeit vorgelagerter Instrumente bedingt. Darauf weist auch die KGSt in ihrem Bericht über Budgetierung als Steuerungsinstrument für kommunale Haushalte ausdrücklich hin.[307] Da dies jedoch in der Praxis nicht umsetzbar ist, bleibt das Ziel der Budgetierung, Eigenverantwortlichkeit und Flexibilität des Fachbereichs in Bezug auf Finanzmittel im Rahmen der dezentralen Ressourcenverantwortung herauszustellen, in vielen Fällen unerreicht. Gleiches gilt für die durch die Budgetierung erhofften Effizienzpotentiale, die letztlich zu Einsparungen führen sollen, um so zur Haushaltskonsolidierung beizutragen. Da ersichtlich ist, dass nur ein geringer Teil der Budgets unter outputorientiertem Fokus vergeben wird, dass zuvor beschriebene Instrumente aufgrund mangelnder Anbindung zu anderen Maßnahmen ebenso wenig zur Outputorientierung beitragen wie beispielsweise die Produkte und zudem die dafür notwendige Rückkopplung nicht funktioniert, da unterschiedliche Inhalte verglichen werden, muss die Steuerung über den Output als gescheitert angesehen werden.

306 Vgl. Holtkamp, Lars (2007): Perspektiven der Haushaltskonsolidierung und das Neue Steuerungsmodell. In: Bogumil, Jörg; Holtkamp, Lars; Kißler, Leo, et al. (Hg.): Perspektiven kommunaler Verwaltungsmodernisierung. Praxiskonsequenzen aus dem Neuen Steuerungsmodell. S. 48ff.

307 Vgl. Kommunale Gemeinschaftsstelle für Verwaltungsvereinfachung (1993): Budgetierung: Ein neues Verfahren der Steuerung kommunaler Haushalte. (6). S. 7.

Um Kostentransparenz für die Entscheidungsträger, aber auch für die Mitarbeiter herzustellen, geht das Neue Steuerungsmodell den Weg über das betriebliche Rechnungswesen. Die Bestandteile und Absichten sind unter Punkt 6.5 eingehend dargelegt. Nun ist von Interesse, ob dieses Instrument den Einzug in die Praxis geschafft hat und ob es die ihm zugeschriebenen Wirkungsmechanismen entfalten kann. Ist doch das Ermitteln der Kosten, die ein Produkt verursacht, und damit eine Relation von Kosten und Leistungen herzustellen, notwendig, um vom Output ausgehende Steuerungsverfahren zu betreiben. Schließlich bildet doch die Kosten/Leistung-Relation die Grundlage für kostendeckende Gebührenerhebung und somit für wirtschaftliches Arbeiten innerhalb der Kommune. Insbesondere die KLR knüpft eng an das Produktkonzept an, da Produkte als Kostenstellen fungieren. So ist die KLR einer der wenigen Bereiche, in dem auf die Produktkonzeption zurückgegriffen wird.

Wie bereits dargelegt, findet eine Outputsteuerung in der Praxis kaum konsequent statt, da sich die Politik nicht auf die strategische Steuerung beschränkt, sondern im Verwaltungsalltag immer noch zahlreiche Eingriffe auszumachen sind. Zudem ist im Rahmen der Haushaltskonsolidierung eine vorwiegend zentral gesteuerte Budgetzuweisung zu verzeichnen, sodass auch hier die Inputsteuerung dominiert. Die Frage, warum im Rahmen der Kosten- und Leistungsrechnung Preise für Produkte kalkuliert werden, die ohnehin nur geringe Anbindung an andere Instrumente haben, die weder für die Budgetierung herangezogen werden noch innerhalb von Zielvereinbarungen eine gewichtige Rolle spielen, ist durchaus angebracht und wie folgt zu beantworten.

Klar ist, dass die Landesregierungen weiterhin an der Reform des öffentlichen Haushaltswesens festhalten, da damit noch immer effizienteres Handeln (und somit der Forderung nach einem „schlanken Staat" entsprochen) wird und mehr Transparenz verknüpft werden.[308]

So kommt es, dass die in der zugrunde liegenden Studie befragten Kommunen zu über 50% angeben, an der Einführung eines doppischen Haushaltes zu arbeiten. 8% weisen gegenwärtig zumindest in Teilbereichen eine abgeschlossene Umsetzung hiervon auf. Die Kosten- und Leistungsrechnung ist heute in 12,7% der Kommunen flächende-

308 Vgl. Lüder, Klaus (2001): Neues öffentliches Haushalts- und Rechnungswesen. Anforderungen, Konzept, Perspektiven. S. 12ff.

ckend eingeführt, in weiteren 33,1% in Teilbereichen und in 27,1% der Fälle befindet sie sich im Aufbau. Ähnlich wie es bei den Produktkatalogen der Fall ist, findet auch die KLR keine konsequente Anbindung an andere Instrumente des Neuen Steuerungsmodells. Am häufigsten (über 50%) wird sie von denjenigen Kommunen, die eine KLR bereits eingeführt haben, für interne Leistungsverrechnungen herangezogen, welche jedoch aufgrund ihres bereits erwähnten, hohen Aufwandes und der daraus resultierenden Transaktionskosten in der Kritik stehen. Knapp über 40% nutzen die KLR zur Kalkulation von Kosten, um Preise für einzelne Produkte festzulegen.[309] Das Instrument trägt demnach dazu bei, dass die Kommune nicht nur Kenntnis von Einnahmen und Ausgaben, sondern auch von Kosten und Leistungen hat, und schafft so die Voraussetzung, effizient zu arbeiten. Warum nun also Preise kalkuliert werden, scheint zumindest nachvollziehbar. Zwar wird auf der Grundlage von Produkten und den dazugehörigen Preisen keine Budgetierung vorgenommen, es lassen sich dennoch positive Entwicklungen abzeichnen, die über die bloße Kenntnis von Kosten hinausgehen. Eine kostendeckende Abgabe von Leistung führt zu einem Ausgleich des Erfolgssaldos, was darin mündet, dass in der Bestandsrechnung weniger Fremdmittel aufgebracht werden müssen.[310] Langfristig trägt eine kostendeckende Abgabe von Leistung zur Haushaltskonsolidierung bei. Zur Erstellung des Haushaltsplanes wird die KLR jedoch nur in 17% der Kommunen herangezogen,[311] sodass auch dieses Instrument in der Praxis nicht den vollen Rahmen des ursprünglich zugedachten Einsatzbereiches abdeckt. Wichtiger noch als die Zurechnung von Kosten zu Produkten und daraus eventuell abgeleitete Gebühren ist die nun mögliche periodengerechte Zuweisung von Aufwand, der auch innerhalb der jeweiligen Periode erwirtschaftet werden muss. Zwar ist die gegenwärtige Kostentransparenz durch die Kosten- und Leistungsrechnung und das Gewinnen von wirtschaftlich relevanten Kennzahlen aus der Finanz-, der Bestands- beziehungsweise Ergebnisrechnung derzeit aufgrund der noch sehr unterentwickel-

309 Vgl. Bogumil, Jörg; Grohs, Stephan; Kuhlmann, Sabine, et al. (Hg.) (2008): Zehn Jahre Neues Steuerungsmodell. Eine Bilanz kommunaler Verwaltungsmodernisierung. S. 53.

310 Vgl. Meyer-Pries, Dierk (1996): Das kommunale Haushalts- und Rechnungswesen als Managementinstrument. In: Schöneich, Michael (Hg.): Reformen im Rathaus. Die Modernisierung der Kommunalen Selbstverwaltung. S. 141.

311 Vgl. Bogumil, Jörg; Grohs, Stephan; Kuhlmann, Sabine, et al. (Hg.) (2008): Zehn Jahre Neues Steuerungsmodell. Eine Bilanz kommunaler Verwaltungsmodernisierung. S. 53.

ten Implementation gering, die Bemühungen, den Aufbau eines doppischen Haushalts betreffend, geben aber Anlass zur Hoffnung, dass sich der Nutzen dieses Instruments weiter erhöht und somit auch der intergenerativen Gerechtigkeit zukünftig vermehrt Rechnung getragen wird.

8.3.1 Performanzwirkungen

Wird nun nach den Wirkungen der Prozessinstrumente gefragt, die letztlich die Wende von der Input- zur Outputsteuerung vollziehen sollten, so muss sich unweigerlich noch einmal der dahinter stehende Zweck vergegenwärtigt werden. Durch die Outputsteuerung soll der Fokus auf die zu erbringende Leistung und auf die mit ihr in Verbindung stehenden Kosten gelegt werden, damit effizienteres Wirtschaften möglich ist. Wird das effiziente Wirtschaften an getätigten Einsparungen gemessen, so sind sich Bürgermeister/Landräte und Personalräte einig darüber, dass Einsparungen erzielt werden konnten. Ebenfalls wird von beiden Parteien bestätigt, dass Mitarbeiter nun kostenbewusster handeln. Dass ein kostenbewusstes Handeln zu Einspareffekten führt, klingt logisch, geht jedoch völlig konträr zu den in den Fallanalysen der Studie erhobenen Daten. Zwar wird das gestiegene Kostenbewusstsein der Mitarbeiter auch in den Fallstudien bestätigt, jedoch führt das in den Beispielkommunen nicht zu eindeutigen Einsparungen. An dieser Stelle bleibt offen, ob die wahrgenommenen Einsparungen in der Tat mit dem Modernisierungsprozess im Rahmen des Neuen Steuerungsmodells zusammenfallen. Eine objektive Beurteilung dieses Sachverhalts ist aufgrund der mangelnden Datenlage nicht möglich. Für einen aussagekräftigen Zeit- und Quervergleich sind die dafür notwendigen Produktkosten vielerorts nicht vorhanden.[312]

Im Zuge dessen kann nicht abschließend ausgeschlossen werden, dass die wahrgenommenen Einsparungen von parallel zum NSM betriebenen Maßnahmen, wie beispielsweise dem Stellenabbau, herrühren.

Ebenso kann demnach kein Zusammenhang von Einsparungen und Outputfokussierung hergestellt werden. Wie bereits die Implementationsdaten der einzelnen Instrumente belegen, ist ein Wechsel von der Input- zur Outputorientierung kaum konsequent vollzogen. Da-

312 Vgl. Bogumil, Jörg; Grohs, Stephan; Kuhlmann, Sabine, et al. (Hg.) (2008): Zehn Jahre Neues Steuerungsmodell. Eine Bilanz kommunaler Verwaltungsmodernisierung. S. 59 und 84.

mit einhergehend bereitet die Ausgestaltung des Outputs in der Praxis Schwierigkeiten. Oft wird sich darauf beschränkt, den Output zu dem Input in Beziehung zu setzen. Das heißt, es wird gesagt, dass für eine Leistungserbringung ein bestimmter Input nötig ist. Die konkrete Ausgestaltung des Outputs im Sinne von dessen Verknüpfung mit Qualitätsindikatoren beziehungsweise Wirkungsindikatoren bleibt außen vor.[313] Ein Grund dafür ist sicherlich die Schwierigkeit, entsprechende Indikatoren zu finden. Es ist nicht klar, in welcher Weise beispielsweise ein kostenloses Beratungsgespräch operationalisiert werden soll. Wird ein Zeitfenster für eine solche Beratung als Indikator herangezogen, so wird das mitunter dem Bürger und somit dem Qualitätsaspekt nicht gerecht, da eine kompetente und umfassende Beratung nicht immer in vorgegebener Zeit möglich ist. Hier wird unweigerlich an das nächste Problem angeknüpft. Wie bemisst sich Qualität in einer Behörde? Eine Möglichkeit ist es, die Kundenzufriedenheit einzubeziehen. Sind dann beispielsweise Beratungsdauer und Kundenzufriedenheit als Indikatoren relevant, so stellt sich die Frage nach deren Gewichtung. Die Langwierigkeit dieses Prozesses wird deutlich und ebenfalls der damit verbundene Aufwand. Es lässt sich erahnen, dass bei einer durchschnittlichen Produktanzahl von 300 die individuelle Ausgestaltung von Messgrößen praktisch kaum lösbar ist.

Der zu Beginn der Reformbewegung postulierte Paradigmenwechsel ist folglich in der Praxis nicht zu finden. Im Gegenteil:

Vielerorts sind Re-Bürokratisierungstendenzen auszumachen (Produktkataloge) und die outputorientierte Vergabe von Budgets scheint im Zuge erzwungener Sparmaßnahmen eher kontraproduktiv zu sein. Ohne Zweifel bringen die Prozessinstrumente, insbesondere die KLR, Kostentransparenz und Wirtschaftlichkeitsdenken mit sich, da nun Informationen bereitstehen, die über die Finanzrechnung hinausgehen, und das Berichtswesen beispielsweise über Kostenentwicklungen und Fehlentwicklungen informiert.

Die erhofften Flexibilisierungstendenzen, die in Form von Zielvereinbarungen mehr Autonomie auf untere Ebenen verlagern und so zu schnelleren Entscheidungsverfahren führen, sind nicht eingetreten, da die Politik weiterhin auf Einzeleingriffe setzt, Kontrakte zwischen Rat und Verwaltung nur vereinzelt und zwischen Verwaltungsspitze und untergeordneten Ebenen auch nur zu etwa 25% geschlossen werden

313 Vgl. ebd. S. 61.

und die Rückkopplung von Informationen durch das Berichtswesen teils nicht funktioniert, da ein Abgleich mit Zielvereinbarungen aufgrund verschiedener Inhalte nicht möglich ist. In Bezug auf das Berichtswesen ist demnach festzuhalten, dass zwar die Transparenz erhöht wird, die Steuerungsfähigkeit der Kommune jedoch nicht. Hier wird deutlich, dass sich die Instrumente aufgrund der nur bruchstückhaften Implementation selbst in ihrer Wirkungsweise behindern und so die einst formulierten Absichten nicht oder nur in Ansätzen erreicht werden.

8.4 Personalmanagement

Das Personal ist nicht nur Träger der Reform, sondern auch Teil des Reformprozesses selbst. Dem Personal kommt so eine Doppelrolle zu. Es muss die Reform durch veränderte Handlungsmuster vorantreiben, und zwar auch dann, wenn damit für das Personal Mehrbelastungen entstehen. Zum Beispiel ist es im Rahmen neu konzeptionierter Kundenorientierung sinnvoll, längere Öffnungszeiten anzubieten. Für die Mitarbeiter ist das mit Mehrarbeit verbunden, die ohne entsprechenden Ausgleich nur sehr begrenzt akzeptiert wird. Der Mitarbeiter darf nicht das Gefühl bekommen, dass er der Leidtragende der Reform ist, denn ein solch komplexes Reformvorhaben ohne den Rückhalt der Mitarbeiter durchzusetzen, ist denkbar schwer.[314]

Das Neue Steuerungsmodell sieht jedoch auch für das Personal positive Effekte innerhalb des Reformprozesses verankert. Die Entdeckung des Personals als „strategische Ressource" beinhaltet das Etablieren eines Personalmanagements, welches vom reinen „Funktionieren" im hierarchischen System Abstand nimmt und den Verwaltungsmitarbeitern mehr Eigenverantwortlichkeit aufgrund von ganzheitlicher Aufgabenbearbeitung und größere Handlungsspielräume im Rahmen der dezentralen Fach- und Ressourcenverantwortung verspricht. Das führt zu einer befriedigenderen Arbeitsorganisation,[315] da neben den erweiterten Partizipationsmöglichkeiten auch Maßnahmen zur Fort- und

---

314 Vgl. Kißler, Leo (2007): Warum die kommunale Verwaltungsmodernisierung (fast) gescheitert ist oder: Wo bleibt die „Reformdividende" für die Beschäftigten? In: Bogumil, Jörg; Holtkamp, Lars; Kißler, Leo, et al. (Hg.): Perspektiven kommunaler Verwaltungsmodernisierung. Praxiskonsequenzen aus dem Neuen Steuerungsmodell. S. 17.

315 Vgl. Meixner, Hanns Eberhard (Hg.) (1994): Bausteine neuer Steuerungsmodelle. Mitarbeiter zu Mitdenkern und Mitgestaltern gewinnen. S. 1.

Weiterbildung angeboten werden beziehungsweise eine leistungsgerechtere Bezahlung versprochen wird.[316]

Mit einem Blick auf die Modernisierungsbereiche der Kommunen wird schnell klar, dass die Städte, Gemeinden und Kreise dem Personalmanagement nur eine nachgeordnete Rolle zukommen lassen. Nicht einmal 50% der Kommunen geben an, in diesem Bereich aktiv zu sein, sodass sich das Personalmanagement im Ranking der Modernisierungsbereiche auf dem drittletzten Platz wieder findet. Nur die Umgestaltung des Verhältnisses von Rat und Verwaltung und „sonstige Bestrebungen" sind noch weniger berücksichtigt.[317] Die Difu-Studie weist in diesem Zusammenhang ein nicht ganz so pessimistisches Bild aus. Auf der Rangliste der acht zu bearbeitenden Modernisierungsbereiche findet sich die Personalentwicklung auf Platz 5 wieder und ist demnach noch dem Mittelfeld zuzurechnen.[318] Da das Neue Steuerungsmodell jedoch in vielen Kommunen vordergründig zur Kostensenkung und zum effizienteren Mitteleinsatz eingesetzt wird und sich somit nur der entsprechenden Instrumente bedient wird, ist die „stiefmütterliche" Behandlung des Personalmanagements nicht überraschend, aber doch für einen insgesamt positiven Reformverlauf heikel. Wenn dem Personal zuvor skizzierte Anreize nicht gewährt werden, so sind die Mitarbeiter nicht die reformtragende und -treibende Kraft, sondern entwickeln sich zu Reformduldern. Und das auch nur, solange sie nicht von den für sie negativen Folgen des Reformmodells betroffen sind. In diesem Zusammenhang ist zu erkennen, dass Mitarbeiter in alten Strukturmustern verharren, was sicherlich auch eine gewisse Schutzfunktion vor den Rationalisierungsfolgen ist. Beispiels-

316 Vgl. Kißler, Leo (2007): Warum die kommunale Verwaltungsmodernisierung (fast) gescheitert ist oder: Wo bleibt die „Reformdividende" für die Beschäftigten? In: Bogumil, Jörg; Holtkamp, Lars; Kißler, Leo, et al. (Hg.): Perspektiven kommunaler Verwaltungsmodernisierung. Praxiskonsequenzen aus dem Neuen Steuerungsmodell. S. 19.

317 Vgl. Bogumil, Jörg; Grohs, Stephan; Kuhlmann, Sabine, et al. (Hg.) (2008): Zehn Jahre Neues Steuerungsmodell. Eine Bilanz kommunaler Verwaltungsmodernisierung. S. 41.

318 Vgl. Knipp, Rüdiger (2005): Verwaltungsmodernisierung in deutschen Kommunalverwaltungen. Eine Bestandsaufnahme; Ergebnisse einer Umfrage des Deutschen Städtetages und des Deutschen Instituts für Urbanistik. S. 18.

weise zeigen Kommunen deutliche Tendenzen zur Re-Hierarchisierung.[319]

Folgende Übersicht zur Umsetzung des Personalmanagements gibt Aufschluss darüber, mit welcher Intensität die einzelnen Bestandteile behandelt worden sind.

319 Vgl. Kißler, Leo (2007): Warum die kommunale Verwaltungsmodernisierung (fast) gescheitert ist oder: Wo bleibt die „Reformdividende" für die Beschäftigten? In: Bogumil, Jörg; Holtkamp, Lars; Kißler, Leo, et al. (Hg.): Perspektiven kommunaler Verwaltungsmodernisierung. Praxiskonsequenzen aus dem Neuen Steuerungsmodell. S. 21ff.

Angaben in %	Mitarbeitergespräche	Führungskraftbeurteilungen	Jobrotation	Leistungsprämien	neue Personalauswahlmethoden	Personal - beurteilungen	Ganzheitliche Sachbearbeitung	Teamarbeit	Fort- und Weiterbildung	N
GK 1	88,9	33,3	22,2	33,3	100,0	55,6	77,8	88,9	88,9	9,0
GK 2	76,5	29,4	23,5	29,4	58,8	76,5	52,9	82,4	100,0	17,0
GK 3	87,5	31,3	9,4	37,5	84,4	78,1	65,6	90,6	96,6	32,0
GK 4	80,3	28,8	7,6	18,2	54,5	59,1	60,6	66,7	83,3	66,0
GK 5	56,3	16,5	9,7	22,7	25,0	42,0	43,2	52,3	68,2	176,0
GK 6	53,1	18,4	6,9	16,5	20,9	37,3	44,5	46,7	65,4	407,0
GK 1 (Kr.)	80,0	31,4	28,6	37,1	68,6	65,7	74,3	74,3	91,4	35,0
GK 2 (Kr.)	81,1	29,7	16,2	21,6	54,1	64,9	62,2	70,3	81,1	37,0
GK 3 (Kr.)	71,1	28,9	17,1	38,2	50,0	59,2	61,8	56,6	80,3	76,0
Ost	54,0	25,0	7,3	3,2	25,0	44,4	42,7	39,5	65,3	124,0
West	63,3	20,9	10,9	25,6	36,2	46,9	51,2	58,3	73,9	746,0
Gesamt	62,0	21,5	10,3	22,4	34,6	46,6	50,0	55,6	72,6	870,0

Abbildung 6: Umsetzung der Bausteine des Personalmanagements[320]

320 Bogumil, Jörg; Grohs, Stephan; Kuhlmann, Sabine, et al. (Hg.) (2008): Zehn Jahre Neues Steuerungsmodell. Eine Bilanz kommunaler Verwaltungsmodernisierung. S. 337.

An dieser Stelle ist noch einmal auf die Teamarbeit zurückgekommen. 55,6% der Kommunen geben an, Teamarbeit zu betreiben. Dieser Wert deckt sich im Wesentlichen mit der Etablierung von Teamstrukturen. Offenbar ist überall dort, wo entsprechende Strukturen geschaffen worden sind, auch Teamarbeit etabliert. Das ist sicherlich ein Erfolg, da die Partizipation der Mitarbeiter hier direkt in ihren Arbeitsprozess eingreift. Die neue Struktur bringt die Interessen von Angestellten und Fachbereichsleitern ebenso wie diejenigen der Verwaltungsspitze zusammen. Dabei kommt es - laut Konzeption - zu Aushandlungsprozessen, in denen zum einen Effizienzsteigerungen besprochen werden, dieses jedoch im Idealfall unter Wahrung der Mitarbeiterinteressen, welche mitunter eine gerechte Entlohnung für Mehrarbeit und Entscheidungsfreiheit beinhalten. In der Praxis sieht die Partizipation zumeist anders aus. Zwar wird den Verwaltungsmitarbeitern zugestanden, sich an Aushandlungsprozessen zu beteiligen, deren Belange finden sich aber kaum in dem späteren Resultat wieder. Das heißt, die Partizipation ist nicht entscheidungsrelevant, sodass die ursprünglich zugesicherten Handlungsspielräume sehr klein ausfallen und Hierarchiedenken weiter Einzug hält.[321]

Generell ist aus der Tabelle zu entnehmen, dass Fort- und Weiterbildungsmaßnahmen des Bestandspersonals den größten Teil der Neuerungen im Personalmanagement ausmachen. 72,6% der Kommunen sind auf diesem Gebiet tätig. Natürlich lässt sich nun argumentieren, dass das Personal als Ressource entdeckt und gefördert wird und in diesem Zusammenhang Kompetenzgewinne für den Einzelnen erkennbar sind. Das ist auch völlig richtig. Doch ist das sicher nicht der primäre Grund für ein vergleichsweise hohes Fort- und Weiterbildungsaufkommen. Die verschiedenen Instrumente bringen eine Vielzahl technischer Neuerungen mit sich. Beispiel dafür ist das eGovernment. Aber auch das Erwerben von betriebswirtschaftlichem Know-how vollzieht sich im Rahmen von Fort- und Weiterbildungen. Die adäquate Nutzung der NSM-Instrumente bedingt demnach eine Kompetenzerweiterung des Personals.

Zwar werden in 62% der Kommunen Mitarbeitergespräche durchgeführt. Gleiches ergeben auch die Erhebungen der Difu-Studie, hier

321 Vgl. Kißler, Leo (2007): Warum die kommunale Verwaltungsmodernisierung (fast) gescheitert ist oder: Wo bleibt die „Reformdividende" für die Beschäftigten? In: Bogumil, Jörg; Holtkamp, Lars; Kißler, Leo, et al. (Hg.): Perspektiven kommunaler Verwaltungsmodernisierung. Praxiskonsequenzen aus dem Neuen Steuerungsmodell. S. 21ff.

sind es 60,6%.[322] Über den Inhalt dieser Gespräche ist jedoch in beiden Studien nichts bekannt, auch darüber nicht, ob die vom Mitarbeiter gemachten Vorschläge und eingebrachten Ideen Berücksichtigung finden. Werden neue Personalauswahlmethoden, Jobrotation und Leistungsprämien kaum Beachtung geschenkt, ist das bei der Personalbeurteilung anders. 46,6% geben an, regelmäßige Personalbeurteilungen zu erstellen. Auf der Führungsebene finden Beurteilungen nicht einmal halb so oft statt. Es ist demnach anzunehmen, dass die Bemühungen des Personalmanagements zum großen Teil darauf abzielen, die Mitarbeiter zu befähigen, mit den technischen und betriebswirtschaftlichen Notwendigkeiten, die zum Reformvollzug nötig sind, umzugehen und sich durch Personalbeurteilungen Kontrollmechanismen zu bedienen. Anreize wie Partizipation, Prämien, ganzheitliche Arbeitsprozesse und abwechslungsreiche Arbeit durch Rotationssysteme sind im Vergleich nur rudimentär entwickelt, sodass eine „Reformdividende“[323] für die Mitarbeiter bisher ausgeblieben ist.

Die Attraktivitätslücke, die mit dem Personalmanagement zu verringern oder gar zu schließen versucht worden ist, ist noch immer präsent, und das aufgrund steigender Unzufriedenheit des Personals mit der Reform mehr als zuvor, war doch vor der Reform der Arbeitsplatz weitgehend sicher, die berufliche Autonomie zumindest in Teilen vorhanden und die Arbeitszufriedenheit aufgrund der Einordnung in hierarchische Systeme weitgehend konstant, da die mitunter auftretende Perspektivlosigkeit, die den Laufbahnsystemen unterstellt wird, durch ein Gefühl der Sicherheit kompensiert wird.[324] Nach der Reform sind Hierarchieebenen weggefallen, der berufliche Aufstieg aufgrund mangelnder Alternativen erschwert, Zielvorgaben oft diktiert und deren Einhaltung in Personalbeurteilungen kontrolliert. Die Bewertung von Leistung gepaart mit höheren Leistungsansprüchen an die Mitarbeiter aufgrund der Serviceorientierung, die längere Öffnungszeiten, Schulungen und Fortbildungen mit sich bringt, erzeugt einen Leistungs-

322 Vgl. Knipp, Rüdiger (2005): Verwaltungsmodernisierung in deutschen Kommunalverwaltungen. Eine Bestandsaufnahme; Ergebnisse einer Umfrage des Deutschen Städtetages und des Deutschen Instituts für Urbanistik. S. 51.

323 Kißler, Leo (2007): Warum die kommunale Verwaltungsmodernisierung (fast) gescheitert ist oder: Wo bleibt die „Reformdividende“ für die Beschäftigten? In: Bogumil, Jörg; Holtkamp, Lars; Kißler, Leo, et al. (Hg.): Perspektiven kommunaler Verwaltungsmodernisierung. Praxiskonsequenzen aus dem Neuen Steuerungsmodell. S. 17.

324 Vgl. ebd. S. 21.

druck, der nicht durch entsprechende Anreize kompensiert werden kann, sodass von den Mitarbeitern im Reformvollzug zwar viel verlangt, ihnen aber wenig gegeben wird.

8.4.1 Performanzwirkungen

Sowohl Personalräte als auch Bürgermeister und Landräte bescheinigen dem Personalmanagement, zur Qualitätssteigerung von Leistung und zur stärkeren Orientierung am Kunden im Verwaltungshandeln beigetragen zu haben. Die Absicht der Reformkonzeptionisten, die Potentiale der Mitarbeiter zu nutzen, um so die Leistungsfähigkeit und die Kundenzufriedenheit ohne Ressourcenzuwachs zu erhöhen, scheint gelungen. Allerdings geben die Befragten geschlossen zu, dass die Steigerungen in diesen Bereichen nicht umsonst zu haben sind. Den positiven Effekten steht eine Zunahme der Arbeitsbelastung gegenüber. Ebenso führen die Bausteine des Personalmanagements in angewendeter Form nicht zur Steigerung der Arbeitszufriedenheit. Wie bereits im vorherigen Unterkapitel skizziert, sehen auch die Personalräte stärkere Leistungskontrollen auf die Mitarbeiter zukommen. Dass sich die Kommunen vordergründig auf Bausteine gestützt haben, die leicht zu realisieren sind, wie Mitarbeitergespräche und Fortbildungen, ist der Haushaltslage geschuldet. Es wird konstatiert, dass den Mitarbeitern durchaus Anreize zugestanden werden, diese jedoch nicht finanzierbar oder aber aufgrund des existierenden Dienst- und Tarifrechts nicht durchführbar sind.[325] Eben diese beiden Faktoren sind es, die eine Umsetzung des NSM mitunter behindern. Wird zwar auf der einen Seite die schiefe Haushaltslage als Motivation für Reformbemühungen angesehen, so ist eben sie es auf der anderen Seite auch, die das Reformmodell bremst, da notwendige Investitionen nicht in erforderlichem Maße getätigt werden können und so einige Instrumente vorrangig behandelt werden. Gleichsam ist ein Reformvollzug, wie er in der Theorie konzipiert worden ist, aufgrund rechtlicher Beschränkungen nicht möglich. Das heißt, die mangelnde Umsetzung des Reformmodells ist nicht nur auf Defizite bei der Konzeption des Modells oder auf Reformskepsis seitens der Kommunen zurückzuführen, sondern ebenfalls auf exogene Rahmenbedingungen.[326] Dass dem Personalmanagement vergleichsweise wenig Beachtung zuteil wird, lässt

325 Vgl. Bogumil, Jörg; Grohs, Stephan; Kuhlmann, Sabine, et al. (Hg.) (2008): Zehn Jahre Neues Steuerungsmodell. Eine Bilanz kommunaler Verwaltungsmodernisierung. S. 62.

326 Vgl. Knipp, Rüdiger (2005): Verwaltungsmodernisierung in deutschen Kommunalverwaltungen. Eine Bestandsaufnahme; Ergebnisse einer Um-

sich an den Hauptzielen, die mit der Modernisierung von Verwaltung erreicht werden sollen, ablesen. Dort rangiert der Erhalt von qualifiziertem Personal nur auf dem zweitletzten Platz. Entweder sind die Bürgermeister und Landräte davon ausgegangen, dass die Mitarbeiter bereits genügend qualifiziert sind, was mit dem hohen Grad an betriebswirtschaftlichen Neuerungen jedoch kaum glaubhaft versichert werden kann oder - das scheint die wahrscheinlichere Variante - die Intention von Personalqualifikation ist von vornherein gering. Dass die Motivation der Mitarbeiter, die Reform zu tragen, gering ist, ist angesichts dessen völlig klar. Verschärft wird der Missmut durch die weit verbreitete Annahme der Verwaltungsmitarbeiter, dass der seit Jahren vollzogene Stellenabbau mit dem Neuen Steuerungsmodell zusammenfällt. Real lässt sich ein Zusammenhang nicht herstellen. Korrelationsmessungen bewegen sich unterhalb jeder Signifikanz. Offenbar wird parallel zum NSM versucht, durch Personalabbau Kosten zu sparen. Dass es sich hier um eine vom Reformmodell losgelöste Strategie handelt, ist gegenüber den Mitarbeitern schwer zu kommunizieren.[327]

Letztlich gilt festzuhalten, dass die „Reformdividende“ aufgrund der Haushaltssituation und der ungenügenden Bedeutsamkeit von Personalmanagement seitens der Verwaltungsspitze nicht in erforderlichem Maße gezahlt wird. Die positiven Effekte, die das veränderte Verwaltungshandeln mit sich bringt, werden auf dem Rücken der Mitarbeiter ausgetragen und sind demnach nicht im Personalmanagement selbst zu finden, sondern verlagern sich zum großen Teil auf die Außenwirkung. Dass die Dividende nicht mehr lange vorenthalten werden kann, zeichnet sich in der immer weiter sinkenden Motivation der Mitarbeiter ab. Wird noch in der Konzeption des NSM die Abkehr der Personalverwaltung und die Hinwendung zur Personalentwicklung propagiert, so muss angesichts nachgezeichneter Entwicklungen festgestellt werden, dass dieses nur in einem äußerst beschränkten Maße zutreffend ist.

Deshalb sehen sich viele Mitarbeiter nicht als integrativer Bestandteil der Reform, haben nicht das Gefühl, ernstgenommen zu werden und

frage des Deutschen Städtetages und des Deutschen Instituts für Urbanistik. S. 28.

327 Vgl. Bogumil, Jörg; Grohs, Stephan; Kuhlmann, Sabine, et al. (Hg.) (2008): Zehn Jahre Neues Steuerungsmodell. Eine Bilanz kommunaler Verwaltungsmodernisierung. S. 39 und 86.

etwas bewirken zu können. Sie sind Verrichter einer ihnen übergestülpten Reform.[328]

8.5 Außenwirkungen

Die Außenwirkung der Reform gliedert sich auf in die Kundenorientierung und das Qualitätsmanagement. Die Ausführungen zu den Struktur- und Prozessinstrumenten haben bereits deutlich gemacht, dass die neu gestaltete Kundenorientierung maßgeblich von den Veränderungen innerhalb der Struktur- und Prozessbereiche profitiert. Die Zusammenlegung von Arbeitsschritten und damit verbunden die ganzheitliche Sachbearbeitung innerhalb eines Fachbereiches hat dazu geführt, dass Behördenwege verkürzt und eine klare Zuordnung von Ansprechpartnern möglich ist. Gleichsam bedeutet eine stärkere Hinwendung zu Kundenorientierung auch Veränderung beim Personal, da eine bessere Betreuung des Bürgers erst durch das Bemühen des Personals erreicht werden kann. Bürger- oder Kundenorientierung ist demnach einerseits als Resultat verschiedener Veränderungen auf Struktur- und Prozessebene zu verstehen. Andererseits gehen die Bemühungen darüber hinaus und es sind innerhalb des Neuen Steuerungsmodells konkrete Einzelmaßnahmen auszumachen, die zur Steigerung der Bürgerzufriedenheit beitragen.

So haben beispielsweise 57,5% Bürgerämter eingerichtet, in denen stark frequentierte Dienstleistungen gebündelt sind. Die Konzeption einer solchen zentralen Dienstleistungseinheit schafft zum einen das Zuständigkeitenlabyrinth ab, lockert damit die Komplexität des Gebildes Verwaltung auf ein für den Bürger angenehmes Maß und zum anderen verkürzt es dadurch die Bearbeitungszeit, da der Sachverhalt ganzheitlich bearbeitet wird und so nicht durch unterschiedliche Fachbereiche wandert und es an einer Stelle womöglich noch - aufgrund hoher Arbeitsbelastung - zu Wartezeiten kommt. Dass sich die Bearbeitungszeit der Sachverhalte verringert hat, geben knapp 50% der befragten Kommunen an, sodass auch hier von positiven Auswirkungen auf die Kundenzufriedenheit ausgegangen werden kann. Zwar ist das Einrichten von Bürgerämtern kein spezielles NSM-Vorhaben, sondern entstammt früheren Reformen. Die Debatte um das Neue Steuerungs-

328 Vgl. Wagner, Dieter (2006): Personalmanagement in Öffentlichen Verwaltungen. In: Jann, Werner; Röber, Manfred; Wollmann, Hellmut (Hg.): Public Management - Grundlagen, Wirkungen, Kritik. Festschrift für Christoph Reichard zum 65. Geburtstag. S. 223f.

modell hat diesen Vorschlag jedoch neu aufleben lassen, sodass eine vermehrte Verbreitung des Bürgerämter-Konzepts erst im Zuge des NSM möglich ist.[329]

Ein weiterer Service, den gar 74,5% der befragten Kommunen eingeführt haben, sind erweiterte Sprechzeiten. Verlängerte Öffnungszeiten, die in die Abendstunden hineinreichen oder aber sich über die Mittagszeit erstrecken, machen es möglich, dass ein Großteil der Arbeitnehmer den Gang in die Behörde in den Alltag integrieren kann, ohne der Arbeit aufgrund langer Wartezeiten oder gar wegen ungünstiger Korrelation der behördlichen Öffnungszeiten mit den individuellen Arbeitszeiten fernzubleiben.[330] Es ist zu erwarten, dass die Möglichkeit, Formulare online zugänglich zu machen und sie ebenfalls über diesen Weg zurücksenden zu können, von vielen Kommunen genutzt wird, da es den Arbeitsaufwand verringert und den Bürger von Präsenzöffnungszeiten loslöst. Inwieweit die Interaktion von Bürger und Verwaltung über das Internet stattfindet, kann jedoch nicht fundiert gesagt werden, da zu diesem Bereich keine Daten vorliegen. Belegt ist hingegen, dass über 40% der Kommunen die Formulare überarbeitet und vereinfacht haben. Die Bemühungen der Kommunen, die Bürgerzufriedenheit zu stärken, ist, gemessen an den parallelen Reformfeldern, hoch. Zudem steht die Fokussierung auf den Bürger unter günstigen Vorzeichen. So bringt es die gesellschaftliche Ausdifferenzierung und der damit einhergehend hohe Leistungs- und Qualitätsanspruch der Bürger an Verwaltungsleistung mit sich, dass eine stärkere Konzentration auf Bürgerbegehren unausweichlich ist, um weiterhin als „System Verwaltung" agil zu bleiben und der Entfremdung von der Umwelt entgegenzuwirken. Gleichsam - und das ist sicherlich durch die gesellschaftliche Ausdifferenzierung bedingt - steht die bessere Bürgerorientierung auf Platz 2 der Hauptziele, die mit der Verwaltungsmodernisierung erreicht werden möchten. Es kann der Verwaltungsführung deshalb von vornherein ein erhöhtes Interesse an diesen Reformmaßnahmen zugestanden werden.[331]

329 Vgl. Bogumil, Jörg; Grohs, Stephan; Kuhlmann, Sabine, et al. (Hg.) (2008): Zehn Jahre Neues Steuerungsmodell. Eine Bilanz kommunaler Verwaltungsmodernisierung. S. 67f.

330 Vgl. Knipp, Rüdiger (2005): Verwaltungsmodernisierung in deutschen Kommunalverwaltungen. Eine Bestandsaufnahme; Ergebnisse einer Umfrage des Deutschen Städtetages und des Deutschen Instituts für Urbanistik. S. 40.

331 Vgl. Bogumil, Jörg; Grohs, Stephan; Kuhlmann, Sabine, et al. (Hg.) (2008): Zehn Jahre Neues Steuerungsmodell. Eine Bilanz kommunaler Verwal-

Deshalb wundert es nicht, dass auch die Kunden- und Bürgerbefragung in über 50% der Kommunen Einzug gehalten hat. Der Bürger wird durch solche Maßnahmen ernstgenommen und seine Rückmeldungen sind wertvolle Beiträge zur Serviceverbesserung. Ein Beschwerdemanagement, welches eben nicht als Beschwerde, sondern als Anreiz zur Leistungssteigerung verstanden werden soll, ist hingegen in nur 30% der befragten Kommunen etabliert. Servicegarantien und Leistungsversprechen gewähren nicht einmal 10% der befragten Kommunen.[332] Es finden sich bisher keine Auslassungen darüber, weshalb das Beschwerdemanagement im Vergleich zur Bürger- und Kundenbefragung so wenig entwickelt ist, dienen doch beide Maßnahmen dazu, als Kontrollinstanz in Bezug auf Kundenzufriedenheit zu fungieren. Ein Grund kann sein, dass sporadische Befragungen weniger aufwendig sind als ein fest installiertes Beschwerdemanagement zu betreiben. Als Erklärungsansatz für den geringen Grad an Leistungsversprechen kann angeführt werden, dass sich die Maßnahmen noch immer im Aufbau befinden und die Konstanz, die für Leistungsversprechen notwendig ist, deshalb noch nicht gegeben ist. Natürlich kann jedoch auch nicht ausgeschlossen werden, dass Versprechen nicht abgegeben werden, um Restriktionen zu vermeiden. Das heißt, Leistungsversprechen und Servicegarantien sind keine zwingend zu etablierenden Maßnahmen und deshalb setzt sich die Kommune nicht dem damit verbundenen Leistungsdruck aus, Verbindlichkeiten nicht nachkommen zu können. Letztlich nimmt sich die Kommune damit jedoch selbst die Chance, noch bessere Servicequalität zu liefern, da eine solche Verbindlichkeit gegenüber dem Bürger unweigerlich zu Qualitätsgewinnen führt. Zudem kann hier nur von sanftem Druck die Rede sein, weil die Kommune die Leistungsversprechen selbst ausspricht und sie ihr nicht vom Bürger auferlegt werden.

Im Rahmen des Qualitätsmanagements ist auf die damit verbundenen hohen Kosten von etwa 120.000 € hingewiesen worden. Angesichts leerer Haushaltskassen erklärt das, warum dieses Instrument nur bei 13,9%[333] der befragten 870 Kommunen Anwendung findet. Dass ein Qualitätsmanagementsystem aufgrund der privatwirtschaftlichen, aber auch interkommunalen Wettbewerbssituation sinnvoll ist, daran

tungsmodernisierung. S. 39 und 68.

332 Vgl. Bogumil, Jörg; Grohs, Stephan; Kuhlmann, Sabine, et al. (Hg.) (2008): Zehn Jahre Neues Steuerungsmodell. Eine Bilanz kommunaler Verwaltungsmodernisierung. S. 68.

333 Vgl. ebd.

besteht kein Zweifel. Unklar ist hingegen, wie das Qualitätsmanagement ausgestaltet ist. Ursprünglich solltendie in der Bürgerbefragung und durch das Beschwerdemanagement hervorgebrachten Kundenwünsche in das Qualitätsmanagement überführt werden. Dazu wird der Verwaltungsführung die Auswertung der Befragungen vorgelegt, welche diese dann mit den im Kontrakt formulierten Zielen vergleicht, um zu prüfen, welche Kundenwünsche korrelieren und so umsetzbar sind. Am Produkt finden dann entsprechende Anpassungen statt und der Kreislauf schließt sich. Nun findet jedoch ein Kontraktmanagement zwischen Verwaltungsführung und untergeordneten Ebenen nicht flächendeckend statt, was den Vergleich von aufbereiteten Daten, welche die Kundenwünsche repräsentieren, und den in Kontrakten manifestierten Zielen nicht immer gelingen lässt. Zudem kommt hier ebenfalls wieder das bereits angesprochene Problem der Rückkopplung an die Gesamtverwaltung zum Tragen. Aufgrund der geringen Etablierung von unterstützenden Steuerungs- und Controllingstellen und des Berichtswesens ist die Möglichkeit vieler Verwaltungsführungen, über den skizzierten Weg an aufbereitete Daten zu kommen, nicht gegeben, sodass der Qualitätskreislauf in aufgezeigter Form nur sehr bedingt funktionsfähig ist. Auch das ist sicherlich mitverantwortlich für den – im Vergleich zur Kundenorientierung – geringen Implementationserfolg des Qualitätsmanagements.

8.5.1 Performanzwirkungen

Ohne Zweifel wird das Verwaltungshandeln von den Bürgern heute positiver wahrgenommen als vor der Reform des Neuen Steuerungsmodells. Natürlich ist das zum einen auf die neu geschaffenen Öffnungszeiten und die Bürgerämter sowie die damit verbundenen geringeren Wartezeiten zurückzuführen. Zum anderen stimmen Personalräte und Bürgermeister/Landräte weitgehend überein, dass sich die Beratungsqualität verbessert hat und Beschwerden zurückgegangen sind.[334]

Die Kundenorientierung zeigt sich demnach nicht nur in institutionellen Veränderungen, sondern ebenso im Verhalten eines jeden Mitarbeiters. Die Beziehung von Verwaltung und Bürger hat sich demnach verbessert und die ehemals oft bemängelte Bevormundung der Bürger durch die Verwaltungsmitarbeiter scheint überwunden oder zu-

334 Vgl. Bogumil, Jörg; Grohs, Stephan; Kuhlmann, Sabine, et al. (Hg.) (2008): Zehn Jahre Neues Steuerungsmodell. Eine Bilanz kommunaler Verwaltungsmodernisierung. S. 71.

mindest dezimiert. Das Beschreiten des Weges hin zum Dienstleister ist den Kommunen durchaus gelungen. Allerdings ist die Interaktion zwischen Kommune und Bürger immer noch primär von der Verwaltung determiniert. Bündelungen von Aufgaben in Bürgerämtern, die Bestimmung der Öffnungszeiten und auch das Durchführen von Befragungen sind alles Dinge, die der Kundenfreundlichkeit dienen, daran gibt es keinen Zweifel. Jedoch sind die Maßnahmen, die von der Kommune ausgehen. Natürlich hat die Gesellschaft einen Leistungsanspruch, den die Kommune zu erfüllen hat, was sie durch beschriebene Maßnahmen auch macht. Aber der Verzicht auf Leistungsversprechen und das gering implementierte Beschwerdemanagement schützen die Kommune davor, dass der Bürger direkt Ansprüche stellen kann, die eine Reaktion der Kommune erzwingen würde, sodass aufgrund dessen festgehalten werden muss, dass die Kommune den Weg zum Dienstleister zwar eingeschlagen, aber noch nicht zurückgelegt hat. Die bisherigen Wirkungen auf dem Sektor der Kundenorientierung tragen jedoch bereits jetzt dazu bei, die Legitimationslücke abzubauen. Getätigte Maßnahmen zur Bürgerorientierung vergrößern das Leistungsspektrum der Kommune und sorgen so dafür, dass es den gesellschaftlichen Leistungsanforderungen näher kommt. Werden zukünftig das Leistungsversprechen und das Beschwerdemanagement etabliert, ohne bisherige Bestrebungen zu vernachlässigen, ist es durchaus denkbar, dass die Bürger bereit sind, erhobene Gebühren für kommunale Leistungen zu entrichten, erst recht dann, wenn die Entgelte aufgrund von Effizienzbemühungen sinken und sich die Servicequalität erhöht. Das würde bedeuten, dass die Legitimationslücke behoben ist. Die Absicht des Neuen Steuerungsmodells, das Verwaltungshandeln stärker am Bürger auszurichten, findet demnach auch in der Praxis großen Zuspruch. So findet sich eine Vielzahl der dem Theoriemodell entsprungenen Maßnahmen auch im Verwaltungsalltag, und das sogar mit vergleichsweise hohen Implementationsgraden. Demnach ist dieser Sektor der erfolgreichste Modernisierungsbereich. Es lassen sich hier eben keine Störfaktoren ausmachen. Erstens hat das Theoriemodell Maßnahmen bereitgestellt, die durchaus Antworten auf die Problemlagen der Praxis geben. Zweitens werden diese Maßnahmen nicht durch rechtliche oder andersartige Rahmenbedingungen an der Übernahme in die Praxis behindert und drittens ist der Wille der jeweiligen Kommunen groß, eine bessere Bürgerorientierung im Zuge der Reform zu erlangen.

8.6 Wettbewerbsinstrumente

Umso interessanter ist es, unter diesen Vorzeichen den Wettbewerb in den Blick zu nehmen, gilt das Qualitätsmanagement innerhalb des Neuen Steuerungsmodells doch als mehr oder minder notwendig, um im Wettbewerb zu bestehen. Zudem wird dem Wettbewerb die Eigenschaft des reformaktivierenden Elements zugeschrieben. So bleibt zu klären, inwieweit sich ein fehlendes Qualitätsmanagement auf die Wettbewerbssituation der Kommunen auswirkt.

Betrachten wir zunächst den interkommunalen Leistungsvergleich, so geben 43,3% der befragten Kommunen an, sich teilweise an solchen Vergleichen zu beteiligen. Selten beteiligen sich 11% und 23,3% gar nicht. Etwa 17% der Kommunen machen zu diesem Gebiet keine Angaben. Dass sie ebenfalls nicht an kommunalen Leistungsvergleichen teilnehmen, darf stark vermutet werden.[335]

Ziel des interkommunalen Wettbewerbs ist es, die eigenen Daten mit denen anderer Kommunen zu vergleichen, um daraus eine Wertigkeit abzuleiten. Diese Wertigkeit gibt an, wie effizient die Kommune im Vergleich arbeitet. Sie bietet demnach eine Orientierung und hat in diesem Zusammenhang evaluatorischen Charakter. Das aus dem Vergleich hervorgehende Ranking weist einen Spitzenwert aus, an dem sich die Kommunen im Idealfall orientieren sollen und die Effizienzbestrebungen so weit vorantreiben, dass sie ebenfalls diesen Spitzenwert erreichen oder sich diesem zumindest weiter annähern.

Auf Grundlage der erhobenen Daten kann sich der interkommunale Vergleich nicht flächendeckend als feste Größe bezeichnen lassen. Es zeigt sich erneut, dass das klare Bekenntnis zu neuen Maßnahmen im Zuge der betriebenen Reform nicht gegeben ist. Ob das gerechtfertigt ist, wird die Performanzanalyse zeigen.

Vielmehr entsteht jedoch der Eindruck, dass das Instrument im Rahmen der Modernisierungsabsichten „ausprobiert" wird, ohne ihm die nötige Ernsthaftigkeit zuzusprechen.

Vielleicht liegt das an der mangelnden Verpflichtung von - oder, anders ausgedrückt, an mangelnden Anreizsystemen an - Kommunen,

335 Vgl. Bogumil, Jörg; Grohs, Stephan; Kuhlmann, Sabine, et al. (Hg.) (2008): Zehn Jahre Neues Steuerungsmodell. Eine Bilanz kommunaler Verwaltungsmodernisierung. S. 72.

an Leistungsvergleichen teilzunehmen, vielleicht aber auch an der Tatsache, dass dieses Instrument (sicher nicht als einziges) Gegenstand von verwaltungsinternen Diskussionen zwischen Reformbefürwortern und Reformgegnern ist.[336] Das Instrument führt in der Praxis eben nicht zu einer Übernahme von Strukturen und Prozessen derjenigen Kommunen, die vordere Rangplätze belegt haben.[337] Oft reicht die Kenntnis einer Teilnahme an Leistungsvergleichen nicht bis zur Kommunalvertretung oder allein über die Grenzen des Fachbereichs hinaus. Dass demnach selbst verwaltungsintern kein Handlungsdruck in Bezug auf Verbesserung des Rangplatzes entsteht, ist nachvollziehbar und die Unwissenheit des Rates zum Teil auch der bereits angeführten mangelnden Rückkopplung geschuldet. Es zeigen sich an dieser Stelle eben doch Autonomietendenzen der Fachbereiche.[338] Die Aussage der Personalräte und auch der Bürgermeister, dass Verselbstständigungsprozesse im Rahmen der Reform nicht gegeben sind, ist angesichts des skizzierten Sachverhalts zu relativieren.

Um die Leistungsvergleiche attraktiver zu machen, gilt es, Anreizsysteme zu schaffen. Die Forschungsliteratur gibt diesbezüglich eine Fülle von Anregungen. Die relevanten Maßnahmen bewegen sich alle auf dem Gebiet der freiwilligen Form der Leistungsmessung. Populärstes Beispiel ist die Etablierung eines unabhängigen Zentrums zur Überprüfung der Qualität öffentlicher Dienstleistungen. Das hätte eine gewisse Außenwirkung und stellt somit einen Anreiz der Kommune dar, sich einer solchen Überprüfung zu stellen, da damit ein positives Image erzeugt werden kann. Dieser Vorschlag ist auch bekannt unter dem Namen Stiftung Verwaltungstest.[339]

Die bisherigen Leistungsvergleiche gehen zwar in die gleiche Richtung, auch sie können ein positives Image erzeugen, doch ist bereits auf die

336 Vgl. Bogumil, Jörg (2004): Probleme und Perspektiven der Leistungsmessung in Politik und Verwaltung. In: Kuhlmann, Sabine; Bogumil, Jörg; Wollmann, Hellmut (Hg.): Leistungsmessung und -vergleich in Politik und Verwaltung. Konzepte und Praxis. S. 392ff.

337 Vgl. Bogumil, Jörg; Grohs, Stephan; Kuhlmann, Sabine, et al. (Hg.) (2008): Zehn Jahre Neues Steuerungsmodell. Eine Bilanz kommunaler Verwaltungsmodernisierung. S. 72.

338 Vgl. Bogumil, Jörg (2004): Probleme und Perspektiven der Leistungsmessung in Politik und Verwaltung. In: Kuhlmann, Sabine; Bogumil, Jörg; Wollmann, Hellmut (Hg.): Leistungsmessung und -vergleich in Politik und Verwaltung. Konzepte und Praxis. S. 392ff.

339 Vgl. ebd.

mangelnde öffentliche Kenntnis solcher Vergleiche hingewiesen worden. Ob eine Stiftung Verwaltungstest zu mehr internem Wettbewerb führt, bleibt abzuwarten. Vielerorts wird jedoch eine Vergleichbarkeit von Kommunen angezweifelt, sodass es unter Umständen sinnvoll ist, Kommunen beispielsweise nach Größe zu gruppieren, um Vergleichbarkeit herzustellen.

Ist der interkommunale Leistungsvergleich eher ein Instrument mit verhaltener Anwendung, so herrscht im Hinblick auf Auslagerung und Privatisierung von Leistungen ein anderes Bild vor.

Aufgrund des großen Antwortausfalls bei diesem Teil der Befragung sind nur die Daten der Kommunen über 50.000 Einwohner valide, sodass nur auf eben jene zurückgegriffen wird. Als Grund für den mangelnden Rücklauf kleinerer Kommunen werden die kaum betriebene Auslagerung und die damit zusammenfallende Interesselosigkeit an diesem Teil der Befragung ausgemacht. Werden die klassischen Bereiche der kommunalen Daseinsvorsorge betrachtet, so sind das der Öffentliche Personennahverkehr (ÖPNV), die Abfallentsorgung, die Wasserwirtschaft und die Energieversorgung.[340]

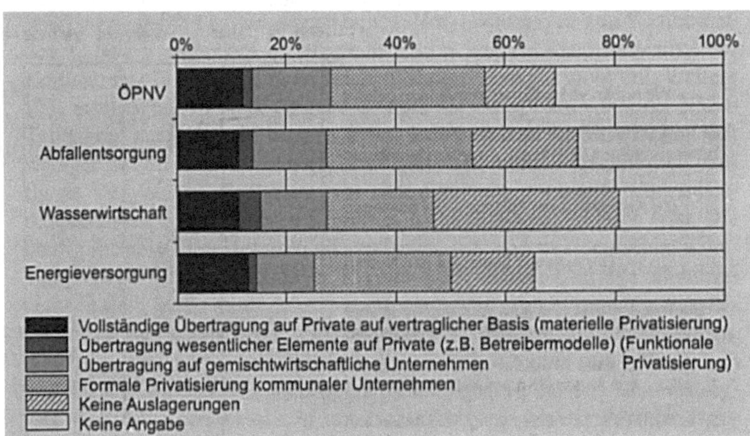

Abbildung 7: Auslagerungsvarianten in Städten mit über 50.000 Einwohnern[341]

340 Vgl. Bogumil, Jörg; Grohs, Stephan; Kuhlmann, Sabine, et al. (Hg.) (2008): Zehn Jahre Neues Steuerungsmodell. Eine Bilanz kommunaler Verwaltungsmodernisierung. S. 74.

341 Bogumil, Jörg; Grohs, Stephan; Kuhlmann, Sabine, et al. (Hg.) (2008): Zehn Jahre Neues Steuerungsmodell. Eine Bilanz kommunaler Verwaltungsmo-

Die Grafik zeigt neben den verschiedenen Privatisierungsformen, dass ein großer Teil der abgebildeten Leistungen von der Kommune selbst bereitgestellt wird. Die Auslagerung von Leistungen, sei es als vollständige Übertragung auf Privatanbieter oder aber als Teilprivatisierung in jedweder Ausgestaltung, macht jedoch den größten Anteil aus. Ein Zusammenhang mit Haushaltskonsolidierungsmaßnahmen ist durchaus erkennbar, bringt das komplette oder in Teilen betriebene Outsourcing eine Kostenreduktion mit sich, die direkt zu Haushaltsentlastungen führt. Eine Auslagerung von Leistungen ist demnach durchaus lukrativ und trägt gleichsam zur Reduktion der Leistungslücke bei, da nicht nur Leistungen nicht mehr von der Verwaltung selbst erbracht werden müssen, sondern das dadurch frei werdende Personalkontingent auf die noch in der Verwaltung verbliebenen Aufgaben verteilt werden kann. Folglich können diese Aufgaben schneller bearbeitet werden, was die Kommune letztlich leistungsfähiger und kundenorientierter macht.

Das ist jedoch nur die eine Seite der Darstellung. Bei der Frage, ob Leistungen ausgelagert werden oder aber von der Kommune selbst erbracht werden, ist es natürlich notwendig, dass die Leistungen der Kommune in Qualität und Kosten denjenigen der Privatanbieter nicht nachrangig sind. Unter diesen Voraussetzungen lässt sich der Wettbewerb als Motor für effizientes Wirtschaften begreifen und deckt damit genau die Absichten, die diesem Instrument aus der Theorie heraus zugedacht sind. Vielerorts herrschen noch das Bild der dynamischen und effizienten Privatwirtschaft und das im Vergleich dazu ineffiziente und starre Bild der öffentlichen Verwaltung vor. Gepaart mit den sich aus der Auslagerung ergebenen Vorteilen in Bezug auf die Haushaltskonsolidierung kommt es in vielen Kommunen zu Privatisierungsmaßnahmen.[342]

Privatisierungen gehen jedoch auch oft mit Steuerungsverlusten beziehungsweise Kontrollverlusten einher. Ein Beispiel ist aus der Privatisierung der Kinderbetreuung zu entnehmen, wenn das private Unternehmen zum Beispiel nur Betreuung für ein geringes Zeitfenster sicherstellt und darüber hinausgehende Betreuung von den Eltern

dernisierung. S. 74.

342 Vgl. Sternatz, Renate (2005): Wettbewerb kann Chance sein: Thesen zur Leistungsfähigkeit kommunaler Verwaltungen. In: Oppen, Maria; Sack, Detlef; Wegener, Alexander (Hg.): Abschied von der Binnenmodernisierung? Kommunen zwischen Wettbewerb und Kooperation. S. 193.

extra bezahlt werden muss. So kann die Kommune zwar versuchen, durch Appelle ein Einlenken des Privatunternehmens herbeizuführen, eine Einflussnahme über die politische Ebene fehlt jedoch. An diesem Beispiel wird deutlich, dass eine Ausgliederung von Leistungen nicht immer angebracht ist. Es ist der Kommune zu empfehlen, immer einen Teil der Leistung selbst anzubieten, um Steuerungs- und Kontrollverluste zu vermeiden, um skizzierte Entwicklungen zu unterbinden. Zumindest in den in der Grafik abgebildeten Bereichen ist eine vollständige Privatisierung nur in vergleichsweise geringem Ausmaß zu beobachten. Verbreiteter ist die Form des gemischtwirtschaftlichen Angebots von Leistung. Das ist eine Kooperation von Privatwirtschaft und Kommune. Die Kommune sichert sich dadurch nicht nur Investitionsmittel, sondern schließt, solange sie noch Schwächen hat, die neu erlernten wirtschaftlichen Fähigkeiten konsequent und routiniert einzubringen, auch Wissenslücken. Zudem trägt eine Kooperation dazu bei, dass Innovationen auf dem Gebiet der Privatwirtschaft auch schneller den Weg in die Verwaltung finden.[343]

Wie bereits erwähnt, werden die abgebildeten Bereiche nicht konsequent ausgelagert. Einige Kommunen erbringen die damit zusammenhängenden Leistungen demnach selbst. Ob die Leistungserbringung jedoch nur auf Wettbewerbsvorteile zurückzuführen ist, ist nicht erkennbar. Deshalb kann nicht ausgeschlossen werden, dass eine Leistung, obwohl sie unter Wettbewerbsaspekten der Privatwirtschaft zufallen müsste, von der Kommune betrieben wird. Das ist beispielsweise dann der Fall, wenn eine Leistung politisch so bedeutsam ist, dass sie von der Kommune trotz zunehmenden Haushaltskonsolidierungsdrucks selbst erbracht wird. Es geht vordergründig nicht darum, dass kommunale Unternehmen die gleichen Leistungen anbieten wie die Privatwirtschaft. Dass dieses im Zuge eines Vorbeugens von Kontrollverlusten in Teilen sinnvoll sein kann, darauf ist eingegangen worden. Primär geht es aber - und das betrifft die Kommune ebenso wie die Privatwirtschaft - darum, sich auf seine Stärken zu berufen. Die Kommune muss in diesem Zusammenhang für sich beantworten, welche Leistungen sie besser (effizienter) erbringen kann, und muss mitunter auch Nischen finden, die unter anderem da zu entdecken sind, wo Bedarf an Leistung besteht, dieser jedoch nicht von der Privatwirtschaft gedeckt wird.[344]

343 Vgl. ebd. S. 198f.

344 Vgl. Sternatz, Renate (2005): Wettbewerb kann Chance sein: Thesen zur Leistungsfähigkeit kommunaler Verwaltungen. In: Oppen, Maria; Sack, Det-

Die Auslagerungstendenzen sind nicht ursächlich dem Neuen Steuerungsmodell zuzuschreiben. Derlei Bestrebungen haben die Kommunen bereits vorher unternommen. So hat sich auch schon vor der Einführung des NSM die Notwendigkeit aufgetan, zu entscheiden, ob eine Leistung von der Kommune selbst oder aber von der Privatwirtschaft erbracht werden soll. Das Neue Steuerungsmodell hat jedoch sicherlich dazu beigetragen, dass das skizzierte Bild von der ineffizienten und starren Kommune, die per se nachrangigere Leistungen als die Privatwirtschaft erbringt, korrigiert ist. Vor diesem Hintergrund findet in der Tat ein Wettbewerb statt, da die Privatwirtschaft nun auf einen gleichstarken Konkurrenten, die Kommune, trifft, sodass die einzelnen Tätigkeitsbereiche neu zu verteilen sind. Natürlich geschieht dies nicht nach dem Tabula-rasa-Prinzip, aber die Kommunen können sich mit der Besinnung auf ihre Stärken sicherlich in einigen Tätigkeitsbereichen auch gegen die Privatwirtschaft behaupten, was sicherlich zu großen Teilen durch das managerialistisch konzipierte Neue Steuerungsmodell erkannt worden ist.

8.6.1 Performanzwirkungen

Der Effekt, der durch die interkommunalen Leistungsvergleiche eintreten soll, nämlich durch die Vergleichbarkeit der eigenen Werte mit anderen Kommunen Anreize zu entwickeln, vom Besten auf dem jeweiligen Sektor zu lernen, ist nicht eingetreten. Das heißt, Strukturen und Prozesse sind nicht, wie gewünscht, kopiert worden. Nicht einmal die Bürgermeister und Landräte, die gemeinhin als Promotoren der NSM-Instrumente zählen, sehen hier eindeutig positive Ergebnisse. Ihre Aussagen bewegen sich auf der Likert-Skala mit vier Ausprägungen mit starker Tendenz zur dritten Antwortoption „Trifft eher nicht zu". Die Angaben der Personalräte zum befragten Item der Übernahme von Strukturen und Prozessen sind im Vergleich noch pessimistischer ausgefallen. Der mangelnde Anreiz, an Leistungsvergleichen teilzunehmen, gepaart mit der fehlenden Bereitschaft, Strukturen und Prozesse effizienterer Kommunen zu übertragen, führt dazu, dass sich auch das Verwaltungshandeln nicht wesentlich verändert hat. Zwar geben Landräte und Bürgermeister an, dass die Kompetenz der Mitarbeiter in der Tendenz gestiegen ist, doch ist die Steigerung so minimal, dass von einer Wettbewerbseuphorie, die ein anhaltendes Streben nach guten Leistungen beinhaltet, in keiner Weise gesprochen werden kann. Allerdings führt selbst ein schlechtes Abschneiden bei Leis-

---

lef; Wegener, Alexander (Hg.): Abschied von der Binnenmodernisierung? Kommunen zwischen Wettbewerb und Kooperation. S. 198f.

tungsvergleichen nicht einmal zu Frustration, aus der dann eine Motivation zur Leistungssteigerung erwachsen würde.[345]

Da ein schlechtes Abschneiden jedoch auch keine gravierenden Konsequenzen nach sich zieht, was mitunter auch der mangelnden Kenntnis eines Leistungsvergleichs in der Behörde geschuldet ist, ist die kaum vorhandene Enttäuschung über ein schlechtes Abschneiden nicht verwunderlich. Damit sich interkommunale Leistungsvergleiche auf das Verwaltungshandeln auswirken und somit nachhaltig sind, ist es notwendig, die bereits diskutierten Anreize zu schaffen. Mit der Stiftung Verwaltungstest werden kommunale Leistungsvergleiche öffentlichkeitswirksam und dadurch auch die Bemühung gestärkt, sich einem solchen Vergleich zu unterziehen, da ein positives wie negatives Abschneiden Imagewirkung hat. So resultieren aus dem Leistungsvergleich sehr wohl Konsequenzen, die dazu führen, dass die in der Theorie erwartete Wettbewerbssituation und das Streben nach guten Leistungen auch in der Praxis abgebildet sind. Die Ursache, weshalb dieses Instrument nicht den gewünschten Effekt erzielt, ist demnach erkannt und Maßnahmen, um gegenzusteuern, schon gefunden. Wann diese jedoch Wirkung zeigen, bleibt abzuwarten.

Die Auslagerungstendenzen der Kommunen haben ebenfalls Einfluss auf die Verwaltung. Die durch die Privatisierungen beabsichtigten Einsparerfolge sind wie erhofft eingetreten, das bestätigen Bürgermeister und Landräte ebenso wie die befragten Personalräte. Die weiteren Auslassungen der befragten Gruppen zur Auswirkung der Privatisierungsmaßnahmen sind sehr gegensätzlich. Sehen die Bürgermeister und Landräte die Qualität der Leistungen durch die Privatisierungen tendenziell schwach erhöht, so sprechen sich die Personalräte weitaus weniger dafür aus. Zudem ist mit den Privatisierungen nicht die Zufriedenheit der Bürger mit der Leistungserbringung gestiegen, so die Personalräte. Auch die Bürgermeister und Landräte stehen dem nicht eindeutig positiv gegenüber, wohl aber weitaus zustimmender als eben jene Personalräte. Insgesamt bewegen sich beide Gruppen auf der Likert-Skala zwischen den Bereichen „Trifft eher zu" und „Trifft eher nicht zu". Das ist bei der Frage, ob Steuerungsprobleme im Zuge der Privatisierungen zugenommen haben, ebenso der Fall wie bei der

345 Vgl. Bogumil, Jörg; Grohs, Stephan; Kuhlmann, Sabine, et al. (Hg.) (2008): Zehn Jahre Neues Steuerungsmodell. Eine Bilanz kommunaler Verwaltungsmodernisierung. S. 73.

Frage, ob die Kosten für die Bürger gestiegen sind.[346] Die Ausprägungen innerhalb dieses Bereichs sind bei den Landräten und Bürgermeistern immer eher reformkonform, wobei die Personalräte innerhalb des definierten Bereichs eher reformkonträr antworten. Auffällig ist, dass aber keine der beiden Gruppen zu eindeutig positiven oder aber negativen Aussagen kommt. Es gibt immer nur Tendenzen, die sich je nach zugehörigem Lager in Nuancen unterscheiden. Eindeutige Auswirkungen der Privatisierungsmaßnahmen festzustellen, ist demnach äußerst schwierig. Indirekt bieten diese verhaltenen Aussagen jedoch Raum für die Annahme, dass die Kommune wettbewerbsfähig ist. Die Landräte und Bürgermeister erkennen in der Qualität der privatisierten Leistung zwar schwache Steigerungen, doch sind diese nicht so stark ausgeprägt, dass ein sprunghafter Qualitätsanspruch zu verzeichnen ist, wenn Leistungen aus der Kommune ausgelagert werden. Gleichsam sind die Bürger nicht auffallend zufriedener mit ausgelagerten Leistungen. Das heißt, dass die von der Kommune erbrachte Qualität bei der Leistungsbereitstellung im Großen und Ganzen durchaus mit derjenigen der Privatwirtschaft identisch ist.

Parallel dazu bedeutet die Inanspruchnahme von Leistungen aus privatisierten Bereichen für den Bürger keine finanzielle Ent- beziehungsweise Mehrbelastung, sodass auch der Preis für Leistungen nicht wesentlich von dem der Kommune abweicht, zumindest liefern weder Personalräte noch Bürgermeister und Landräte eindeutige Anhaltspunkte.

Die Auslassungen zeigen, dass Privatisierungsbestrebungen in aller Regel der Haushaltskonsolidierung zuträglich sind. Die prekäre Haushaltslage ist für viele Kommunen ein Auslöser für Reformaktivitäten. Demnach wundert es nicht, dass vielerorts Privatisierungen in allerlei Formen betrieben werden. Die Annahme, dass Verwaltungshandeln im Vergleich zur Privatwirtschaft minderwertige Qualität liefert und die Privatwirtschaft Leistungen per se günstiger anbieten kann, ist aufgrund der Umfrageergebnisse irrtümlich. Besonders interessant ist hierbei, dass die Konkurrenzfähigkeit der Kommune trotz häufig fehlender Qualitätsmanagementsysteme besteht.

---

346 Vgl. Bogumil, Jörg; Grohs, Stephan; Kuhlmann, Sabine, et al. (Hg.) (2008): Zehn Jahre Neues Steuerungsmodell. Eine Bilanz kommunaler Verwaltungsmodernisierung. S. 75.

9 Fazit

Als reformauslösend ist mithilfe der Systemtheorie nach Luhmann die mangelnde Ausdifferenzierung des sozialen Systems Verwaltung gegenüber seiner Umwelt diagnostiziert worden. Genauer ist die ansteigende Wertekomplexität der Gesellschaft zu nennen, die steigenden Leistungsanspruch unter zunehmenden Qualitätsaspekt beinhaltet. Die Reformdiskussionen der 1980er und 1990er Jahre konkretisieren die damit aufgezeigten defizitären Strukturen der Verwaltung, indem sie daraus eine Leistungslücke, eine Modernisierungslücke, eine Strategielücke, eine Legitimitätslücke und eine Attraktivitätslücke ableiten, die das Reformmodell zu schließen in der Lage sein muss.

Die Kommunen haben den Handlungsdruck erkannt und sich flächendeckend zu Reformen bereit gezeigt. Das liegt natürlich zum einen in der Einsicht, dass gegenwärtige Strukturen und Verfahren den neu formulierten Anforderungen nicht mehr gerecht werden, zum anderen jedoch sicher auch an der vielerorts angespannten Haushaltslage, der entgegenzuwirken mit dem managerialistischen Reformmodell versucht wird.

Werden nun die eingangs gestellten Fragen nach der Größe des Implementationsgrads der jeweiligen Instrumente und danach, welchen Einfluss das auf das Verwaltungshandeln hat, auf Grundlage der vorhergehenden Untersuchungen beantwortet, so ergibt sich folgendes Bild:

Die prozentualen Anteile der einzelnen Instrumente sind stark variabel. Das heißt, es lässt sich flächendeckend keine einheitliche Implementationsstrategie erkennen. Das Etablieren einzelner Instrumente liegt in der Verantwortung der Kommune selbst, was mitunter dazu geführt hat, dass einige Instrumente bevorzugt etabliert worden sind.

Dazu zählen die Konzeption von Fachbereichen (52,9%), damit zusammenfallend der Abbau von Hierarchieebenen (59,7%) und die Installation von Teamstrukturen (59,7%), gleichsam aber auch die Erweiterung von Sprechzeiten (74,5%), die mit der Einrichtung von Bürgerämtern (57,5%) einhergeht. Letzteres sind jedoch keine genuinen NSM-Instrumente, sondern im Rahmen der Bürgerorientierung aufgrund des günstigen Reformklimas neu belebte Bestandteile vorhergehender Reformbemühungen.

Der Erfolg dieser Instrumente ist zum einen dem Umstand zu verdanken, dass sie keine Implementationsprobleme verursachen. Das heißt, sie sind innerhalb gegebener rechtlicher Strukturen zu verankern und die in der Theorie beabsichtigten Wirkungsabsichten lassen sich auch in der Praxis erkennen, was letztlich zu keiner Reformskepsis der Verwaltungspraxis führt. Als Zweites ist der Erfolg auf die Tatsache zurückzuführen, dass diese Instrumente gleich mehrere Defizite der Kommune in Angriff nehmen. Neben der Flexibilisierung der Verwaltungsstrukturen durch Hierarchieabbau wird gleichsam die Modernisierungs- und Leistungslücke verringert, da Fachbereiche Aufgaben nach Bürgerfokus zusammenlegen und sich das Verwaltungshandeln deshalb dahingehend verändert hat, dass Schnittstellenprobleme und Doppelbearbeitung verringert werden, was den Verwaltungsablauf beschleunigt und das Zuständigkeitenlabyrinth abbaut. Zudem verhindert die neu geschaffene Teamstruktur die zuvor bemängelte selektive Problemwahrnehmung der Kommune. Die Instrumente sind demnach in der Lage, das Verwaltungshandeln so zu verändern, dass die starren Strukturen, die der Kommune vor der Reform attestiert wurden, abgebaut und der Verwaltung zu einem effizienteren und kundenfreundlicheren Gesicht verholfen worden ist.

Die Veränderungen haben bewirkt, dass der Bürger beziehungsweise Kunde im Zentrum der Betrachtung steht, sodass die Strukturveränderungen mit den Maßnahmen zum Erhöhen der Kundenzufriedenheit zusammenfallen beziehungsweise diese unterstützen. Die Absicht der Reformkonzeptionisten, die Bedürfnisse des Bürgers im Verwaltungshandeln stärker zu berücksichtigen, kann demnach auch in der Praxis als Erfolg bezeichnet werden.

Jedoch wird auch deutlich, dass der Hierarchieabbau Aufstiegschancen dezimiert, das Neue Steuerungsmodell somit nicht ausschließlich positive Effekte mit sich bringt.

Der Vergleich der Prozentwerte der NSM-Instrumente zeigt, dass der Spitzenwert bei 67,5% liegt und von der Budgetierung erreicht wird. Welche Wertigkeit das im Bezug auf den Zeitfaktor von mittlerweile vergangenen 15 Jahren hat, kann zwar nicht abschließend geklärt werden, da vergleichbare Reformen national historisch nicht gegeben sind und international nicht gleiche Bedingungen herrschen. Jedoch wird klar, dass eine völlige Hinwendung zum Neuen Steuerungsmodell bis heute nicht vollzogen ist, ein auf Output basierendes und somit vollkommen konträres Modell dies jedoch verlangt, um voll funktionsfähig zu sein und so die ihm zugesprochenen Wirkungsmechanismen entfalten zu können.

Eben das ist der erste Faktor, der dafür sorgt, dass das Neue Steuerungsmodell bei weitem noch nicht derart installiert ist, als dass von dem einst euphorisch postulierten Paradigmenwechsel die Rede sein kann. Eher existiert so etwas wie ein Kampf zwischen dem traditionellen Verwaltungsparadigma nach Weber und dem neuen, modernen Verwaltungsparadigma à la Neues Steuerungsmodell. Es ist zu beobachten, dass sich das Verwaltungshandeln in einigen Bereichen noch immer stark am traditionellen Verwaltungsmodell orientiert, da die eingeschliffenen Verwaltungspfade Sicherheit bieten. In Form des Neuen Steuerungsmodells stehen diesen Pfaden neue, zum Teil noch unbeschrittene Wege gegenüber. Für die Systemtheorie nach Luhmann ist ein solches Phänomen nicht weiter verwunderlich. Soziale Systeme haben die Eigenschaft, aufgrund des Interesses der Sicherung ihrer Existenz an traditionellen Verfahren festzuhalten, und weisen somit eine Beharrlichkeit gegenüber Veränderungen auf. Da sich die Verwaltung aufgrund der aufgezeigten Defizite unter Veränderungsdruck befindet, dem mit dem NSM entsprochen wird, ist das Verwaltungshandeln von beiderlei Verwaltungsphilosophien beeinflusst.[347]

Ideales Beispiel dafür ist die Konzeption von Produkten. Einst erdacht, um als Grundlage für outputorientierte Steuerung zu dienen, lassen sich mit der ungeheuren Komplexität der Produktkataloge (als Resultat zunehmend detailreicherer Ausdifferenzierung einzelner Bestandteile) Verfahrensweisen erkennen, die dem klassischen Bürokratiemodell entsprechen, mit der Folge, dass Produktkataloge durch die Re-Bürokratisierung keine Anbindung an weitere Instrumente haben, sodass deren Wirkungsmechanismen dadurch ebenfalls negativ beeinflusst werden.

Das ist der zweite Faktor für die gering entwickelten Wirkungsmechanismen des Neuen Steuerungsmodells. Gehört die Budgetierung rein quantitativ durchaus zu den Favoriten, so geht die Verwaltungspraxis doch zunehmend auf Abstand zu outputorientierter Budgetierung

347 Vgl. Harms, Jens (2006): Die Verwaltungsreform in Berlin – eine Zwischenbilanz. In: Jann, Werner; Röber, Manfred; Wollmann, Hellmut (Hg.): Public Management – Grundlagen, Wirkungen, Kritik. Festschrift für Christoph Reichard zum 65. Geburtstag. S. 337f.

und bedient sich der traditionellen inputorientierten Steuerung. Das ist zum einen dadurch so, dass durch die mangelnde Nutzung der Produktkataloge vielerorts die Grundlage für Outputsteuerung fehlt und jene Kataloge auch im Kontrakt kaum Erwähnung finden, sodass mit der Vergabe von Budgets ohnehin keine Verständigung auf Ziele oder Leistungen stattfindet. Der Wirkungsgrad der Instrumente ist in diesem Zusammenhang auch aufgrund der Tatsache nicht voll ausgeschöpft, dass das NSM als ganzheitliches Reformmodell zwar konstruiert, aber nicht eingesetzt ist. Instrumente, die sich eigentlich unterstützen sollen, können dieses deshalb auch oft nicht, da sie zu unterschiedlichen Zeitpunkten implementiert werden. Zum anderen aber auch, weil eine outputorientierte Budgetierung eben nicht zu kurz- oder mittelfristigen Einsparungen führt, die zentral gesteuerte Budgetierung jedoch schon. Das führt den dritten Faktor an, den Konstruktionsfehler. Das Verwaltungshandeln ist auch im Bereich der Budgetierung stark vom traditionellen Verwaltungsdenken beeinflusst, besonders dann, wenn entgegen der Tendenz Outputbudgetierung betrieben wird, aber Ersparnisse nicht im Fachbereich verbleiben und sich im Zuge dessen die „Dezemberfieber-Methode" als adäquates Mittel herausstellt. Die Absicht, die Eigenverantwortlichkeit der Fachbereiche im Hinblick auf Finanzmittelentscheidungen zu stärken und so die Strategielücke durch langfristige Planung zu schließen, ist nicht umgesetzt. Gleichsam bringt das Neue Steuerungsmodell nicht den erhofften Einspareffekt, um die Haushaltskonsolidierung voranzutreiben. Einsparungen können nicht einwandfrei den Maßnahmen des Neuen Steuerungsmodells zugeschrieben werden, da nicht klar ist, inwieweit parallel stattfindende Kostensenkungsmaßnahmen, wie beispielsweise Personalabbau, Einfluss haben. Der angesprochene dritte Faktor, der Konstruktionsfehler, ist besser als bei der Budgetierung noch an der Trennung von Verantwortungsabgrenzung von Politik und Verwaltung ersichtlich. Von der Verwaltungspraxis ohnehin als Letztes auf der Modernisierungsliste betrieben, haben die Reformkonzeptionisten die Handlungszwänge und Verfahrensweisen politischen Machterwerbs unterschätzt und die Bedeutung von Informationserwerb und -verarbeitung überschätzt. Die Folge ist, dass Verwaltungshandeln eben nicht nach Kompetenzbereichen aufgegliedert ist, sondern vielmehr die im traditionellen Verwaltungshandeln übliche Intervention von Politik in administrative Belange beibehalten wird. Daraufhin sind ebenfalls die informationsbereitstellenden Instrumente wie Berichtswesen und Controllingstellen unterentwickelt. Informationsversorgung nach Maßgabe des

Neuen Steuerungsmodells ist nicht existent, demnach diejenigen Instrumente auch nicht erforderlich.

Das führt letztlich dazu, dass bei der Verantwortungsverlagerung auf untere Ebenen Autonomietendenzen auszumachen sind, die aufgrund mangelnder Rückkopplung an die Gesamtverwaltung entstehen, beziehungsweise parallel dazu das gegenteilige Phänomen auftritt, dass Verantwortung zwar formell nach unten abgegeben wird, daraus aber keine erweiterte Entscheidungskompetenz der Fachbereiche erwächst, sodass auch hier in vielen Kommunen nach den Mustern des traditionellen Verwaltungsdenkens verfahren wird.

Die Attraktivitätslücke ist bis dato ebenfalls nicht behoben, da das Personalmanagement oft nur sehr verhalten Anwendung findet, was nicht an der generellen Ablehnung dieses Instruments liegt, sondern eher damit zusammenhängt, dass rechtliche Verstrickungen ein nach dem NSM konzipiertes Personalmanagement nicht zulassen. Zudem wird sich aus Kostengründen oft nur auf diejenigen Teilbereiche - wie Mitarbeitergespräche oder Fort- und Weiterbildungsmaßnahmen - gestützt, die für ein Funktionieren anderer Instrumente erforderlich sind. Großteils wird weiterhin primär Personalverwaltung als Personalentwicklung betrieben, was ein Durchsetzen der Reform erschwert, da der Rückhalt im Personal stark rückläufig ist.

Zwar wird den Mitarbeitern im Zuge der betriebswirtschaftlichen Instrumente ein höheres Kostenbewusstsein attestiert, doch fehlen bisher konkrete Anzeichen für eine effiziente Mittelverwendung, die eindeutig auf die Bestrebungen des NSM zurückgehen. Insbesondere der Etablierung der Kosten- und Leistungsrechnung wird die Änderung des Verwaltungshandelns hin zu mehr Effizienz zugeschrieben. An der Umstellung des kameralistischen Systems wird auch weiterhin festgehalten, da das Drei-Komponenten-System aus Finanz-, Erfolgsrechnung und Bilanz mehr Informationen bereithält als es bei der reinen Übersicht über Einnahmen und Ausgaben der Fall ist. Die Doppik verhilft nicht nur zu einem transparenteren Haushalt, sondern sorgt im Zuge der intergenerativen Gerechtigkeit dafür, dass Aufwand periodeninhärent erwirtschaftet werden muss, was beispielsweise zu Instandhaltungs- und Pensionsrückstellungen führt und somit ein realeres Abbild der tatsächlichen Haushaltssituation liefert. Das Verwaltungshandeln ist trotz der sonst tendenziellen Hinwendung zum traditionellen Verwaltungshandeln nachhaltig kostenbewusst, was letztlich der Haushaltskonsolidierung zuträglich ist, jedoch ist das Ausmaß aufgrund der erst geringen Implementation der Doppik noch nicht greifbar.

In der Rückschau bleibt demnach nur ein pessimistisches Bild auf das Neue Steuerungsmodell übrig. Zwar fußen die Daten der zugrunde liegenden Studie auf Einschätzungen, die mitunter subjektiv geprägt sind. Doch sorgt die Heterogenität der befragten Gruppen (Bürgermeister/Landräte einerseits und Personalräte andererseits) dafür, dass die Ergebnisse nicht stark gefärbten Einzelinteressen unterliegen. Dass die wahrgenommenen Effekte dennoch teils vom real existierenden Sachverhalt abweichen, wird bei der Frage nach Einsparungen deutlich. Beide Gruppen geben an, dass Einsparungen eingetreten sind. Ein Blick in die Fallstudien zeigt, dass dies eben nicht der Fall ist. Die Abfrage nach Wahrnehmungen liefert demnach kein exaktes Abbild der Wirklichkeit, doch die Studie aufgrund des großen Samples durchaus verwertbare Ergebnisse. Aufgrund dessen lässt sich schlussfolgern, dass die angekündigte tiefgreifende Reform ausgeblieben ist. Die Primärziele, welche das Schließen aufgezeigter Lücken sind, bleiben vielerlei unerreicht. Lediglich die Leistungs- und Modernisierungslücke kann aufgrund der aufgezeigten Favoriten als dezimiert betrachtet werden, wobei die Kommunen durch Privatisierungsmaßnahmen ebenfalls das Aufgabenvolumen senken und somit die Leistungslücke minimieren. Jedoch ist in diesem Zusammenhang die Annahme, dass die Verwaltung Leistungen per se schlechter bereitstellt als die Privatwirtschaft, widerlegt worden, sodass die Kommune durchaus leistungsfähig und konkurrenzfähig ist, was sicherlich durch das kostenbewusstere Handeln der Verwaltungsmitarbeiter weiter vorangetrieben wird, und das trotz des gering implementierten Qualitätsmanagements. Die Motivlage für Privatisierungen ist demnach nicht schlechte Leistung, sondern vielmehr die dadurch betriebene Haushaltskonsolidierung. Kommunale Leistungsvergleiche werden zwar betrieben, bleiben jedoch oft ohne Konsequenzen, sodass von einem reformaktivierenden Instrument nicht gesprochen werden kann. Die Strategielücke und die Attraktivitätslücke bestehen weiterhin. Die Legitimitätslücke ist aufgrund des zunehmend kundenorientierten Verwaltungshandelns abgeschwächt. Die Outputorientierung hat den Praxistest aus dargelegten Gründen nicht bestanden, damit verbundene Einsparungen sind nicht nachweisbar.

Das Neue Steuerungsmodell in Reinform ist zumindest nicht das Mittel, mit dem sich die Verwaltung dem Phänomen des Wandels, dem jedes soziale System unterliegt, anpasst. Ob die hybride Struktur, gespeist aus traditionellem Verwaltungsverständnis und den positiven Effekten des Neuen Steuerungsmodells, die derzeit das Verwaltungshandeln bestimmt, zur Anpassung der Verwaltung an die Umwelt führt oder aber ein neues Reformkonzept die Antwort ist, bleibt spannend.

10 Literaturverzeichnis

Monographien

Adamaschek, Bernd (1997): Leistung und Innovation durch Wettbewerb. 2. Auflage. Gütersloh: Verlag Bertelsmann Stiftung.

Anders, Rudolf; Horstmann, Johann; Bernhardt, Horst; et al. (2008): Kommunales Finanzmanagement in Niedersachsen. Neues Kommunales Rechnungswesen. 2., vollst. überarb. Auflage. Witten: Bernhard.

Arndt, Klaus Friedrich; Heyde, Wolfgang; Ziller, Gebhard (1993): Bund, Länder, Kommunen. Aufgaben, Organisation, Arbeitsweise. 17. Auflage. Bonn: Dümmler.

Blanke, Bernhard (Hg.) (2005): Modernes Management für die Verwaltung. Ein Handbuch. 2., grundl. überarb., aktualisierte Auflage. Hannover: Pinkvoss.

Bogumil, Jörg; Grohs, Stephan; Kuhlmann, Sabine, et al. (Hg.) (2008): Zehn Jahre Neues Steuerungsmodell. Eine Bilanz kommunaler Verwaltungsmodernisierung. 2., unveränd. Auflage. Berlin: edition Sigma.

Bogumil, Jörg; Jann, Werner (2005): Verwaltung und Verwaltungswissenschaft in Deutschland. Einführung in die Verwaltungswissenschaft. Wiesbaden: Verlag für Sozialwissenschaften.

Bogumil, Jörg (Hg.) (2001): Verwaltung auf Augenhöhe. Strategie und Praxis kundenorientierter Dienstleistungspolitik. Berlin: edition Sigma.

Bruhn, Manfred (2008): Qualitätsmanagement für Dienstleistungen. Grundlagen, Konzepte, Methoden. 7., überarb. und erw. Auflage Berlin, Heidelberg: Springer-Verlag.

Budäus, Dietrich (1998): Public Management. Konzepte und Verfahren zur Modernisierung öffentlicher Verwaltungen. 4., unveränd. Auflage. Berlin: edition Sigma.

Bundeskanzleramt (Hg.) (1996): Controlling-Handbuch. Arbeitsbehelf für die Anwendung von Controlling in der öffentlichen Verwaltung. 2., unveränd. Auflage. Wien: Verlag Österreich.

Dammann, Klaus (Hg.) (1994): Die Verwaltung des politischen Systems. Neuere systemtheoretische Zugriffe auf ein altes Thema. Opladen: Westdeutscher Verlag.

Deutscher Bundestag (1949): Grundgesetz der Bundesrepublik Deutschland. GG, vom 07.2002.

Dörr, Gernot; Francke, Konrad 2002): Sozialverwaltungsrecht. Ein Grundriss. Berlin: Schmidt.

Euchner, Walter (Hg.) (1967): John Locke. Zwei Abhandlungen über die Regierung. Frankfurt a. M.: Europäische Verlagsanstalt.

Gabriel, Oscar W.; Holtmann, Everhard (Hg.) (1997): Handbuch politisches System der Bundesrepublik Deutschland. München: Oldenbourg.

Gerlach, Irene (1999): Bundesrepublik Deutschland. Entwicklung, Strukturen und Akteure eines politischen Systems. Opladen: Leske + Budrich.

Kneer, Georg; Nassehi, Armin (2000): Niklas Luhmanns Theorie sozialer Systeme. Eine Einführung. 4., unveränd. Auflage. München: Fink.

Knipp, Rüdiger (2005): Verwaltungsmodernisierung in deutschen Kommunalverwaltungen. Eine Bestandsaufnahme; Ergebnisse einer Umfrage des Deutschen Städtetages und des Deutschen Instituts für Urbanistik. Berlin: Difu.

Kommunale Gemeinschaftsstelle für Verwaltungsvereinfachung (1997): KGSt-Produktbuch für Gemeinden, Städte und Kreise. Köln. (5).

Kommunale Gemeinschaftsstelle für Verwaltungsvereinfachung (1996): Das Verhältnis von Politik und Verwaltung im Neuen Steuerungsmodell. Köln. (10).

Kommunale Gemeinschaftsstelle für Verwaltungsvereinfachung (1995): Qualitätsmanagement. Köln. (6).

Kommunale Gemeinschaftsstelle für Verwaltungsvereinfachung (1995): Das Neue Steuerungsmodell in kleinen und mittleren Gemeinden. Köln. (8).

Kommunale Gemeinschaftsstelle für Verwaltungsvereinfachung (1994): Das Neue Steuerungsmodell: Definition und Beschreibung von Produkten. Köln. (8).

Kommunale Gemeinschaftsstelle für Verwaltungsvereinfachung (1994): Organisationsarbeit im Neuen Steuerungsmodell. Köln. (14).

Kommunale Gemeinschaftsstelle für Verwaltungsvereinfachung (1993): Budgetierung: Ein neues Verfahren der Steuerung kommunaler Haushalte. Köln. (6).

Kommunale Gemeinschaftsstelle für Verwaltungsvereinfachung (1991): Dezentrale Ressourcenverantwortung: Überlegungen zu einem neuen Steuerungsmodell. Köln. (12).

Lüder, Klaus (2001): Neues öffentliches Haushalts- und Rechnungswesen. Anforderungen, Konzept, Perspektiven. Berlin: edition Sigma.

Luhmann, Niklas; Lenzen, Dieter (Hg.) (2002): Das Erziehungssystem der Gesellschaft. Frankfurt am Main: Suhrkamp.

Luhmann, Niklas (1997): Die Gesellschaft der Gesellschaft. Band I. Frankfurt am Main: Suhrkamp.

Luhmann, Niklas (1994): Soziale Systeme. Grundriß einer allgemeinen Theorie. 4. Auflage. Frankfurt am Main: Suhrkamp.

Luhmann, Niklas; Baecker, Dirk (Hg.) (1987): Archimedes und wir. Interviews. Berlin: Merve.

Luhmann, Niklas (1971): Politische Planung. 2. Auflage. Opladen: Westdeutscher Verlag.

Luhmann, Niklas (1966): Theorie der Verwaltungswissenschaft. Bestandsaufnahme und Entwurf. Köln: Grote.

Meixner, Hanns Eberhard (Hg.) (1994): Bausteine neuer Steuerungsmodelle. Mitarbeiter zu Mitdenkern und Mitgestaltern gewinnen. Rostock: Hanseatischer Fachverlag. für Wirtschaft.

Münch, Claudia (2006): Emanzipation der lokalen Ebene? Kommunen auf dem Weg nach Europa. Wiesbaden: Verlag für Sozialwissenschaften.

Naschold, Frieder; Bogumil, Jörg (Hg.) (1998): Modernisierung des Staates. New public management und Verwaltungsreform. Opladen: Leske + Budrich.

Naßmacher, Hiltrud; Naßmacher, Karl-Heinz (1999): Kommunalpolitik in Deutschland. Opladen: Leske + Budrich.

Picot, Arnold; Dietl, Helmut; Franck, Egon (2005): Organisation. Eine ökonomische Perspektive. 4., überarb. und erw. Auflage. Stuttgart: Schäffer-Poeschel.

PricewaterhouseCoopers (2002): Deutsche Städte auf dem Weg zum modernen Dienstleister. Frankfurt am Main.

Schaupp, Sabine (2007): Auswirkungen von Public Private Partnerships auf die politische Steuerungsfähigkeit von Kommunen. Theoretische und empirische Untersuchung. Saarbrücken: VDM Müller.

Schmid, Günther; Treiber, Hubert (1975): Bürokratie und Politik. Zur Struktur und Funktion der Ministerialbürokratie in der Bundesrepublik Deutschland. München: Fink.

Schmidt, Manfred G. (Hg.) (2004): Wörterbuch zur Politik. 2., vollst. überarb. und erw. Auflage. Stuttgart: Kröner.

Stauss, Bernd; Seidel, Wolfgang (2002): Beschwerdemanagement. Kundenbeziehungen erfolgreich managen durch customer care. 3., völlig überarb. und erw. Auflage. München, Wien: Hanser.

Stubbe-da Luz, Helmut (1998): Montesquieu. Reinbek bei Hamburg: Rowohlt.

Wimmer, Norbert (2004): Dynamische Verwaltungslehre. Ein Handbuch der Verwaltungsreform. Wien: Springer.

Aufsätze

Becker, Bernd (1981): Entscheidungen in der öffentlichen Verwaltung. In: König, Klaus; Oertzen, Hans Joachim von; Wagener, Frido (Hg.): Öffentliche Verwaltung in der Bundesrepublik Deutschland. Baden-Baden: Nomos Verlag. S. 279-296.

Bogumil, Jörg (2007): Möglichkeiten und Grenzen der Optimierung lokaler Entscheidungsprozesse. In: Bogumil, Jörg; Holtkamp, Lars; Kißler, Leo, et al. (Hg.): Perspektiven kommunaler Verwaltungsmodernisierung. Praxiskonsequenzen aus dem Neuen Steuerungsmodell. Berlin: edition Sigma. S. 39-44.

Bogumil, Jörg; Holtkamp, Lars; Kißler, Leo, et al. (2007): Konsequenzen aus der Evaluation des Neuen Steuerungsmodells. In: Bogumil, Jörg; Holtkamp, Lars; Kißler, Leo, et al. (Hg.): Perspektiven kommunaler Verwaltungsmodernisierung. Praxiskonsequenzen aus dem Neuen Steuerungsmodell. Berlin: edition Sigma. S. 7-11.

Bogumil, Jörg, Kuhlmann, Sabine (2006): Wirkungen lokaler Verwaltungsreformen. In: Jann, Werner; Röber, Manfred; Wollmann, Hellmut (Hg.): Public Management - Grundlagen, Wirkungen, Kritik. Festschrift für Christoph Reichard zum 65. Geburtstag. Berlin: edition Sigma. S. 349-370.

Bogumil, Jörg; Kuhlmann, Sabine (2006): Zehn Jahre kommunale Verwaltungsmodernisierung. Ansätze einer Wirkungsanalyse. In: Jann, Werner; Bogumil, Jörg; Bouckaert, Geert, et al. (Hg.): Status-Report Verwaltungsreform. Eine Zwischenbilanz nach zehn Jahren. 2., unveränd. Auflage. Berlin: edition Sigma. S. 51-63

Bogumil, Jörg (2004): Probleme und Perspektiven der Leistungsmessung in Politik und Verwaltung. In: Kuhlmann, Sabine; Bogumil, Jörg; Wollmann, Hellmut (Hg.): Leistungsmessung und -vergleich in Politik und Verwaltung. Konzepte und Praxis. Wiesbaden: Verlag für Sozialwissenschaften. S. 392-397

Bouckaert, Geert (2006): Die Dynamik von Verwaltungsreformen. Zusammenhänge und Kontexte von Reform und Wandel. In: Jann, Werner; Bogumil, Jörg; Bouckaert, Geert, et al. (Hg.): Status-Report Verwaltungsreform. Eine Zwischenbilanz nach zehn Jahren. 2., unveränd. Auflage. Berlin: edition Sigma. S. 22-35.

Budäus, Dietrich (1993): Kommunale Verwaltungen in der Bundesrepublik Deutschland zwischen Leistungsdefizit und Modernisierungsdruck. In: Banner, Gerhard (Hg.): Kommunale Managementkonzepte in Europa. Anregungen für die deutsche Reformdiskussion. Köln: Deutscher Gemeindeverlag. S. 163-176.

Dieckmann, Jochen (1996): Bürger, Rat und Verwaltung. In: Schöneich, Michael (Hg.): Reformen im Rathaus. Die Modernisierung der Kommunalen Selbstverwaltung. Köln: Deutscher Gemeindeverlag. S. 19-32.

Harms, Jens (2006): Die Verwaltungsreform in Berlin - eine Zwischenbilanz. In: Jann, Werner; Röber, Manfred; Wollmann, Hellmut (Hg.): Public Management - Grundlagen, Wirkungen, Kritik. Festschrift für Christoph Reichard zum 65. Geburtstag. Berlin: edition Sigma. S. 335-348.

Holtkamp, Lars (2007): Perspektiven der Haushaltskonsolidierung und das Neue Steuerungsmodell. In: Bogumil, Jörg; Holtkamp, Lars; Kißler, Leo, et al. (Hg.): Perspektiven kommunaler Verwaltungsmodernisierung. Praxiskonsequenzen aus dem Neuen Steuerungsmodell. Berlin: edition Sigma. S. 45-54.

Jann, Werner (2006): Einleitung: Instrumente, Resultate und Wirkungen - die deutsche Verwaltung im Modernisierungsschub? In: Jann, Werner; Bogumil, Jörg; Bouckaert, Geert, et al. (Hg.): Status-Report Verwaltungsreform. Eine Zwischenbilanz nach zehn Jahren. 2., unveränd. Auflage. Berlin: edition Sigma. S. 9-21.

Kißler, Leo (2007): Warum die kommunale Verwaltungsmodernisierung (fast) gescheitert ist oder: Wo bleibt die „Reformdividende" für die Beschäftigten? In: Bogumil, Jörg; Holtkamp, Lars; Kißler, Leo, et al. (Hg.): Perspektiven kommunaler Verwaltungsmodernisierung. Praxiskonsequenzen aus dem Neuen Steuerungsmodell. Berlin: edition Sigma. S. 17-26.

Kuhlmann, Sabine (2006): Hat das „Neue Steuerungsmodell" versagt? Lehren aus der „Ökonomisierung" von Politik und Verwaltung. In: Verwaltung und Management, H. 3, S. 149–153.

Lepper, Manfred (1981): Innerer Aufbau der Verwaltungsbehörden. In: König, Klaus; Oertzen, Hans Joachim von; Wagener, Frido (Hg.): Öffentliche Verwaltung in der Bundesrepublik Deutschland. Baden-Baden: Nomos Verlag. S. 115-130.

Löhr, Ulrike; Potthast, Ulrich (1996): Personal und Organisation. In: Schöneich, Michael (Hg.): Reformen im Rathaus. Die Modernisierung der Kommunalen Selbstverwaltung. Köln: Deutscher Gemeindeverlag. S. 33-95.

Meyer-Pries, Dierk (1996): Das kommunale Haushalts- und Rechnungswesen als Managementinstrument. In: Schöneich, Michael (Hg.): Reformen im Rathaus. Die Modernisierung der Kommunalen Selbstverwaltung. Köln: Deutscher Gemeindeverlag. S. 130-190.

Müller, Ulrich (2006): Effektivität, Effizienz, Outcome. In: Voigt, Rüdiger; Walkenhaus, Ralf (Hg.): Handwörterbuch zur Verwaltungsreform. Wiesbaden: Verlag für Sozialwissenschaften. S. 81-84.

Reichard, Christoph (1993): Internationale Trends im kommunalen Management. In: Banner, Gerhard (Hg.): Kommunale Managementkonzepte in Europa. Anregungen für die deutsche Reformdiskussion. Köln: Deutscher Gemeindeverlag. S. 3-26.

Schöneich, Michael (1996): Einleitung. In: Schöneich, Michael (Hg.): Reformen im Rathaus. Die Modernisierung der Kommunalen Selbstverwaltung. Köln: Deutscher Gemeindeverlag. S. 1-18.

Siedentopf, Heinrich; Speer, Benedikt (2002): Der Europäische Verwaltungsraum. In: König, Klaus (Hg.): Deutsche Verwaltung an der Wende zum 21. Jahrhundert. Baden-Baden: Nomos Verlag. S. 305-326.

Sternatz, Renate (2005): Wettbewerb kann Chance sein: Thesen zur Leistungsfähigkeit kommunaler Verwaltungen. In: Oppen, Maria; Sack, Detlef; Wegener, Alexander (Hg.): Abschied von der Binnenmodernisierung? Kommunen zwischen Wettbewerb und Kooperation. Berlin: edition Sigma. S. 193-201.

Vogel, Hans-Josef (1995): Kundenorientierung und Bürgeraktivierung. In: Nordrhein-Westfälischer Städte- und Gemeindebund (Hg.): Unternehmen Stadt - Materialsammlung. Düsseldorf. S. 357-383.

Wagener, Frido (1981): Äußerer Aufbau von Staat und Verwaltung. In: König, Klaus; Oertzen, Hans Joachim von; Wagener, Frido (Hg.): Öffentliche Verwaltung in der Bundesrepublik Deutschland. Baden-Baden: Nomos Verlag. S. 73-92.

Wagner, Dieter (2006): Personalmanagement in Öffentlichen Verwaltungen. In: Jann, Werner; Röber, Manfred; Wollmann, Hellmut (Hg.): Public Management - Grundlagen, Wirkungen, Kritik. Festschrift für Christoph Reichard zum 65. Geburtstag. Berlin: edition Sigma. S. 221-234.

Wollmann, Hellmut (2004): Evaluation und Verwaltungspolitik. Konzepte und Praxis in Deutschland und im internationalen Kontext. In: Stockmann, Reinhard (Hg.): Evaluationsforschung. Grundlagen und ausgewählte Forschungsfelder. 2., überarb. und aktual. Auflage. Opladen: Leske + Budrich. S. 205-226.

Internetquellen

Finger, Peter (o. J.): Neues kommunales Finanzmanagement. Die Entwicklung in den einzelnen Bundesländern. Im Internet: http://www.kommunale-info.de/asp/search.asp?ID=

Kahle, Irene; Timm, Ulrike (2006): Internetnutzung und die Aneignung von E-Skills. In: Statistisches Bundesamt. (Hg.): Wirtschaft und Statistik. 7/2006. S. 722-733.
Im Internet: http://www.destatis.de/jetspeed/portal/cms/Sites/destatis/Internet/DE/Content/Publikationen/Querschnittsveroeffentlichungen/WirtschaftStatistik/Informationsgesellschaft/Internetzugang__Eskills,property=file.pdf

Statistisches Bundesamt (2009): Arbeitsmarkt. Arbeitslosenquoten nach Geschlecht.
Im Internet: http://www.destatis.de/jetspeed/portal/cms/Sites/destatis/Internet/DE/Content/Statistiken/Zeitreihen/LangeReihen/Arbeitsmarkt/Content75/lrarb02a,templateId=renderPrint.psml#Fussnote1,

Zeitfracht Medien GmbH
Ferdinand-Jühlke-Straße 7
99095 Erfurt, Deutschland
produktsicherheit@kolibri360.de